国家社会科学基金项目

"基于共同富裕的大中型水工程移民后期扶持政策创新研究"（22BSH042）

四川省哲学社会科学"十四五"规划重大项目

"巩固拓展四川革命老区脱贫攻坚成果同乡村振兴有效衔接的实现机制研究"（SC21ZDTX005）

"研究阐释党的二十大精神"四川省哲学社会科学规划重大项目

"四川完善推动共同富裕的体制机制和政策体系研究"（SC22ZDYC42）

国家社会科学基金项目

"川西北牧区农牧民相对贫困识别与长效治理研究"（21CMZ007）

何思妤　曾维忠　黄岑玥　申　云　刘思麟　著

扎实推进
共同富裕

迈向中国式现代化的
四川探索

**MAKING SOLID ADVANCES TOWARD
COMMON PROSPERITY**

SICHUAN'S EXPLORATION
TOWARDS CHINESE-STYLE MODERNIZATION

社会科学文献出版社
SOCIAL SCIENCES ACADEMIC PRESS (CHINA)

序

习近平总书记在党的二十大报告中明确指出："中国式现代化是全体人民共同富裕的现代化。"这一重要论断深刻揭示了共同富裕的本质特征，它是中国式现代化区别于世界上其他国家现代化模式的显著标识。党的十八大以来，以习近平同志为核心的党中央将逐步实现全体人民共同富裕提升到更为重要、更为突出的战略位置，领导全党全国各族人民打赢脱贫攻坚战，历史性地解决了 14 亿人口大国的绝对贫困问题，全面建成小康社会的宏伟目标如期达成，为实现全体人民共同富裕奠定了坚实基础，创造了极为有利的条件。当前，我国已经迈上以中国式现代化全面推进中华民族伟大复兴的新征程，共同富裕被赋予了全新的时代内涵。这既包含要进一步处理好公平与效率的关系，实现"做大蛋糕"与"分好蛋糕"的动态平衡，也体现着物质富裕与精神富足的协同发展，还要求制度创新与实践探索的深度融合。

作为经济总量已突破 6 万亿元的西部大省，四川推进共同富裕的实践探索不仅具有典型样本价值，而且对于我国西部地区实现共同富裕具有一定示范意义。目前，四川全省城乡居民收入的相对差距持续缩小，但五大经济区的发展梯度仍较明显。这种区域发展的不均衡性与生态功能分区的特殊性，使得四川成为观察中国式现代化共富道路的"立体解剖模型"。诚然，共同富裕是一个长远目标，需要一个长期发展过程，不可能一蹴而就。建立健全契合四川实际、符合中国式现代化要求的推进共同富裕的实践机制与政策体系，有助于引导四川五大经济区以及城乡之间更加紧密协作、融合共兴，朝着共同富裕的宏伟目标稳步迈进。

在这样的背景下，由四川农业大学何思好教授团队历时四年完成的《扎实推进共同富裕——迈向中国式现代化的四川探索》一书应运而生，为四川乃至全国扎实推进共同富裕提供了宝贵的理论借鉴和实践参考。

纵览全书，该书呈现了多种价值。从学术层面来看，该书丰富了推进共同富裕的理论体系。通过对四川推进共同富裕实践的深入观察与研究，该书总结出具有四川特色、符合中国国情的推进共同富裕理论成果，为学术界提供了新的研究视角和方法。全书系统分析了四川在推进共同富裕过程中面临的机遇与挑战，深入探讨了如何在城乡融合、区域协调发展、民生改善等方面实现突破，为完善推进共同富裕的理论研究提供了丰富的实证依据和案例分析。该书还对共同富裕的内涵和推进共同富裕的路径等进行了深入阐释，提出了具有针对性和可操作性的政策建议，为政府决策提供了有力的理论支持。

在研究视角上，该书具有创新性。它从发展水平、发展质量和发展能力三个维度对四川推进共同富裕的实践探索进行了深入剖析，这种多维度的研究视角有助于全面、系统地认识和解决四川发展不平衡不充分的问题。书中不仅关注城乡差距、区域差距、收入差距等维度，还深入探讨了城乡要素流动、公共服务配置等方面的深层次问题，拓宽了有关共同富裕研究的视野。同时，该书将共同富裕置于中国式现代化的大背景下进行考察，强调了共同富裕与现代化建设的内在联系，为探索中国式现代化的实现路径提供了新思路。

在研究内容上，该书具有很强的针对性和实用性。它紧密结合四川实际，深入分析了四川在推进共同富裕过程中面临的城乡空间融合不够、区域发展不平衡、收入差距较大等问题，并提出了切实可行的解决方案。书中对四川不同区域的发展现状和问题进行的细致梳理，为制定差异化的区域发展政策提供了依据。

总的来看，《扎实推进共同富裕——迈向中国式现代化的四川探索》一书体系完整、结构清晰，观点鲜明、论证有力。它不仅为四川扎实推进共同富裕提供了理论指导和实践路径，也为全国其他地区探索共同富裕模式提供了有益借鉴。相信此书能够给理论研究者、政策制定者以及关心共同富裕发展的社会各界人士带来启示和帮助,为推动实现 14 亿人口大国全体人民的共同富裕贡献智慧和力量。

黄祖辉

2025 年 3 月

前　言

　　党的二十大报告指出，中国式现代化是全体人民共同富裕的现代化，实现全体人民共同富裕是中国特色社会主义的本质要求。党的十八大以来，以习近平同志为核心的党中央把逐步实现全体人民共同富裕摆在更加重要的位置上，着力推进城乡融合与区域协调发展，全面建成小康社会，为实现全体人民共同富裕创造了良好条件。当前，我国已经迈上以中国式现代化全面推进中华民族伟大复兴的新征程，立足"两个大局"和"两个一百年"奋斗目标，扎实推进共同富裕，实现人的全面发展，比以往任何时候都更加重要、更加急切。作为我国西部重要的人口大省、经济大省和农业大省，四川在全国促进共同富裕大局中占据重要地位。因此，四川必须立足本土实际，深入贯彻落实习近平总书记关于扎实推进共同富裕的重要指示精神，加快创新完善推进共同富裕的实践机制与政策体系，把促进共同富裕贯穿经济社会发展各方面全过程。

　　本书通过对四川推进共同富裕行动成效的科学评估，分析了在中国式现代化进程中推进共同富裕面临的制约因素，综合分析认为四川扎实推进共同富裕需要从发展水平、发展质量和发展能力三个方面共同发力。

　　在发展水平方面，从城乡对比的视角出发，四川还存在城乡空间融合不够、城乡产业融合不够、城乡要素流动存在壁垒、农村民生保障存在短板、乡村发展各项体制机制不健全等问题；从区域对比的视角出发，还存在区域发展不平衡、各地经济发展水平差距较大、劳动力人口空间分布不均、基础设施通达程度低、基本公共服务配置不均衡等影响共同富裕目标达成的问题；从收入对比的视角出发，还存在不同群体收入差距较大、农村居民财产性收入低、不同群体间享有基本公共服务失衡等问题。造成这些问题的主要原因在于政策制度更新未能跟上当前推进共同富裕的进度，长期形成的城乡二元体制使城乡发展在各个方面的差距过大，短时间内难以消除，中心城市对农村劳动力产生虹吸效应使乡村发展乏力。此外，自然地理因素阻碍、产业创新乏力、产业结构更新较慢等因素进一步加大了均衡共同富裕发展水平的难度。破解共同富裕发展水平方面的现实困境，应从深化改革户籍制度与分配制度、破解城乡二元结构与抑制大城市对人口的虹吸效应、创新产业内容与调整现有产业结构等方面入手。

在发展质量方面，四川目前还存在人口素质能力与市场需求更新、物质需求增长与有限市场规模、多元社会需求与有限社会资源、环境承载能力与产业深化发展四对主要矛盾。这些矛盾如果处理不当，会阻碍共同富裕发展质量的升级。因此，对这四对矛盾的处理应抱以十分谨慎的态度，积极思考破解之道。人口素质与就业质量是升级共同富裕发展质量的必要条件，是推进共同富裕的基本动力。合理的产业结构是地区经济健康发展的重要前提，是推进共同富裕的重要经济基础。包括产业帮扶政策、财政政策、社会帮扶政策、消费帮扶政策在内的政策与制度是推进共同富裕的制度保障。自然环境承载能力的可持续是推进共同富裕的根本前提，提高自然环境承载能力对于四川生产生活的可持续发展、环境友好型社会的建设至关重要。因此，应从市场机制、激励机制和保障机制三个方面的改革入手，提高人口素质和就业质量，优化产业结构和提升产业发展质量，创新政策与保障机制，保护生态环境与可持续利用自然资源。

在发展能力方面，四川还面临乡村地区要素吸附与整合能力不足、脱贫地区内生发展动力不足、经济极化增长与协调发展能力较弱、人民自我发展能力有待提升等主要困境。由于农产品市场价值较低，要素配置微观机制不畅，农村居民增收慢，经济落后地区的造血能力相对较弱，仍需要长期的帮扶；脱贫地区经济基础较差，市场经济意识薄弱，造成共同富裕推进较慢，持续发展存在现实困难；强省会战略导致各种资源向成都集中，增长极快速形成，但经济外溢效应不够，对周边地区的带动能力有限，带动机制还有待探索；新时期产业结构调整速度加快，但新兴产业自身发展能力有所不足，产业发展适应新时代要求、跟上共同富裕推进脚步的能力还亟须提升。为了提升共同富裕发展能力，四川需要进一步从城乡融合、城乡产业融合发展、城乡要素有序流动、城乡公共服务融合发展等方面入手，构筑城乡发展的社会基础；从区域基础设施均衡发展、区域生产力布局优化、区域发展优势互补等方面出发，营造区域协调发展的区域环境；从增强自我发展能力、激发发展潜能、培养人民主体意识等方面入手，培育区域内生发展动力。

总之，在厘清共同富裕理论内涵和四川推进共同富裕发展态势的基础上，本书紧扣"四川扎实推进共同富裕"这一主题，以新时代我国社会主要矛盾变化为主线，以促进四川共同富裕迈出坚实步伐、取得实质性进展为目标，以破解人民日益增长的美好生活需要和不平衡不充分的发展之间的矛盾为突破口，从发展水平、发展质量和发展能力三个维度着手，强调完善欠发达地区优先发展政策，以促进四川共同富裕发展水平均衡；完善民生改善城乡互融政策，以促进四川共同富裕发展质量升级；完善"扩中""提低"行动政策，以促进四川共同富裕发展能力提升，不断满足日益增长、不断变化、范围广泛的人民美好生活需要，积极探索共同富裕实现的四川路径。

目　录

第一篇　理论与现状

第二篇　共同富裕路径

绪　论

党的十八大以来，以习近平同志为核心的党中央深入贯彻以人民为中心的发展思想，把逐步实现全体人民共同富裕摆在更加重要的位置上，着力推动城乡融合和区域协调发展，在高质量发展中全方位保障和改善民生，让人民群众获得感、幸福感、安全感更加充实、更有保障、更可持续，为实现全体人民共同富裕创造了良好条件。进入全面建成社会主义现代化强国、以中国式现代化全面推进中华民族伟大复兴新征程，习近平总书记着眼"两个大局"，统筹"两个一百年"奋斗目标的接续，作出"已经到了扎实推动共同富裕的历史阶段"① 的重要论断。在党的二十大报告中，习近平总书记指出共同富裕是中国特色社会主义的本质要求，是中国式现代化的重要特征，到 2035 年全体人民共同富裕取得更为明显的实质性进展。

四川是我国西部重要的人口大省、经济大省和农业大省，地理自然环境复杂且特殊，在全国促进共同富裕大局中具有独特而重要的地位。党的十八大以来，四川深入贯彻落实习近平总书记关于扎实推进共同富裕的重要指示精神，围绕促进共同富裕进行了一系列改革探索并取得了显著成效。2022 年，全省地区生产总值 56749.8 亿元，五区协同发展成效明显，全年全体居民人均可支配收入 30679 元，比上年增长 5.5%② ，城乡居民人均可支配收入比和城乡消费比持续下降，城乡统筹更加协

---

① 习近平. 扎实推动共同富裕 ［M］// 习近平谈治国理政：第 4 卷. 外文出版社，2022：141.

② 数据来源：《2022 年四川省国民经济和社会发展统计公报》。

调，城乡差距不断缩小。

2023 年 7 月，习近平总书记在四川考察时强调，四川要进一步从全国大局把握自身的战略地位和战略使命，立足本地实际，把促进共同富裕贯穿经济社会发展各方面全过程，推动新时代治蜀兴川再上新台阶，奋力谱写中国式现代化四川新篇章。① 习近平总书记的重要指示为四川探索共同富裕实现路径提供了根本遵循，指明了前进方向。四川省第十二次党代会报告进一步明确了四川推进共同富裕的方向和目标，指出四川将更加注重省内欠发达地区高质量发展，努力缩小区域差距、城乡差距和收入差距，持续增进民生福祉，一步一步把共同富裕的美好愿景变为现实。②

第一节　研究背景与意义

一　当前四川扎实推进共同富裕面临的机遇与挑战

当前，四川扎实推进共同富裕迎来了千载难逢的机遇，我们比历史上任何时期都更加接近、更有信心和能力实现全体人民共同富裕的宏伟目标。

首先，从战略格局来看，国家重大战略交汇叠加为四川推进共同富裕提供了重大政策机遇。共建"一带一路"与长江经济带发展、新时代西部大开发、黄河流域生态保护和高质量发展等国家战略在川交汇叠加，一系列政策红利、改革红利和发展红利将加速释放。尤其是成渝地区双城经济圈建设战略的深入实施，将进一步提升四川在全国发展大局中的战略地位，战略牵引力、政策推动力和发展支撑力前所未有，有利于四川推进"五区共兴"，下好城乡融合、区域协调发展"一盘棋"。

---

① 新华社 . 习近平在四川考察时强调 推动新时代治蜀兴川再上新台阶 奋力谱写中国式现代化四川新篇章 ［EB/OL］. 中央人民政府网站，2023－07－29. https：//www. gov. cn/yaowen/liebiao/202307/content_ 6895414. htm？device＝app.

② 四川在线 . 王晓晖在中国共产党四川省第十二次代表大会上的报告 ［EB/OL］. 四川省人民政府网站，2022－06－02. https：//www. sc. gov. cn/10462/10464/10797/2022/6/2/603464fbddfb4d44ae7820a5f8c69fdc. shtml.

其次，创新驱动引领高质量发展为四川推进共同富裕提供了强大动力支撑。创新驱动发展战略是高质量发展的内在要求，是推进共同富裕的核心驱动力。历史和现实经验充分证明，走高质量发展之路，必要靠持续不断的科技创新，加快推动科技创新和产业发展的深度融合，增强发展实力。当前，四川正处于高质量发展的关键时期，从全国范围来看，四川省的创新资源和能力相对突出。[1] 创新驱动发展战略的稳步实施有利于四川充分发挥高校和科研机构众多、创新人才集聚的比较优势，完善协同创新体系，打造西部地区创新高地，创造更多致富机会。

最后，打造新时代更高水平的"天府粮仓"、全面推进乡村振兴为四川推进共同富裕提供了广阔发展空间。四川是农业大省，推进共同富裕离不开农村农民共同富裕，必要千方百计增加农民收入，缩小城乡居民收入差距，千方百计建设农村美好家园，缩小城乡发展差距，为实现全体人民的共同富裕打下坚实基础。推动农业高质量发展，全面推进乡村振兴，深入实施以人为核心的新型城镇化战略，有利于四川加快缩小城乡差距，促进农业农村现代化，形成工农互促、城乡互补、协调发展、共同繁荣的新型工农城乡关系。

必须看到，实现全体人民共同富裕是一个长远目标，四川推进共同富裕是一项长期的任务，其艰巨性和复杂性不可低估。在迈向促进共同富裕的新征程上，四川面临一系列内外严峻挑战。

一是国内外宏观经济形势更加错综复杂，四川面临做大经济总量和提升发展质量双重任务。在多重困难叠加、多种风险交织的复杂局面下，四川全力以赴进行经济建设，顶住压力，推动经济发展水平年年迈上新台阶。2022年，四川地区生产总值达5.7万亿元，比上年增长2.9%[2]，总量连续三年保持全国第六位。但人均地区生产总值仍低于全国平均水平，经济能级提升面临结构性挑战。头部企业、行业领军企业

① 四川日报.以创新驱动引领产业发展［EB/OL］.四川省人民政府网站，2023-07-17. https://www.sc.gov.cn/10462/10464/13298/13302/2023/7/17/a8e675730009422caa 63534e08349e9f.shtml.
② 数据来源：《2022年四川省国民经济和社会发展统计公报》。

数量稀缺，2022 年本土仅有新希望控股集团 1 家企业入围世界 500 强企业。2022 年，全省研发经费投入强度为 2.03%，低于全国 2.54% 的平均水平①，创新投入水平偏低，战略性新兴产业规模偏小，引领性不足。

二是城市极化发展、区域分化发展局面并未得到根本性扭转，缩小区域发展差距任重道远。2022 年，成都平原经济区地区生产总值占到全省地区生产总值的 61%②，全省 2/3 的科技创新平台、超过 70% 的高新技术产业营业收入③、60% 以上的三甲医院和绝大多数的"双一流"建设高校集聚于此，其他片区发展相对滞后。此外，四川复杂的自然地理环境，使得本土特殊类型地区发展短板问题突出，革命老区、民族地区、盆周山区公共服务和基础设施欠账较多，内生发展动力有待增强。

三是巩固拓展脱贫攻坚成果任务艰巨，城乡融合发展还存在明显多重障碍。四川曾是全国精准扶贫任务最重的省份之一，是全国脱贫攻坚的主战场。因此，四川省委省政府采取一系列超常举措，全省上下一致发力，加快脱贫进程，取得了辉煌胜利。脱贫地区普遍财力、产业薄弱，脱贫群众持续增收面临较大压力，存在一定返贫风险。农业农村现代化短板明显，农村基础设施薄弱，现代农业园区建设大多处于起步阶段，城乡要素流动障碍仍然存在，尚未实现要素的双向流动、平等交换。

四是城乡居民收入水平偏低、差距较大且结构不优，面临持续增收与分配压力的双重约束。2022 年，四川城乡居民人均可支配收入的绝对差距为 2.46 万元，较 2018 年增加 0.5 万元。④ 按照国家统计局对中等收入的界定标准（三口之家年收入 10 万~50 万元）估算，全省中等

---

① 2022 年全国科技经费投入统计公报 [EB/OL]. 中央人民政府网站，2023－09－18. https://www.gov.cn/lianbo/bumen/202309/content_ 6904759.htm.

② 数据来源：《2022 年四川省国民经济和社会发展统计公报》。

③ 2022 年全年高新技术产业统计简析 [EB/OL]. 绵阳市人民政府网站，2023－05－22. https://www.mz.gov.cn/gk/zfxxgk/fdzdnr/cdgz/1579855.htm.

④ 2022 年全省居民人均可支配收入 30679 元较上年实际增长 3.4% [EB/OL]. 四川省人民政府网站，2023－01－18. https://www.sc.gov.cn/10462/10464/10797/2023/1/18/2ececd8c9ba24ef58576fb50b3d9463c.shtml.

收入群体中城镇居民占到绝大多数，农村居民中中等收入群体总体偏少。四川推进形成以中等收入群体为主体的橄榄型社会结构最艰巨最繁重的任务仍然在农村。

二　四川扎实推进共同富裕的重大意义

进入新时代新征程，四川推进共同富裕事业迎来全新发展机遇，但也面临不小阻力。值此之时，厘清共同富裕的时代内涵和推进共同富裕的内在要求，全面梳理四川推进共同富裕的发展态势，加快完善具有四川特色、符合四川省情、体现四川智慧的推进共同富裕的实践机制与政策体系，强化前瞻谋划和系统布局，具有重大的理论与实践意义。

第一，四川推进共同富裕的政策与制度决定着全省人民共同富裕的成色。党的十八大以来，以习近平同志为核心的党中央把实现全体人民共同富裕摆在更加重要的战略地位上，对扎实推进共同富裕作出重大战略部署。由此，实现全体人民共同富裕不仅是中国特色社会主义的理论追求，也是一项长期战略和现实重点任务，必须以扎实行动举措推进共同富裕取得实质性进展。应当看到，完成这一长期和现实任务，既需要坚持党的全面领导，脚踏实地、久久为功，也需要强而有力的制度建设作为坚实支撑，只有在完善制度体系的保驾护航之下，共同富裕事业方能行稳致远。2022年，为了全面贯彻党的二十大精神，深入学习贯彻习近平总书记关于四川工作的系列重要指示精神，四川正式启动高质量发展建设共同富裕示范区的相关工作，推动共同富裕事业迈入新阶段。政策关乎民心，制度决定兴衰。新时代四川加快推进共同富裕，必须着眼系统性、整体性和协同性的原则要求，持续优化实践机制和政策体系，充分发挥党的领导和制度优势。总之，制度建设决定着四川推进共同富裕的质量与成色，不断完善四川推进共同富裕的政策与制度是四川共同富裕迈出坚实步伐、取得更为明显的实质性进展的重要基础。

第二，推进共同富裕是四川实现城乡融合、五区共兴的现实要求。四川省委十二届二次全会提出，要以"四化同步、城乡融合、五区共兴"为总抓手,统揽四川现代化建设全局。其中,"四化同步"重在解决发展路径和内驱动力的问题,着力推动新型工业化、信息化、城镇化和农业现代化在时间上同步演进、空间上一体布局;"城乡融合"旨在加快推进四川城乡融合向纵深发展,重构理想城乡关系,塑造良好发展生态;"五区共兴"重在破解四川区域内发展不平衡问题,实现全域高水平协同联动发展,在缩小区域差距中同步实现现代化。① 从四川"四化同步、城乡融合、五区共兴"的现代化战略内涵来看,所有的内容无一不指向共同富裕,是共同富裕在川落实的生动战略表现;相应地,实现"四化同步、城乡融合、五区共兴"也需要推进共同富裕。简而言之,四川推进共同富裕与四川现代化建设总抓手二者相互促进、互为依托,推进共同富裕是实现"四化同步、城乡融合、五区共兴",谱写中国式现代化四川新篇章的现实要求。

第三,推进共同富裕是新时代治蜀兴川再上新台阶的必然要求。推动新时代治蜀兴川再上新台阶是党中央赋予四川的历史使命,在高质量发展中促进共同富裕是治蜀兴川再上新台阶的时代命题和根本所在。习近平总书记强调,四川是我国发展的战略腹地,在国家发展大局特别是实施西部大开发战略中具有独特而重要的地位,要牢牢把握高质量发展这个首要任务,把贯彻新发展理念、构建新发展格局、促进共同富裕贯穿经济社会发展各方面全过程,开创我国高质量发展新局面。② 如今,四川已经如期全面建成小康社会,工作重心历史性地转移到在高质量发展中促进共同富裕上来。在全新历史阶段,厘清四川推进共同富裕的动力、阶段特征,全面总结四川推进共同富裕的经验和不足,提出富有针对性和实效性的政策建议,对于持续增强四川地区经济活力和发展后劲,确保四川经济社会持续健康发展和安全稳定,推动新时代治蜀兴

---

① 四川现代化建设的总抓手 四化同步 城乡融合 五区共兴 [N].四川日报,2022-11-30 (01).

② 新华社.习近平在四川考察时强调 推动新时代治蜀兴川再上新台阶 奋力谱写中国式现代化四川新篇章 [EB/OL].中央人民政府网站,2023-07-29. https://www.gov.cn/yaowen/liebiao/202307/content_6895414.htm? device=app.

川再上新台阶具有重大而深远的意义。

第二节　研究对象与目标

一　研究对象

本书的研究对象是四川省。从区域来看，四川是我国重要战略地带，是我国主要生态服务供给区，同时也是生态系统最为脆弱、区域分异最为明显、气候条件最为复杂的区域，是少数民族的集聚地。从发展程度来看，是我国经济版图中的相对落后区域。2022 年，成都平原经济区地区生产总值 34670.8 亿元，而川南经济区、川东北经济区、攀西经济区和川西北生态示范区的地区生产总值总和为 22079.1 亿元①，低于成都平原经济区，区域差距明显。四川有大小凉山彝区和高原涉藏地区等原深度贫困地区，以及秦巴山区和乌蒙山区等原集中连片特困地区，它们是精准脱贫人口的集中分布区，也是全面推进乡村振兴和扎实推进共同富裕的任务艰巨地区。2021 年，四川农村居民人均可支配收入 17575 元，比全国（18931 元）少 1356 元，且收入增速（10.3%）比全国（10.5%）少 0.2 个百分点。建档立卡数据显示，2021 年四川 19.67%的脱贫人口人均纯收入比 2020 年降低，占比比全国（11.91%）高 7.76 个百分点，其中 1 万元以下低收入组的收入不增反降比例为 64.8%。②

整体上，四川推进共同富裕的短板依然集中在农村。因城乡发展不平衡、农村发展不充分，农村户籍低收入人口将是"底部"的主要组成部分。在城乡差距较明显、城乡教育等公共资源配置不均的背景下，农村居民收入水平整体仍旧低于城镇居民，农村居民收入只有城镇居民收入的 1/3 左右。扣除生产性支出，农民消费水平更低。在基础设施和教育、卫生、文化、体育等社会事业方面，农村与城镇相比也差得很

---

① 数据来源：《2022 年四川省国民经济和社会发展统计公报》。
② 数据来源：《中华人民共和国 2021 年国民经济和社会发展统计公报》《2021 年四川省国民经济和社会发展统计公报》。

远。农村老龄人口、残疾人口比例明显高于城镇，且农村内部收入差距也较大。

综上所述，四川推进共同富裕的任务艰巨而紧迫，必须从发展水平、发展质量和发展能力着手，促进成都平原经济区、川南经济区、川东北经济区、攀西经济区和川西北生态示范区协同共兴，加快全省全维度、多向度的城乡全面融合发展，实现区域城乡共同繁荣，推动共同富裕取得更为明显的实质性进展。

二 研究目标

一是构建具有中国特色、符合四川省情的推进共同富裕的理论框架。在清晰界定共同富裕基本概念，并阐释其丰富时代内涵的基础上，介绍四川推进共同富裕的现实基础，为深刻理解党的二十大报告中的"中国式现代化是全体人民共同富裕的现代化"提供发展维度的理论解读。厘清共同富裕理论研究的脉络，提出共同富裕的时代内涵和四川共同富裕评价指标，形成具有中国特色、符合中国国情和四川省情、体现中国智慧的共同富裕理论研究成果，以挖掘与释放欠发达地区、低收入人群的自身发展能力，让人民群众共同参与现代化进程，凭自己的贡献共享社会发展成果，满足人民群众对民主、法治、公平、安全、环境等多方面的需要。

二是厘清四川推进共同富裕的发展态势，找准四川推进共同富裕的现实需求。在历史长河、时代潮流中把握梳理四川推进共同富裕制度的变化趋势，对这些变化的内因形成理论思考和总结。从不同视角、不同层面审视四川推进共同富裕与发展不平衡不充分的矛盾，全面研判矛盾成因、表现、传导机制，形成客观、科学的理论分析框架，为四川推进共同富裕相关的实际问题研究提供宏观和微观层面、主观和客观层面的评价指标和研究依据，形成具有可操作性的实践研究经验，为类似课题研究提供可参考和可借鉴的典型素材。

三是提出四川特色推进共同富裕的对策建议。坚持实际问题导向，为推进共同富裕宏观层面的改革提供发展视角的观点支撑，为政府、企业、社会组织和科研机构提供了解四川推进共同富裕的翔实资料和分析数据，为相关部门制定推进共同富裕的相关政策提供兼具合理性、操作性与实效性的决策支撑，产出一系列有助于国家和地方经济社会发展的理论与对策性研究成果。为应对四川推进共同富裕进程中的挑战提供重要决策参考，也为未来四川经济社会改革提供政策参考。

第一篇

理论与现状

本篇旨在于界定核心概念和综述相关文献的基础上，构建四川推进共同富裕的理论框架，介绍四川推进共同富裕的现实基础，评估四川推进共同富裕的现状，识别四川推进共同富裕的制约因素，为后文的研究提供数据支撑与方向指引。

第一章　核心概念与文献综述

党的二十大报告强调，中国式现代化是全体人民共同富裕的现代化。推进和实现全体人民共同富裕是一个历史过程，必须坚持在发展中保障和改善民生，注意加强发展的均衡性和可及性，不断提升人民的幸福感，鼓励人民共同奋斗。经过实践奋斗，四川在全国范围内的发展水平还有待进一步提升，全省范围内各市县的发展也存在明显差异。因此，新征程新阶段，四川有必要将共同富裕放在更加突出的位置，持之以恒、坚持不懈地朝着共同富裕目标迈进。本章旨在整合共同富裕研究领域相关文献，并进行系统梳理，为后续推进共同富裕的实践创新奠定坚实的理论基础。

第一节　核心概念

一　共同富裕

共同富裕绝非盲目地苛求人人平均，现在我们所提倡的共同富裕和西方的"福利社会"存在本质区别，它是以经济高质量发展为基础，是效率与平等、发展与公平和谐发展的多维辩证统一，是共建共治共享的社会理想模式。共同富裕是一个广泛且理想化的概念，旨在建立一种社会模式，确保所有成员能够分享并获得相对平等的经济繁荣和福利。这一概念超越了单纯的财富创造，强调的是财富的公平分配和社会的整体包容性。它的本质在于确保每个人都有平等的机会获取教育、健康、就业等基本资源，同时可以缩小贫富差距，防止贫困和社会不公。共同富裕兼具"共同"与"富裕"。

首先，"共同"是对享受富裕的主体要求，是指针对全体人民，而非某部分特权阶层或群体。这意味着社会公平的更高阶段，在这个阶段，社会全体成员都能公平享有物质和精神财富，平等享有发展机会，全体人民都能过上幸福美好生活。其次，"富裕"有两层含义：一是在效率层面，社会总体劳动产品极大丰富，物质生活条件极大改善，全体人民的文化需求得到极大满足；二是实现精神文明与物质文明的高度发达。

共同富裕不仅强调全体人民在辛勤劳动之后能够劳有所得、劳有所获，也强调个人自身的发展更好地惠及全社会的发展，让"五位一体"总体布局事业取得实质性进展，不断推动个人与社会的共同进步，让全社会人民都能过上人人各尽所能、各得其所、安居乐业的幸福生活。①

总而言之，共同富裕是一场涉及社会生活全方面、全过程、多维度的深刻变革，关系社会全面发展和进步，是相对于"小康社会"更高层次的社会形态。② 习近平总书记指出："促进共同富裕与促进人的全面发展是高度统一的。"③ 共同富裕是实现人的全面发展的必经之途和阶段性目标，人的全面发展是共同富裕的本质要求和最终归宿，党推进共同富裕事业的出发点和落脚点都是让全体人民实现全面发展。

在对既有文献中关于共同富裕的理论内涵进行梳理的基础上，本书认为，共同富裕是社会全体成员共同分享并享有高质量、均衡和可持续发展成果的状态。即共同富裕是发展水平均衡、发展质量升级、发展能力提升三个方面协同作用的结果。④

----

① 吕新博，赵伟. 基于多维测度的共同富裕评价指标体系研究［J］. 科学决策，2021（12）：119-132.
② 中共浙江省委关于忠实践行"八八战略"奋力打造"重要窗口"扎实推动高质量发展 建设共同富裕试验区的决议［N］. 浙江日报，2021-06-12.
③ 习近平. 扎实推动共同富裕［M］// 习近平谈治国理政：第4卷. 外文出版社，2022：146.
④ 李丹，夏文强. 习近平文化思想视域下中国式现代化的文明特质［J］. 厦门大学学报（哲学社会科学版），2023，73（6）：12-22.

二 发展水平均衡

发展水平均衡是指社会各个层面、不同地区、不同社会群体之间发展状况的相对平衡。这个概念关注的不仅是经济增长，还指的是整个社会在经济、教育、医疗保健、社会福利等多个领域的发展能够保持相对的平等和均衡。

首先，均衡发展体现在经济领域，包括不同行业、不同产业之间的发展平衡。要实现不同行业间的结构平衡，避免出现由于过度依赖某些行业而导致其他行业发展滞后的情况。其次，地区间的经济发展也应该相对平衡，防止出现经济发展不均、地区差距过大的情况。再次，要实现教育公平和医疗平等。在教育领域，均衡发展需要确保各个社会群体都能获得教育资源和机会，无论是都市还是乡村地区、富裕还是贫困家庭中的儿童都能获得公平的教育，也即教育资源的公平配置，包括教育设施、师资力量、教学质量等方面的均衡。在医疗保健方面，均衡发展要求各地区都能够享受到基本的医疗服务和健康保障，也即医疗资源的合理分配，包括公共卫生、基本医疗保险覆盖范围等方面的均衡发展，确保全体人民可以得到基本医疗服务。最后，要实现社会福利均衡和社会公平。社会福利领域的均衡发展意味着社会各个群体都能够享受到公平的福利待遇，包括社会救助、住房保障、养老保险等。这需要公正的社会政策和资源配置，确保弱势群体也能够享受到相应的社会福利。总之，发展水平均衡是指在经济、教育、医疗保健和社会福利等多个领域发展相对平等和均衡，确保社会各个方面的发展都能够达到一定程度的平衡状态。

结合四川实际来看，共同富裕的发展水平均衡主要包含三个方面的内容。一是着力缩小城乡差距。城乡发展差距显著是我国城乡二元结构的必然结果，也是共同富裕目标实现过程中的最大短板。[①] 目前，四川

---

① 马晓河，杨祥雪 . 以缩小城乡发展差距推动实现共同富裕［J］. 改革，2023（4）：1.

在推进共同富裕的过程中，城乡发展差距扩大的趋势尚未得到根本性扭转。事实告诉我们，只有当城乡发展差距缩小到一定程度时，才能实现共同富裕的战略目标。要促使城乡发展差距呈现收敛性，着力让城乡发展差距仅呈现"量"上的差别，而非"质"上的不同。

二是着力弥合区域差距。四川五大经济区的区位条件、资源禀赋差距巨大，从而造就了区域发展有差异，人民收入水平不平衡，进而制约着不同区域间的人口流动，造成人力资源分布、社会资本分配不均衡，导致共同富裕进程迟滞。① 要坚持多措并举、整体施策、统筹谋划，促使区域间政策工具相互衔接、协同发力，扎实推进全区域人民共同富裕。

三是调节城乡居民收入差距。做好收入分配工作是关系民生改善的关键环节，实现发展成果由全社会成员共同享有，最关键最直接的方式就是完善收入分配方式。因此，缩小收入分配差距，优化收入分配结构是推进共同富裕的应有之义。②

当前，四川居民收入差距呈现胶着状态③，要兼顾好效率与公平，坚持按劳分配为主体、多种分配方式并存的基本分配方式，鼓励多劳多得、勤劳致富，力争实现劳动生产率与劳动报酬提升同步、社会生产效率与居民收入提升同步。

三 发展质量升级

发展质量升级是指在经济增长的同时，注重增强与提高社会发展的全面性、可持续性和质量。这一概念关注的不仅仅是数量性的增长，更重要的是提升发展的质量，包括但不限于生活品质、环境保护、社会公平和文化发展等方面。

首先，发展质量升级体现在生活品质方面。除了物质生活水平的提高外，更重要的是改善居民生活质量，包括健康、教育、文化娱乐等方

---

① 席恒. 共同富裕的目标任务与社会保障的赋能路径 [J]. 人民论坛·学术前沿，2023 (3)：68-76.
② 廉思. 发挥好分配的功能和作用 [N]. 经济日报，2023-11-29.
③ 郑伟. 全面深刻理解共同富裕的内涵要求 [J]. 人民论坛，2023 (13)：14-18.

面，这需要提供更好的医疗卫生服务、更优质的教育资源、更多元的文化活动，以及更多的生活便利。为了满足人民不断增长的美好生活需求，需采取更强有力的措施来提升人民生活品质。

其次，发展质量升级关注环境保护和可持续发展。经济增长不应以牺牲环境为代价，而是要追求经济和环境的双赢。这包括推动绿色能源发展、减少污染排放、保护自然资源等措施，以确保未来世代也能享受良好的环境。生态文明建设是共同富裕发展质量升级的重要一环，"绿水青山就是金山银山"，从绿水青山出发走向共同富裕的康庄大道，推动环境方面的发展质量升级，实现生态惠民、生态利民、生态为民。

再次，发展质量升级表现在社会公平方面。发展质量升级强调社会公平和公正。公平公正是照亮社会生活的光亮，共同富裕体现了基本的社会公平，更好地唤起全体人民对于公平公正的文化认同感，从而推动社会的进步。共同富裕在社会公平方面的发展质量升级意味着在资源分配、机会分享、权利保障等方面实现更大程度的公平，消除各种形式的歧视和不平等，使每个人都能够在社会中获得公平的待遇。

最后，文化发展也是发展质量升级的重要方面。文化是实现共同富裕战略目标过程的内在本质属性和重要支点，同时也是满足人民日益增长的美好生活需要的重要因素。文化多样性和创造力的发展对于社会全面进步和发展至关重要，通过文化的传承、创新和发展，可以提升社会的软实力和凝聚力。

综上所述，发展质量升级不仅追求经济增长，而且注重提高生活品质、环境保护、社会公平和文化发展等方面的质量，从而实现全面、可持续和更高水平的发展。

具体来看，共同富裕的发展质量升级主要包含三个方面的内容。一是促使基本公共服务均等化。基本公共服务融合供给与共同富裕在实践上具有一致性①，基本公共服务均等化是关于"以人民为中心"宗旨的

---

① 常明杰. 面向共同富裕的城乡基本公共服务融合机制建构：实践经验与路向选择 [J]. 农村经济，2023（7）：18-26.

现实表达，是对"人民至上，民生为本"价值理念的具体践行，对形成保障社会可持续发展的深层动力、建成公平正义的美好社会有关键作用，是共同富裕战略目标的内在要求。要着力保障困难群体、弱势群体、特殊群体的基本生存权利，通过必要的"输血"帮助弱势群体"造血"，让全体人民过上"值得过"的生活。

二是扩大民生保障覆盖范围。民生是人民幸福之基，社会和谐之本。习近平总书记强调："以人民为中心的发展思想，不是一个抽象的、玄奥的概念，不能只停留在口头上、止步于思想环节，而要体现在经济社会发展各个环节。"① 民生保障发挥着社会稳定器的作用，要坚持应保尽保的原则，扩大民生保障覆盖面，改善社会保险制度，加快建设覆盖全民、统筹城乡、公平统一、可持续的多层次社会保障体系。

三是秉持绿色发展理念。绿色发展体现了人民对美好生态环境的向往，绿色是共同富裕的底色。建成人与自然和谐共生的现代化社会，势必需要将绿色发展理念贯穿推进共同富裕全过程，走生产发展、生活富裕、生态良好的绿色发展道路。②

四 发展能力提升

发展能力提升是指在不同社会群体和个人层面，提高他们自我发展和生活改善的能力，包括教育水平的提高、技能培训的加强、就业机会的增加等方面，使每个人都能够更好地适应社会变化和发展需求。

首先，教育是提升发展能力的关键。良好的教育能够为个人提供知识、技能和思维方式，使之具备更强的适应能力和创造力，包括基础教育、职业培训和终身学习的机会。其次，技能培训对于提高就业和创业能力至关重要。不断更新和提升技能能够让个人更好地适应市场需求和行业变化，增加就业机会和职业发展空间。在就业机会方面，增强就业机会的公平性和增加就业机会的数量是发展能力提升的重要目标。企业

---

① 习近平关于社会主义社会建设论述摘编［M］.北京：中央文献出版社，2017：13.
② 丁帅.人与自然和谐共生的现代化［J］.上海经济研究，2023（5）：29-40.

要提供多种多样的就业方式，政府应创造更加公平的就业环境，让更多人有机会实现自身发展和贡献社会。最后，社会也应该为弱势群体提供更多的帮助和支持，包括残障人士、贫困家庭等，让每个人都能够获得平等的发展机会和待遇。总的来说，发展能力提升是指在教育、技能培训、就业机会和社会支持等方面提高个人和群体的自我发展能力，让每个人都能够更好地适应社会发展的需求和变化。

结合四川实际来看，共同富裕的发展能力提升主要包含三个方面的内容。一是提高人民受教育程度。教育是全面建成社会主义现代化强国的应有之义，建设教育强国是民族复兴的基础工程，也是实现全体人民共同富裕的根基工程。人力资本论认为，教育差别是导致工资差别的主要原因，受教育程度与工人的收入水平大致上成正比[①]，受教育程度的普遍提升有助于实现人民收入层次"质"的飞跃，为共同富裕目标实现提供可靠前提。

二是加大劳动培训力度。劳动培训能有效帮助弱势群体"造血"，积极有为地提升劳动主体的就业与再就业能力[②]，进而扩大社会就业容量，提升人民就业质量。就业是最大的民生工程、民心工程、根基工程，整体就业层次跃升能促使"劳有所得"水平不断提升，增强人民自身创造美好生活的能力。

三是着力提高精神文明建设水平。共同富裕涵盖物质层面和精神层面的全面富裕，不仅关注物质生活的改善，还关注精神层面的提升。[③]可见，精神文明的高度发达是共同富裕的应有之义。同时，先进文化引领、强大精神力量、有力道德支撑也是人民生活富裕的重要体现[④]，为解放社会生产力提供精神支撑力，促使共同富裕进程不断向前。

① 柴建，王瑶瑶，李晓芬，等．中国收入差距核心影响因素提取与非线性动态影响效应研究［J］．当代经济科学，2023，45（1）：74-88.
② 单铁成．人力资本投资对农户相对贫困的影响研究［D］．中南财经政法大学博士学位论文，2022.
③ 既要"富口袋"也要"富脑袋"［N］．人民日报，2021-10-13（03）.
④ 颜晓峰．促进人民精神生活共同富裕［J］．人民论坛，2022（22）：24-29.

第二节　文献综述

2012 年，党的十八大明确指出"逐步实现全体人民共同富裕"，这促进了学术界对共同富裕的研究，研究成果不断增多。2021 年，党的十九届五中全会召开，更加明确实现共同富裕的时间表和路线图。在此背景下，厘清共同富裕的思想内涵，找准实现共同富裕的路径机制，对于全面建成社会主义现代化强国、实现中华民族伟大复兴具有重大意义。因此，共同富裕研究领域出现了大批高水平研究成果。为了更好地把握最新研究动向，本书聚焦 2012 年以来学术界关于共同富裕的研究，从理论渊源、制约因素、对策建议、实现路径四个方面进行全面梳理。

一　共同富裕的理论渊源

（一）共同富裕思想的理论来源

共同富裕根植于中华优秀传统文化之中。回溯共同富裕概念的源泉，最早可追溯到古代关于美好世界的"天下大同"思想。《礼运·大同篇》中有对孔子所认为的理想世界进行描绘："男有分，女有归。货恶其弃于地也，不必藏于己。力恶其不出于身也，不必为己。是故谋闭而不兴，盗窃乱贼而不作。故外户而不闭。是谓大同。"同时，"不患寡而患不均，不患贫而患不安"则表达了对社会公平和稳定的期盼[1]。此外，在古代诸子百家的思想中，对理想社会的追求都有相关描述[2]，但各有侧重：农家强调"并耕而食"，即共同耕作、共享成果；儒家提倡"社会大同"，鼓励人们相互协作、和谐共处；道家则注重"小国寡民"，追求简朴而和谐的生活方式；墨家主张"兼爱天下"，强调的是广泛而无差别的爱；法家的"富国强兵"则着眼于国家整体实力提升

---

[1]　荣开明.中国共产党探索共同富裕的伟大历程和现实启示［J］.观察与思考，2022（9）：52-60.

[2]　黄文胜.共同富裕视域下乡村文化振兴之现实诉求及实践载体［J/OL］.广西师范大学学报（哲学社会科学版），1-13［网络首发，2024-05-21］.

与繁荣。

这些不同学派的观点都表达了对共同富裕这一核心价值观的探索和理解。中国传统文化中的共同富裕思想积厚流光，滋养着中华民族的精神气节，"不论过去还是现在，都有其永不褪色的价值"①。因此，共同富裕思想的提出不是一时心血来潮，而是深深扎根于中国悠久的传统文化，它是在历史与文化沉淀中逐渐形成的，反映了人们对和谐、公平、共融社会的向往和追求。

共同富裕萌发于马克思主义的科学预见之中。从马克思主义的视角来看，消除生产资料私有制是实现共同富裕的前提条件之一。只有在生产资料的公有制下，改变生产资料的社会性质，生产的社会化才能实现，进而使得共同富裕成为可能。市场作为公平交换的平台并非直接导致贫富差距，然而，私有制的存在使得少数人能够掌握更多资源和生产资料，进而导致贫富差距产生。所以，为了实现共同富裕这一美好愿景，就需要尽最大可能地消除私有制。

回顾我国对共同富裕的探索之路，1953 年 12 月，共同富裕概念首次被中央提及，然而对其内涵并未作出具体界定。直至 1984 年 11 月 9 日，"共同富裕"概念正式诞生。此后，1992 年初，邓小平同志强调了共同富裕与社会主义之间的关系。② 党的十八大以来，中国共产党集结全党全国全社会的力量努力赢得脱贫攻坚战的胜利，并在全国范围内全面建成小康社会，这为我国共同富裕的实现提供了前提和奠定了基础。在新的发展阶段，共同富裕的内涵得到了进一步丰富和深化。共同富裕是使全民受益的富裕，是全面地涵盖"五位一体"的富裕，是逐步推进的富裕。

（二）社会福利思想

西方国家通常不直接提"共同富裕"，但西方空想社会主义关于未

---

① 陈玉影，汪孝珊 . 新时代中国共产党共同富裕思想的逻辑理路［J］. 现代商贸工业，2024，45（12）：12-14.
② 金光旭 . 中国共同富裕现代化道路研究［D］. 吉林大学博士学位论文，2021.

来社会的构想就包含共同富裕的理想。此外，西方关于社会福利思想的研究对于我国当前推进共同富裕依然具有借鉴意义。

早在16世纪初，空想社会主义学说就出现于托马斯·莫尔的《乌托邦》一书中，他描述了一个想象中的理想社会，这种设想下的社会模式是"共同富裕"的理想化呈现。然而，在这样的社会模式中缺乏明确的激励机制，且这种设想难以在现实社会中实施。19世纪初期，以圣西门、傅立叶和欧文为代表的空想社会主义者，在前期空想社会主义的基础上，融入自己的新主张，将空想社会主义推向新的高潮。纵观空想社会主义理论，空想社会主义者通过作品和思想，勾勒了一个理想化的社会景观。他们设想的"世外桃源"不仅是一个没有社会等级和阶级差异的社会，而且是一个完全自由、没有压迫和剥削的社会。在这个社会中，人们可以享有平等的机会，共同分享资源，实现个人与集体的和谐。

回溯福利经济学的发展历程，可以发现，福利经济学最早可以追溯到19世纪末20世纪初的社会改革运动，其诞生是基于贫富悬殊、阶级矛盾和经济矛盾突出的社会时代背景。因此，它着眼于解决这些现实问题，以达到人们更广泛的"幸福"。作为福利经济学之父，庇古的观点是福利经济学的代表性思想之一。庇古注重穷人的经济福利，主张调节收入分配和调节劳资关系，以向富人征税的手段实现由富人向穷人的转移支付，缩小收入差距，从而增进经济福利。他认为避免两极分化的办法是收入的均等化与资源的优化配置，其中政府要发挥积极作用。

20世纪30年代，新福利经济学诞生，其研究方法主要有两种：序数效用论以及瓦尔拉斯的一般均衡理论。序数效用论基于这样的假设，即个人福利的集合构成了整个社会的福利水平，认为单纯的收入再分配行为，并不能扩大社会福利的总量。如果一部分群体变得富足，而未使得其他群体处于更加贫穷的状态，那么整个社会的境况就有所好转。虽然贫富差距扩大，但是从长远来看，社会整体福利水平仍持续上升，不会出现普遍的退步。就瓦尔拉斯的一般均衡理论而言，它揭示了经济变动所引发的波及效应，这些变动会同时对不同群体产生利益或损害。理论进一步指出，通过实施恰当的经济政策，比如税务和定价政策，能够在获益方与遭受损害方之间获得平衡，以补偿金的形式，将获益方的部分收入转移给受损方，努力实现经济社会的大体均衡。瓦尔拉斯的一般均衡理论还认为，经济活动若重视效率，将促进国内生产总值持续增加，并随着时间的推移，能够达到普遍的富裕状态。

19世纪末20世纪初，福利国家论被提出，秉持"政府负责"的观念，认为政府应在保障公民权利和社会福利方面发挥积极作用。20世纪30年代初，凯恩斯国家干预理论成为当时的主角，强调国家干预政策要以稳定经济为目标。同时，作为福利国家奠基石的《贝弗里奇报告》主张从消除贫困走向共同富裕。总而言之，福利经济学是从福利观点出发，秉持社会福利最大化原则，认为只有这样才能最终促进经济发展[1]。为了达到此目标，政府需实施宏观调控。此外，福利经济学注重收入均等化。

21世纪初，法国著名经济学家和社会学家托马斯·皮凯蒂的研究结果表明，从长期来看，财富分配不平等的主要原因是资本收益率恒高于经济增长率。同时，他还主张财富的代际转移主导财富分配。为了应对全球财富分配不平等，皮凯蒂建议开征全球累进资本税，通过征税对世界财富分配进行调节以缓解财富分配不平等问题。

二 推进共同富裕的制约因素

关于推进共同富裕的制约因素，学术界展开了广泛的研究，主要集中在以下几方面。

一是经济发展不平衡不充分使得共同富裕的物质基础不牢。在构建实现全体人民共同富裕的多维目标体系时，物质资料的富裕是最根本的前提。[2]改革开放40多年以来，中国依托人口红利，大力承载国际产业

① 苏畅.马克思主义共同富裕思想与我国的实践路径研究［D］.中共中央党校博士学位论文，2018.
② 李雪艳，周泽红.新时代实现共同富裕的制约因素与推进策略探析［J］.决策与信息，2022（7）：5-12.

转移,逐渐形成了以出口为导向的劳动密集型产业主导的经济发展模式,助力中国经济腾飞。但不可否认的是,人口红利的逐渐消失导致我国既有的经济发展模式难以为继。同时,生态环境问题和发展不平衡不充分问题已成为共同富裕目标实现不得不突破的两大关卡①。

二是城乡发展不平衡使农民在迈向共同富裕的进程中掉队。长期以来,我国逐渐形成了以城市为导向的发展模式,城乡在基础设施、基本公共服务、收入水平、生活水平等方面的差距,是实现共同富裕必须解决的问题。② 进而,很多学者对共同富裕与乡村振兴、全面小康、贫困等的关系进行了研究。一部分学者就实现共同富裕与乡村振兴的关系开展了相关研究。他们认为,我国城乡发展差距大、收入差距较为明显,若农村居民的发展问题无法得到解决,共同富裕目标将难以真正实现。因此,乡村振兴是实现共同富裕的必经之路。③ 还有一些学者就全面建成小康社会和实现共同富裕的关系开展了相关研究。大部分学者认为,新发展阶段就是从小康社会走向共同富裕,共同富裕是远景目标,全面小康是必经阶段。在全面建成小康社会的进程中,需建立有效的实践机制来促进共同富裕目标实现,其中包括市场配置、政府分配以及社会保障与援助三个层面的机制。④ 同时,有研究指出,要实现共同富裕,必须巩固全面建成小康社会的成果⑤。

三是区域发展不平衡使物质、精神资源的共享性难以保障。推进共同富裕要秉持"以人民为中心"的理念,时刻谨记共同富裕惠及全民,是兼顾物质和精神的双重富裕。地区经济发展均要立足自身资源禀赋,然而,不同地区间的资源禀赋差异客观存在,地区间资源禀赋差异决定了地区间经济发展的不平衡。目前,地区之间的发展差距日益凸显,已

① 苏冷然. 深化财政改革 实现共同富裕 [J].当代经济管理, 2022, 44 (8): 6-10.
② 蒋永穆,谢强. 扎实推动共同富裕:逻辑理路与实现路径 [J].经济纵横, 2021 (4): 15-24+2.
③ 李周. 中国走向共同富裕的战略研究 [J].中国农村经济, 2021 (10): 2-23.
④ 董全瑞. 全面小康与共同富裕 [J].求是, 2003 (5): 29-31.
⑤ 谢地,王圣媛. 基于文献计量的中国特色社会主义共同富裕研究述评 [J].重庆社会科学, 2022 (8): 21-34.

成为阻碍我国实现全民共同富裕的主要障碍。①

四是国民收入分配差距较大是制约实现共同富裕的重要因素。我国经济在40多年的改革开放中迅速崛起，这为提升全民收入创造了重要条件；同时，逐步完善的收入分配制度为缩小收入差距提供了制度保障。尽管如此，我国的收入分配差距目前仍然较大，这是我们在实现全民共同富裕的过程中必须付诸关注和予以解决的问题。②

三 推进共同富裕的对策建议

共同富裕包含生产力和生产关系两个方面的特征，蕴含着生产力与生产关系的对立统一规律。实现共同富裕，要坚持基本经济制度③、分配制度以及社会主义市场经济体制。市场经济体制并非一无是处，其最大优势就是能够推动资源配置实现效益最大化和效率最优化，进而推动社会财富总量快速增加。④ 回溯我国社会主义市场经济体制的历史沿革，社会主义市场经济体制在推动经济发展方面发挥了积极作用，是共同富裕目标实现的重要制度保障⑤。不可忽略的是，当前我国社会主义市场经济体制仍存在市场秩序不规范、生产要素市场发展滞后、市场规则不统一、市场竞争不充分等突出问题，它们严重制约了共同富裕目标的实现，从而势必需要健全和完善社会主义市场经济体制，但也要意识到私有制和市场经济的"双刃剑"属性，合理规避潜在的负面影响⑥。

在具体制度方面，要完善推进共同富裕的政策体系。一是深化收入

---

① 张来明，李建伟．促进共同富裕的内涵、战略目标与政策措施［J］．改革，2021（9）：16-33.
② 李实，朱梦冰．推进收入分配制度改革 促进共同富裕实现［J］．管理世界，2022，38（1）：52-61+76+62.
③ 宋俭，刘淋淋．在坚持社会主义基本经济制度的基础上扎实推动共同富裕［J］．经济社会体制比较，2022（4）：9-16.
④ 张占斌，吴正海．共同富裕的发展逻辑、科学内涵与实践进路［J］．新疆师范大学学报（哲学社会科学版），2022，43（1）：39-48+2.
⑤ 努力走出具有普遍意义的共同富裕新路子［N］．浙江日报，2022-05-23（06）.
⑥ 张占斌．中国式现代化的共同富裕：内涵、理论与路径［J］．当代世界与社会主义，2021（6）：52-60.

分配制度改革。一方面，要构建初次分配、再分配、第三次分配协调配套的制度体系①。在初次分配领域，我们需要平衡政府、企业和居民三者之间的收入分配比例，提高居民收入所占份额，进一步提高居民收入。另一方面，要深化生产要素市场改革，构建体现效率、促进公平的要素报酬分配微观机制。在再分配领域，不断加强税收、社会保障以及转移支付等方面的调节能力，要研究完善个人所得税制度；要规范收入分配秩序，形成合理有序的收入分配格局；要规范财富积累机制，对合法收入、过高收入、非法收入分别采取保护、调节、取缔举措②，鼓励社会积极创造财富、积累财富。同时，构建稳健的第三次分配机制，对有意愿有能力的企业、社会组织和个人进行引导，并给予大力支持，以使之积极投身公益慈善事业。

二是改革完善财税制度。改革完善财税制度要聚焦缩小收入差距、财富差距、人力资本投资差距。首先，为了缩小收入差距，需要改革完善个人所得税和消费税制度，对个人所得税和消费税体系进行彻底的改革，对高收入群体征收高额的消费税；其次，为了缩小财富差距，加强税收调节，聚焦房地产税、遗产税和赠与税，并探索建立鼓励慈善捐赠的税收体系；最后，理顺中央和地方的财政关系，优化财政支出结构，推动实现基本公共服务的均等化，缩小人力资本投资差距。③

三是完善社会保障制度。对社会保障制度进行整合优化，提升制度质量，形成制度合力，增强社会保障的公平性和可持续性，为共同富裕打下制度根基，不断提升社会保险的整合水平、完善基础保障的社会救助体系以及补全社会福利制度的薄弱环节，发展补充保障项目等。④

---

① 刘慧.邓小平关于分配重要论述的核心要义及其新时代发展［J］.邓小平研究，2023（1）：67-76.

② 刘新刚.中国式现代化对共同富裕问题的解答及其世界历史意义［J］.马克思主义研究，2023（3）：32-41+163.

③ 罗志恒，杨新，万赫.共同富裕的现实内涵与实现路径：基于财税改革的视角［J］.广东财经大学学报，2022，37（1）：4-13.

④ 白维军.以高质量社会保障助推共同富裕：逻辑关联、现实难题与关键路径［J］.人民论坛·学术前沿，2022（16）：37-45.

四是完善有利于促进共同富裕的就业政策。聚焦招聘选拔环节,不断推进透明化建设进程,有效推动共同富裕目标实现,加快人才强国建设步伐。① 在重视人才选拔的基础上,建立良好的人才筛选机制。加强选人用人及激励约束体制机制建设,搭建有利于激发人才活力、创造力的良好平台,使得人才优势顺利转化为创新发展优势。在重视人才选拔的基础上,构建有利于人才在实际工作中脱颖而出、带动发展的良好体制机制,以此调动人才的积极性,将人才优势转化为发展优势。

五是深化农村土地制度改革。围绕农村土地制度开展深化改革,加快土地流转,盘活农村闲置土地资源,促进农村闲置资源变资产。同时,促进农村地区非农产业的发展,辐射带动农村服务业发展,不断引导更多的人才和社会资本流向农村地区,改变传统的由农村向城镇的单向要素流动,进而带动农村公共服务业的发展,形成一种良性的循环,赋能乡村振兴。

四 实现全体人民共同富裕的具体路径

一是坚持党的集中统一领导。只有坚持党的集中统一领导,才能确保共同富裕的正确方向。首先,党的全面领导为共同富裕提供了组织保障。在推进共同富裕的过程中,中国共产党扮演着协调各方、调控全局的重要角色。党对所有干部工作的全面掌握,构成了它强大的政治实力和动员能力的根源。其次,党的全面领导为各族群众携手推进共同富裕提供了政策支撑。中国共产党特别注重政策制定,通过顶层设计和相应政策配置,为实现共享繁荣奠定了政策基础。②

二是推动经济高质量发展。发展是解决一切问题的根本,推动经济高质量发展有利于共同富裕目标的实现。对于推动经济高质量发展,蒋永穆和谢强提出要从四个方面着手:第一,在发展理念上,坚持以创

---

① 张占斌,吴正海.共同富裕的发展逻辑、科学内涵与实践进路[J].新疆师范大学学报(哲学社会科学版),2022,43(1):39-48+2.
② 王娟,任晓伟.新时代共同富裕的理论渊源、内涵解读及实现路径[J].学术探索,2023(4):24-31.

新、协调、绿色、开放、共享的新发展理念引领高质量发展，推动经济社会各领域实现质量变革；第二，在发展基础上，通过强化改革，破除制约社会民生和社会治理发展的因素，为高质量发展奠定基础；第三，在发展动力上，以创新实现动力变革；第四，在发展方向上，提升教育质量。[①] 周文和施炫伶提出要加强科技创新，围绕科技体制开展深化改革，破除科技创新链条上的诸多体制机制障碍；要建设现代化经济体系，为扎实推进共同富裕奠定坚实的经济发展基础。[②]

三是推动乡村振兴。扎实推进共同富裕，重点难点在乡村。共同富裕是惠及全民的共同富裕，只有突破共同富裕的重点难点，才能使得共同富裕目标实现成为可能。因此，应聚焦乡村，以乡村振兴为战略导向，挖掘并激发乡村内生发展动力，助力共同富裕目标实现。[③] 对此，周文和唐教成提出要加快建设现代农业，要稳步推进农村基础设施建设，要提高农村精神富裕水平，要建立健全城乡融合发展体制机制和政策体系[④]，李宁和李增元提出要壮大农村集体经济[⑤]。

四是提升低收入人群收入。完善动态监测系统，加强低收入人口动态监测，做好分层分类救助帮扶，更好地服务低收入人群。李莹提出，提升低收入人群收入，具体应从三个方面着手。首先，聚焦土地要素开展盘活工作，促进农村闲置资产变增收"活资源"，拓宽农民增收渠道，提高农民财产性收入，实现经济可持续增长。其次，瞄准中等收入群体的潜在来源农民工群体，面向农民工群体开展大规模、多形式的职业技能培训，稳就业、稳增收。最后，鼓励企事业单位打破身份、行

① 蒋永穆，谢强．扎实推动共同富裕：逻辑理路与实现路径 [J]．经济纵横，2021（4）：15-24+2.
② 周文，施炫伶．共同富裕的内涵特征与实践路径 [J]．政治经济学评论，2022，13（3）：3-23.
③ 徐俊峰，葛扬．"城乡共富"："共同富裕"的内涵要义与实践遵循 [J]．西北农林科技大学学报（社会科学版），2022，22（6）：20-28.
④ 周文，唐教成．乡村振兴与共同富裕：问题与实践路径 [J]．浙江工商大学学报，2022（6）：5-16.
⑤ 李宁，李增元．新型集体经济赋能农民农村共同富裕的机理与路径 [J]．经济学家，2022，286（10）：119-128.

业、部门和所有制限制，搭建校企交流合作平台，提高技术工人待遇。①

五是加强精神文明建设。共同富裕不仅仅是物质和经济上的繁荣，更体现在精神和文化层面。随着经济基础的夯实，人们对精神文化生活的需求日益增长，无论是在质量还是在数量上都对它有着更高的要求。对此，罗明忠提出要加强社会主义核心价值观的指导作用，积极传播时代和道德模范的巨大贡献和感人事迹。充分利用中华优秀传统文化的影响，提供各个年龄层次的人们所喜爱的文化产品和服务，更好地满足人们的精神文化需求。同时，推进高质量、高效率、公平和可持续的公共文化服务体系的建设，以提升公共文化服务的品质和效率。②

五　文献评述与进一步探讨、发展或突破的空间

国内学者对共同富裕相关问题，均是以中国的现实问题为出发点，就国外社会福利理论的发展与应用展开探讨，以进一步探究推进共同富裕的路径，这为本书的研究提供了一定的理论支持。但通过梳理相关文献发现，既有的政策研究多重视经济社会发展，而轻均衡发展水平；注重效率管理，而轻动力改革；注重宏观层面政府作为，而轻微观层面个体引导。因此，新时代新征程下四川推进共同富裕的政策设计与改革路径需要进一步深入完善与改革创新。

（一）文献评述

上述文献极大地丰富了四川推进共同富裕的理论研究，扩大和完善了这一理论命题的研究范畴，为本书研究提供了广阔的研究视野。既有研究在推进共同富裕方面的贡献主要可分为四类。

一是共同富裕研究的贡献。关于共同富裕的研究最主要的是从不同角度解释了什么是共同富裕，如何理解共同富裕，重点在于阐释共同富

---

① 李莹.共同富裕目标下缩小收入差距的路径探索、现实挑战与对策建议［J］.经济学家，2022，286（10）：54-63.
② 罗明忠.共同富裕：理论脉络、主要难题及现实路径［J］.求索，2022（1）：143-151.

裕的内涵。而为了更好地理解共同富裕，它们也剖析了共同富裕的理论渊源。同时，还有学者考察了我国推进共同富裕的历程，并总结了相关经验。此外，部分学者尝试定量评估推进共同富裕进展情况。然而，这些研究多站在全国的角度，省域层面的研究相对较少，且定量评估研究由于所选用的指标体系不同而导致结果之间不可比较。这些研究为本书的研究奠定了基础，指明了方向。

二是推进共同富裕实践机制研究的贡献。推进共同富裕实践机制的相关研究均是立足国情，充分展现中国国情特色和发展阶段特征，研究的共同点在于肯定了推进共同富裕实践机制创新在推动经济发展和生活质量提升方面的重要作用。由于共同富裕是发展水平均衡、发展质量升级和发展能力提升三个方面协同作用的结果，因此推进共同富裕实践机制创新既需要考虑发展水平、发展质量、发展能力方面的直接影响，也需要考虑三者交叉作用的影响。基于此，探索扎实推进共同富裕的路径可以从发展水平、发展质量和发展能力方面着手。

三是推进共同富裕政策体系研究的贡献。已有研究从当前的特殊国情出发，总结出我国在推进共同富裕中所遇到的阻碍。其中包括不平衡不充分的经济发展、城乡差距、地域发展不均等。考虑到这些问题，国家和各级地方政府的政策不可或缺。在基本制度上，主张坚持以社会主义公有制为主体、多种所有制并存的经济制度；坚持以按劳分配为主体、多元化分配方式并存的分配制度；坚决维护和优化社会主义市场经济制度。在具体制度上，提出深化收入分配制度改革，优化财税制度，健全社会保障制度，以及实施有利于推进共同富裕的就业政策，深化农村土地制度的改革等策略。这些研究成果都较为准确地体现了我国在推进共同富裕政策体系完善上的努力，从而为中国共同富裕的实现提供了可行的政策体系创新发展路径。

四是实现共同富裕具体路径研究的贡献。基于我国特殊国情和当前实现共同富裕面临的困境，学者们提出了实现共同富裕的具体路径，包括坚持党的集中统一领导，扎实推动经济高质量发展，实施乡村振兴战略，提升低收入人群收入，加强精神文明建设，等等。这些研究为当前我国推进共同富裕提供了有针对性、可操作性强的意见和建议，也为本书的研究提供了可借鉴的科研成果。

（二）进一步探讨、发展和突破的空间

基于以上分析，本书结合党的二十大报告，立足全党全国各族人民迈上全面建设社会主义现代化国家新征程的发展要求，提出以下仍值得进一步探讨、发展和突破的问题。

一是对共同富裕内涵的时代创新。党的二十大报告指出，我们必须坚持把实现人民对美好生活的向往作为现代化建设的出发点和落脚点，着力维护和促进社会公平正义，着力促进全体人民共同富裕，坚决防止两极分化。因此，需要系统地深入研究新时代全体人民共同富裕的丰富内涵、层次、广度和深度。综合上述所有研究不难发现，共同富裕是复杂、多维、抽象的概念。如同其他许多社会科学概念一样，共同富裕针对不同领域、不同地区、不同人群会有不同诠释，但既有研究鲜少直接关注共同富裕的主体，即人的个体、家庭、社会等属性，将之置于一个完整的研究框架中，系统探究共同富裕在不同属性中的内涵。[①] 因此，需要探讨共同富裕对我国人民全面发展的意义。特别是落脚到发展层面，推进共同富裕所需的层次、实现条件、制度保障，及其在解决社会主要矛盾方面的作用等问题，尚未得到有效解答。

二是构建符合经验数据和经受实践检验的共同富裕评价指标体系。已有研究在构建共同富裕评价指标体系时，所建体系互不相同。总体来看，共同富裕评价指标体系构建存在注重宏观而轻微观、注重客观而轻主观、注重成因而轻结果、缺乏经验数据和实践经验检验等不足之处。同时，已有共同富裕评价指标体系重视采用宏观的、非个体指标来代表共同富裕各维度，轻视了微观个体指标的设计，这就导致指标体系只能用于描述和比较样本情况。

---

① 邹红，赵佳，朱雨可．人民日益增长的美好生活消费需要体制机制研究进展［J］.中国西部，2018（4）：30-43.

三是透视四川推进共同富裕制度变化的阶段，把握其发展趋势与现实困境。四川作为典型的城乡发展不平衡、农村发展不充分的农业大省，与我国东部地区省份相比仍存在明显差距。这预示着，四川推进共同富裕制度的变化有着不同于其他地区的独特轨迹和阶段特征，找出改革开放以来四川推进共同富裕制度在不同历史阶段的调整与变革、问题与困境，对于指导四川完善推进共同富裕的实践机制与政策体系具有重大现实意义。现有研究主要关注经济发达地区的推进共同富裕实践，并且重点在于介绍其效果，然而对于实践机制内在的演进研究相对不足，同时对于我国推进共同富裕实践的区域对比研究也较少。因此，现有研究无法为四川推进共同富裕的实践机制与政策体系创新提供建议和决策支持，也难以形成具备预见性的相关政策储备。所以，深化实践机制与政策体系研究势在必行。

四是探索以破解发展不平衡不充分问题为导向的推进共同富裕实践创新路径。虽然已有关于如何创新推进共同富裕制度的思路，经历了从一部分人率先富裕到全体人民共同富裕的转变，但相关研究普遍将共同富裕作为经济发展的驱动力，忽略了共同富裕作为"全面人的发展"需求的本质。因此，众多研究都集中于通过经济学的视角去消除影响共同富裕实现的因素。过去在消费制度改革方面获得的历史经验虽能为当前推进共同富裕实践创新提供一定借鉴参考，但随着我国社会主要矛盾的变化，这些思路具有一定的局限性，已不适用于解决现阶段我国社会的主要矛盾、贯彻落实"以人民为中心"的理念。因此，为了解决新时代的新问题和满足人民在新时代的新诉求，我们迫切需要研究如何创新推进共同富裕的实践。

五是以民生视角创新共同富裕发展能力提升的路径。共同富裕既指要满足人们基本的生存和生活需求，同时也必须考虑到发展机会以及保护个人权益的需求。在提升共同富裕发展能力的过程中，除了要满足全体人民的物质需要和文化需要外，还需要满足全体人民日益增长的新需要，如民主、法治、公平、正义、安全和环境等。然而，目前已有研究对发展能力的分析往往较为狭隘，共同富裕发展能力的提升需要综合考虑区域协调发展能力、城乡融合发展能力以及低收入人群的自我发展能力等宏观和微观因素。随着对共同富裕内涵认识的不断拓展，提升共同富裕发展能力不能局限于传统范畴，还需要将人的全面发展与经济、社会、文化、生态环境等多个方面联系起来综合考量，同时还要关注宏观和微观层面的影响因素。因此，如何构建共同富裕发展能力提升的路径是一个需要深入思考的问题，需要以民生的广阔视野来进行考量。在未来的研究中，应该更加全面地考虑共同富裕的发展能力，特别是在区域发展、城乡融合和低收入人群的自我发展方面，以期为推进共同富裕提供更加具有前瞻性和具体的政策储备。

第二章 四川推进共同富裕的理论分析

正确把握共同富裕的时代内涵是实现共同富裕的必要前提。在深入理解共同富裕时代内涵与意义的基础上，厘清四川推进共同富裕的理论框架，是深入分析四川经济社会发展的实际状况，深刻认识四川推进共同富裕所面临的问题，并坚持以问题为导向提出解决方案的内在要求，有利于进一步推动共同富裕目标实现。

第一节 共同富裕的时代内涵与意义

共同富裕是共享性、可持续性和发展性的统一。新时代赋予共同富裕以新的内涵与价值目标。需要结合新发展阶段特征，领悟新时代共同富裕的内涵与意义，深入研究不同阶段的目标，秉持以人民为中心的发展思想，分阶段地解决地区、城乡、收入等方面的不平等问题，促进人的全面发展与社会进步，持之以恒地推动共同富裕目标的实现。

一 共同富裕的时代内涵

习近平总书记在党的二十大报告中强调，"中国式现代化是全体人民共同富裕的现代化"，要"明确我国社会主要矛盾是人民日益增长的美好生活需要和不平衡不充分的发展之间的矛盾，并紧紧围绕这个社会主要矛盾推进各项工作，不断丰富和发展人类文明新形态"。[①] 当前，我国已经进入社会主义初级阶段的"下半场"[②]，实现全体人民共同富裕已经被提上了议事日程。为了适应新时代社会主要矛盾的转变，满足人民不断增长的美好生活需要，持续夯实和巩固党长期执政的基础，"必须把促进全体人民共同富裕作为为人民谋幸福的着力点"[③]。然而，当前我国社会发展不平衡不充分的问题仍然显著，成为阻碍人民美好生活需求得到满足的障碍，同时也是实现全体人民共同富裕的关卡。

为了实现共同富裕的目标，我们需要深刻理解社会主要矛盾发生的变化，明晰"社会主要矛盾解决"与"扎实推动共同富裕"之间的关系。[④] 解决好新时代社会主要矛盾与实现共同富裕具有内在一致性，都意在促进生产力与生产关系协调发展，从而实现人的自由而全面发展。

新时代我国主要矛盾体现在"人的需求"和"满足需求"之间，表现为社会现实发展状况与人民美好生活愿景之间的不对等，制约着美好生活需求得到满足的主要问题为不平衡不充分的发展，发展不平衡是指"各区域各领域各方面发展不够平衡"，发展不充分是指"部分区域部分领域发展不够充足"。共同富裕是生产力与生产关系的辩证统一[⑤]，发展不充分问题的解决，关键在于处理好发展质量与发展效益问题，是关于生产力的方面，涉及如何把蛋糕"做大"，关系实现共同富裕当中"富裕"的方面。发展不平衡问题的解决，关键在于处理好发展中产生的差距和发展不协调问题，是关于生产关系的方面，涉及如何把蛋糕

① 新华社．习近平：高举中国特色社会主义伟大旗帜 为全面建设社会主义现代化国家而团结奋斗——在中国共产党第二十次全国代表大会上的报告 [EB/OL]．中央人民政府网站，2022-10-25. https://www.gov.cn/xinwen/2022/10/25/content_5721685.htm.
② 刘学良，续继，宋炳妮．中国区域发展不平衡的历史动态、表现和成因——东西差距和南北差距的视角 [J]．产业经济评论，2022（2）：152-167.
③ 习近平．扎实推动共同富裕 [J]．求是，2021（20）：4-8.
④ 杨仁忠，叶盛杰．坚持以解决新时代社会主要矛盾扎实推动实现共同富裕 [J]．河南师范大学学报（哲学社会科学版），2023，50（1）：10-18.
⑤ 文丰安．以中国式现代化扎实推进共同富裕的辩证关系与创新路径研究 [J]．社会科学文摘，2023（4）：8-10.

"分好"，关系实现共同富裕中"共同"的方面。因此，解决发展不平衡不充分的问题，扎实推进全体人民共同富裕在本质上就是促使社会生产力与生产关系相适应、相协调的过程。①

为了解决发展不充分的问题，扎实推进共同富裕要注重提升发展质量，着力全方位发展，增强整体发展包容性，实现社会财富的充分涌流，充分满足人民对美好生活的需要。② 治国之道，富民为始。马克思在深刻揭示现代社会内在运行规律的基础上，提出了"生产将以所有的人富裕为目的"③ 的未来社会设想，且马克思主义强调，"一切历史的基本条件"是物质生产实践④，物质生产是人类得以生存和发展的根本，是社会向前发展的原始动力。这为我们深刻认识共同富裕中"富裕"的地位提供了基本遵循，"富裕"是实现共同富裕的前提条件，离开"富裕"谈共同富裕，犹如无根之木、无源之水、空中楼阁。"富裕"反映了生产力发展水平，具体体现为社会整体生产力得到极大发展，物质文明与精神文明高度发达，两者是辩证统一的关系。⑤

发展不充分问题在物质层面表现为，重点领域和关键环节的发展总量不大、发展程度不高、发展潜力释放不充分，发展程度同发达国家还有较大差距，致使我国存在发展短板和弱项，出现"卡脖子"难题；在精神层面表现为，中国价值彰显程度不高，中国形象塑造水平不够，中国故事宣讲范围不广，社会主义核心价值观尚未成为全民"日用而不知"的自然行为。精神文明与物质文明建设不协调，还存在"一个快一个慢""一条腿长一条腿短"的现象，致使我国发展质量和效益欠缺、全面性不强、包容性较差，难以满足人民多样化、多层次、全方位

① 严文波，戚中美. 论新时代解决社会主要矛盾与实现共同富裕的内在一致性 [J]. 江西师范大学学报（哲学社会科学版），2023，56（4）：28-34.
② 李海舰，杜爽. 发展不平衡问题和发展不充分问题研究 [J]. 中共中央党校（国家行政学院）学报，2022，26（5）：72-81.
③ 马克思恩格斯选集：第 2 卷 [M]. 北京：人民出版社，2012：787.
④ 马克思恩格斯文集：第 1 卷 [M]. 北京：人民出版社，2009：531.
⑤ 钟海，苏航. 推动农民农村共同富裕：时代意义、现实阻碍与实践进路 [J]. 西安财经大学学报，2023（4）：22-34.

的美好生活需要。解决发展不充分问题，扎实推进全体人民共同富裕，需要促使物质文明力量与精神文明力量在持续嬗变中长期处于同频共振的关系样态①，形成实现共同富裕合力，持续创造经济条件和追求精神富足的历史主动和内生动力，从根源上破除一切生产力提升的制约因素，完全释放一切社会发展的活力与创造力，补齐现代化短板，筑牢共同富裕根基。

为了解决发展不平衡的问题，扎实推进共同富裕要注重增强发展协调性，妥善处理好地区间发展不平衡、城乡经济发展不平衡、收入分配结构不平衡等重大问题，提升全体人民的安全感、幸福感、满足感。习近平总书记在关于《中共中央关于制定国民经济和社会发展第十四个五年规划和二〇三五年远景目标的建议》的说明中强调："促进全体人民共同富裕是一项长期任务"。这个重大论断说明，推动共同富裕实现是阶段性与长期性的两位一体，富裕的实现时间有先后、富裕的实现地区有先后、富裕的具体程度有区别，发展不平衡的问题会在推进共同富裕的进程中暂时性存在，但终将会得到妥善解决。

发展不平衡问题的存在致使在经济领域，地区之间经济发展水平落差明显，协同性协调性有待增强，发展总体结构呈现不平衡态势；致使在社会领域，看病难、看病贵，择校难、上学贵，养老难、养老贵等社会问题仍是困扰人民群众的"痛点"；致使在生态领域，天蓝、地绿、水清并未成为常态，生态环境保护的结构性、根源性、趋势性压力总体尚未得到根本缓解。要坚持稳中求进、久久为功、脚踏实地的工作总基调，坚持让"人民"当共同富裕的享有者、请求者和消费者，坚持全面共享、全民共享、共建共享、渐进共享，使人人各尽其能，使人人各得其所。②扎实推进共同富裕，需要统筹推进党中央制定的经济、政治、文化、社会、生态"五位一体"总体战略，多措并举、全局施策③，促

① 史宏波.推动物质富足与精神富有良性互动［J］.人民论坛，2023（13）：42-45.
② 张晗.人的全面发展：新时代共同富裕的价值取向［J］.人权，2023（3）：73-88.
③ 罗叶丹，褚湜婧.矛盾论视域下推动精神生活共同富裕的理论初探［J］.江西师范大学学报（哲学社会科学版），2023，56（4）：35-42.

使物质文明、政治文明、精神文明、社会文明、生态文明融合发展、齐头并进，力争在 21 世纪中叶，在推进共同富裕上取得更为明显的进展。

二　共同富裕的时代意义

随着中国经济的不断发展，脱贫攻坚和全面小康任务的基本达成，党对共同富裕的认识达到了新的理论高度。四川推进共同富裕对于中国特色社会主义建设成果不断得到巩固和复制推广有着重大的意义，也为进一步促进中国经济发展向高质量经济发展转化和现代化国家建设提供了助力。

（一）有助于巩固拓展四川脱贫攻坚成果同乡村振兴有效衔接

中央明确，在脱贫攻坚战取得胜利后，要坚决守住脱贫攻坚成果，做好巩固拓展脱贫攻坚成果同乡村振兴有效衔接。四川相当一部分脱贫地区的脱贫基础还不牢、自我发展能力还很弱、产业发展刚刚起步，部分脱贫户的收入来源单一且不够稳定，2021 年脱贫人口中年收入不足6000 元的占 13.4%①，巩固成果任务可以说十分艰巨。从 2021 年到2025 年，刚好与"十四五"规划的时间重合，这是我国全面建成小康社会、实现第一个百年奋斗目标之后，乘势而上为实现第二个百年奋斗目标而奋斗的第一个五年，在中国迈向全面现代化的历程中，居于承前启后的重要历史位置。在过渡时期，四川全省有效衔接工作的核心任务是始终坚持新的发展理念，保持稳中求进的总体工作基调，坚持以人民为中心的发展理念，坚持共同富裕的方向，将巩固和拓展脱贫攻坚的成果放在优先位置，推动与乡村振兴的有效衔接。四川对推进共同富裕进行了探索，这对于推动基于实践的共同富裕理论创新，促进城乡经济融合发展，以及走上具有中国特色的现代化乡村振兴之路，都具有深远的理论和实践意义。

---

① 四川省乡村振兴局党组成员、副局长钟志荣接受省政府网站专访文字实录 [EB/OL]. 四川省人民政府网站，2021-09-02. https://www.sc.gov.cn/10462/c108712/2021/9/2/4aee67ced0c748c7a252833a8c119198.shtml.

（二）有助于推进四川区域、城乡和群体的均衡协调发展

（1）增强区域协调发展能力。2018 年，四川提出构建"一干多支、五区协同"的省域经济发展新格局，同年四川提出建设"经济副中心"。随着强省会的深入进行，四川经济发展不均衡情况日益突出。2020 年，四川省会成都的首位度达全国各省会（首府）的第六名，成都占全川经济总量的 36.5%。[①] 近年来，四川地市经济发展较为活跃，尤其是省内头部地市的发展较快，竞争也相对激烈。2019 年宜宾超德阳，迈入全省体量第三城，南充等地市也在发力，头部竞争加速的形态反映了省域经济积极发展的信号。2020 年 1 月，中央财经委员会第六次会议明确指出，要大力推动成渝地区双城经济圈的建设。随着副中心竞争进行，四川经济副中心正浮出水面。以省级新区为例，2020 年 2 月，宜宾三江新区获批成为四川首个省级新区，同年 7 月南充临江新区获批成立，年末绵阳科技城新区正式获批成立。增强区域协调发展能力有利于缩小区域经济差距、提高基础设施通达程度、均衡公共资源配置，推动四川区域均衡发展。

（2）强化城乡融合发展能力。党的二十大报告突出农业农村优先发展、城乡融合发展、顺畅城乡要素流动。四川城乡之间总体差距显著，区域之间城乡融合发展水平相差较大，城乡要素融合机制尚不完善，城乡公共资源均衡配置机制尚未健全。在新时代的发展阶段，四川以"城乡融合发展"等的改革尝试为核心，积极推进城乡融合发展试验区的建设。因此，四川在全省范围内设立了 30 个县作为城乡融合综合改革的试点地区。这些改革和探索措施已经取得了初步的成功，并在促进城乡关系改善和经济要素流动方面发挥了积极的作用。同时，在国家战略引领下，各地因地制宜地提出了许多有特色、可复制的经验做法，有力支撑了全国范围内的城乡融合创新实践。然而，由于历史遗留、自然环境和现实因素的限制，四川在建设具有中国特色的现代化新型城乡

---

① 省会首位度排名：长春跃居第一，西安跻身前五 [EB/OL].澎湃网，2021 - 03 - 18. https://www.thepaper.cn/newsDetail_forward_11763843.

关系时，面临更加严峻的现实挑战和更加严格的体制机制限制，推动城乡融合发展的任务艰巨。在此背景下，如何进一步深化经济体制改革，全面提升统筹城乡发展能力，是当前迫切需要研究解决的重要课题。

当前，四川正处于从工业化的中期到中后期的转型阶段，城镇化的快速发展阶段，农业现代化的质量提升和效能增强阶段，以及信息化动力的释放阶段。对标党的二十大的战略部署要求，四川省委在第十二届第二次全会上明确指出："要以'四化同步、城乡融合、五区共兴'为总抓手，推动新型工业化、信息化、城镇化和农业现代化在时间上同步演进、空间上一体布局、功能上耦合叠加，加快推进城乡融合发展，促进省内先发地区同欠发达地区协同共兴，以此统揽四川现代化建设全局。"① 为了进一步增强城乡融合发展能力，四川提出了一系列策略和建议，包括完善促进城乡融合能力发展的制度，加强农村农业的现代化开发，创新乡村产业模式以推动多元化，以及促进城乡要素的流动。

（3）提升群体自我发展能力。提升人民自我发展能力，有利于推动四川普惠性人力资本积累，通过教育、培训等手段，让更多人分享国家发展的成果，提高广大人民群众的生活水平；有利于缩小贫富差距，增进人民群众的福祉。王晓晖在中国共产党四川省第十二次代表大会报告中指出，在增进民生福祉方面，四川要朝着共同富裕目标，把所有的精力都用在让老百姓过好日子上，持续扩大就业增加收入，加快推进教育现代化，深入推进健康四川建设，兜紧兜牢民生保障底线，积极探索共同富裕实现路径。完善提供均等发展机会的体制机制，有利于为公民提供均等的就业机会，实现充分就业，促进资源合理流动。这有助于消除所有阻碍社会成员平等发展的制度性障碍，消除就业歧视，创造一个公平竞争的就业环境，使得生产要素能够在地区、城乡和行业之间自由流动，从而为大众创造更多的就业机会。

---

① 中国共产党四川省第十二届委员会第二次全体会议公报［EB/OL］.四川省人民政府网站，2022-11-29. https://www.sc.gov.cn/10462/c105962/2022/11/29/af1094eca1524d059f2fda58b8dc57bb.shtml.

（三）有助于在高质量发展中谱写中国式现代化四川新篇章

作为中国西部经济第一大省、全国粮食产量前十中唯一的西部省份，四川构建具有中国特色、符合中国国情和四川省情的推进共同富裕实践机制与政策体系，推动完善"先富带动后富"制度，有利于打造西部农村产业融合发展的示范样板和平台载体，推进成渝现代高效特色农业带建设，促进农业增效、农民增收、农村繁荣，推动自身由农业大省向农业强省跨越。另外，推进共同富裕对于构建推进四川省"五区共兴"战略实施、推动全省区域协调高质量发展的新格局有重大意义。对内，长江经济带发展、新时代西部大开发、成渝地区双城经济圈建设等国家重大战略在川渝两地部署，四川更应做好承接重大生产力布局的准备工作，提升经济产业的高质量发展能力；对外，作为"一带一路"建设的关键节点，在国民经济循环中占有重要战略地位，四川须全面加强基础设施建设，改善支撑自身发展的条件，增强发展动能。

在迈向全面建设社会主义现代化国家的新征程中，党中央将城乡融合发展和畅通城乡要素流动视为中国式现代化的核心任务。他们强调，在 2035 年之前，将是打破城乡二元结构和完善城乡融合发展体制机制的关键时期。因此，必须加速建立和完善城乡融合发展的实践机制和政策体系，逐步缩小城乡发展的差距，以促进城乡共同繁荣。

在全面推进社会主义现代化建设的巨大挑战面前，四川在党中央的坚强领导之下，深入地学习和贯彻了党的二十大精神以及习近平总书记在四川视察时的重要指示精神。四川大力发展成渝地区的双城经济圈，并坚决执行"四化同步、城乡融合、五区共兴"的发展策略。以县级为主要突破点，协同推进乡村振兴和新型城镇化，目标是缩小城乡发展和居民生活水平的差异。重点是完善产权制度和市场化要素配置机制，抓住窗口期，全力推进，努力寻找一条既符合中国式现代化标准，又具有四川特色和优势的现代化产业发展和城乡融合发展的新路径，从而推动经济的整体向好和高质量发展。

四川既有大城市又有大农村，城乡发展存在老问题也面临新挑战。

新时代新征程，推进四川城乡融合发展的重点在县域、难点在乡村。着力提升县域综合承载能力和服务功能、促进城乡要素平等交换双向流动、推进城乡公共资源均衡高效配置、提升城乡基层治理现代化水平，汇聚各方合力，做好"要素、产业、设施、治理"四个融合。四川应当完善推进共同富裕的实践机制和政策体系，统筹推进新型城镇化和乡村振兴，不断释放城乡经济活力，为谱写中国式现代化四川新篇章作出更大贡献。

第二节　四川推进共同富裕的理论遵循

一　马克思主义关于"人的全面发展"理论

（一）人的全面发展理论内涵

实现人的自由而全面发展，是马克思主义追求的根本价值目标，也是共产主义社会的根本特征。在马克思主义创始人时期，关于人的全面发展思想主要包括以下内容。

首先，从人的本质规定来理解人的发展。人的发展与人的本质问题是紧密联系的。马克思对人的本质的揭示体现在两个著名的判断上：一是在《1844年经济学哲学手稿》中提出人的类本质是自由自觉的活动即劳动；二是在《关于费尔巴哈的提纲》中提出人的本质在现实性上是社会关系的总和。马克思通过分析劳动与人类的现实生存条件，以及人类的社会历史进程，来解释人的进化。他认为人类进化与社会进程是相互依存、互相影响的。他在揭示资本主义下劳动异化和人的本质异化的过程中，提倡在未来社会中人应实现对自身本质的完全掌握，从而达到自由和全面的发展。人的本质的社会性和历史性，是人类发展具有社会性和历史性的关键因素。作为一个完整的个体，人应该以全面的方式掌握自己的多方面本质。①

① 郝立新. 中国式现代化与促进人的全面发展［J］. 思想理论教育导刊, 2023（4）: 15—22.

其次，人的全面发展是对片面发展的克服。实现人的自由而全面发展，是社会主义社会、共产主义社会区别于资本主义社会的根本特征。要实现人的全面发展，必须去除异化和过时的分工方式。这一发展过程是历史性的，受到特定历史条件的影响。从社会关系发展的角度来看，在资本主义出现之前，人的发展是基于对人际依赖关系的依赖；在资本主义阶段，人们从传统的人际依赖转向以商品交换为核心的物质依赖，然而这种以物质关系为主导的社会导致了不均衡和扭曲的发展。因此，只有超越这两种依赖，人们才能实现真正全面的发展。这种全面发展，作为人类发展的理想状态，最终只能在社会主义社会得到实现。全人类的发展分为两个层面。第一，个人和群体在能力、素养、思想道德等方面的提升，体现为在德、智、体、美、劳等多个方面的全面进步。第二，个体和群体在社会关系、交往和生活条件等方面的进展。只有当人们意识到他们的"内在力量"实际上是社会力量，并且将这种力量整合起来，从而不再将社会力量作为政治力量与自身割裂时，人类的真正解放才能实现。

（二）共同富裕与人的全面发展紧密联系

促进共同富裕与促进人的全面发展是高度统一的，是马克思主义的基本观点，也是社会主义的本质要求，二者统一于社会主义社会发展的实践过程。

共同富裕是人的全面发展的必然要求。首先，共同富裕是人的全面发展的应有之义，二者具有高度契合性。在马克思的系列著作中，促进人的全面发展就要充分发展生产力，改造社会关系，使得人人都能拥有更多的自由时间。这也是社会主义社会实现共同富裕的集中体现和本质特征。其次，实现共同富裕是社会进步的必然要求。在新的历史阶段，实现共同富裕体现了人类社会全面发展的时代特征。具体而言，实现共同富裕意味着人们逐渐减少对物质财富的依赖，而更加注重追求美好生活的需求。然而，要解决发展不平衡和不充分的问题并不容易，这是实现共同富裕的关键所在，而这一问题是人类全面发展的制约因素。只有解决这个现实问题，才能让每个人都能分享物质文明和精神文明发展的成果，提高生活水平和精神品质。因此，推进共同富裕成为当代社会追求全面发展的核心理念，也是时代特征的重要体现。

人的全面发展是共同富裕的价值归宿。共同富裕的实现是人类全面能力提升和社会需求得到满足的必然结果，是一条充满实践与发展的道路。在这个进程中，物质财富和精神财富得到充分丰富，而这是通过每个人发挥积极性，充分利用自身的体力、智力和社交能力等而实现的。在共同富裕的进程中，每个人享有自由与平等的地位，共同富裕的推进为每个人提供平等的机会来提升个人能力，促进个体全面发展。只有满足个体需求，才能实现个人不断进步。共同富裕使得社会关系更加和谐，一个人的本质在于其现实性，也即社会关系的综合。这决定并体现了个体的发展水平和价值实现程度。因此，个体社会关系的和谐发展是实现全面发展的重要媒介。① 习近平总书记指出，中国特色社会主义就是要促进人的全面发展，逐步实现全体人民共同富裕。② 中国特色社会主义提供了政策制度和运行环境，将人与社会的和谐纳入推进共同富裕的实践进程中，为人的社会关系的发展提供了广阔空间，为人的全面发展提供了现实条件。

二 习近平新时代中国特色社会主义思想关于共同富裕的理论阐释

（一）共同富裕的深刻内涵

2021年8月，习近平总书记在中央财经委员会第十次会议中对共同富裕的深刻内涵作出重要概括，他指出："共同富裕是社会主义的本质要求，是中国式现代化的重要特征。我们说的共同富裕是全体人民共同富裕，是人民群众物质生活和精神生活都富裕，不是少数人的富裕，

---

① 范萍．共同富裕与人的全面发展的辩证关系思考［J］.辽宁经济职业技术学院·辽宁经济管理干部学院学报，2023（3）：65-68.
② 习近平著作选读：第一卷［M］.北京：人民出版社，2023：76.

也不是整齐划一的平均主义。"①

简而言之，在新时代，共同富裕是关于全民的、全方位的繁荣。要从物质文明、精神文明，从人的全面发展的角度来推进共同富裕。社会层面，共同富裕包括经济、政治、文化、社会和生态等多个方面。就个人而言，它意味着人的精神和物质生活水平都得到提升，强调现代化的成果应该被全民共享。

（二）共同富裕的重大意义

习近平总书记关于共同富裕的重要论述为我国在实现共同富裕实践中提供了理论支撑，相关论述从理论指导向实践落地，为新时代中国式现代化的发展奠定了现实基础。②

第一，丰富了马克思主义共同富裕思想。马克思主义是关于人类社会发展的科学，实现全体人民共同富裕是该理论的内在要求。马克思主义创始人主张建立社会主义公有制，生产资料归全社会所有，促进生产力迅速发展，最终实现全体人民共同富裕。中国共产党自成立以来，一直致力于实现马克思主义中国化，力争走出一条中国式的共同富裕之路。习近平总书记自党的十八大以来发表了一系列重要讲话，对共同富裕的内涵、推动实现共同富裕的原因、实现共同富裕的措施作出科学论述，既发展了马克思主义共同富裕思想，又推动了马克思主义中国化实现重大发展。

第二，巩固了党的执政根基。习近平总书记指出，"我国现代化坚持以人民为中心的发展思想，自觉主动解决地区差距、城乡差距、收入分配差距，促进社会公平正义，逐步实现全体人民共同富裕"。③ 中国共产党始终坚持群众路线，坚持群众史观，就"中国共产党根基在人民、血脉在人民、力量在人民"④ 相关内容一再强调。习近平总书记强

① 习近平谈治国理政：第 4 卷 ［M］. 北京：外文出版社，2022：142.
② 艾尔肯·图尔荪，田思思. 习近平关于"共同富裕"重要论述及其时代价值 ［J］. 南方论刊，2023（6）：5-7.
③ 习近平谈治国理政：第 4 卷 ［M］. 北京：外文出版社，2022：123.
④ 习近平谈治国理政：第 4 卷 ［M］. 北京：外文出版社，2022：9.

调："实现共同富裕不仅是经济问题，而且是关系党的执政基础的重大政治问题。"① 共同富裕的重要性上升到前所未有的高度。中国共产党巩固执政基础要以人民为中心，实现全体人民共同富裕。只有这样，"历史周期律"才能得以破解。②

第三，为世界各国缩小贫富差距贡献了中国智慧。在全世界范围内，一些国家贫富差距过大，社会矛盾尖锐，没有有效治理贫富差距的措施。党的十八大以来，中国一直致力于脱贫攻坚、推进共同富裕，并取得重大成果。习近平总书记关于共同富裕的重要论述蕴含丰富的战略内涵、方法策略、人民情怀，指导全国人民取得了一个又一个伟大成就，社会的贫富差距正在逐步缩小。事实证明，习近平总书记关于共同富裕的一系列重要论断为创造人类文明新形态贡献了中国智慧和中国方案。总的来说，习近平总书记关于共同富裕的重要论述所蕴含的基本原则、方法、路径，为世界各国缩小贫富差距、缓和社会矛盾、解决社会冲突提供了全新选择。

（三）共同富裕的制度保障

在打赢脱贫攻坚战，推动全体人民共同富裕实现方面，与美国、欧盟等比较而言，中国的制度优势明显。

首先，在政治制度方面，坚持党对一切工作的领导。党的十九届六中全会指出，中国人民和中华民族之所以能够扭转近代以来的历史命运、取得今天的伟大成就，最根本的就是有中国共产党的坚强领导。③归功于始终坚持党对一切工作的领导这一核心制度，我国在实现共同富裕方面的显著成就是显而易见的。正是党对共同富裕的指导，使得这一目标的本质和方向得到了根本性的保障，有效防范和化解了共同富裕道

① 习近平.深入学习坚决贯彻党的十九届五中全会精神 确保全面建设社会主义现代化国家开好局 [N].人民日报，2021-01-12（01）.
② 欧健，谷曼.习近平关于共同富裕的重要论述：生成逻辑·核心内容·价值意蕴 [J].吉首大学学报（社会科学版），2023，44（3）：1-12.
③ 中共中央关于党的百年奋斗重大成就和历史经验的决议 [M].北京：人民出版社，2021：65.

路上的各种重大风险，有效避免了出现两极分化，缩小了城乡差距。

其次，在经济制度方面，我国实行社会主义经济制度，具体来说，是以公有制为主体、多种所有制经济共同发展。在分配制度上，以按劳分配为主，其他多样化的分配方式并存。这种以公有制和按劳分配为核心的结构，确保了社会主义致力于实现共同富裕的目标，同时社会主义市场经济的引入也为共同富裕注入了发展的活力。这样的制度有助于激发不同市场参与者的动力，促进生产力的解放和发展，同时也实现了效率与公平的有机结合。

最后，在文化制度方面，中国人民在社会主义核心价值观的熏陶下早已形成共同的理想、价值观和道德观念，能够在自我意识中接受共享观念，并且在社会上倾向于建立一个能使大众共享财富的精神文化体系。这就意味着全体民众在物质与精神两个方面都能享受富足生活，扎实推进共同富裕能更好地满足人民日益增长、多元和多维的精神文化需求。

（四）　共同富裕的战略步骤

自党的十八大以来，以习近平同志为核心的党中央制定了"四步走"的发展策略：第一步，目标是在 2020 年底之前消除绝对贫困，全面建成小康社会，并实现共同富裕的基本目标；第二步，到"十四五"时期结束时，全民共同富裕的步伐稳步前行，收入与消费之间的差距进一步缩小；第三步，预计到 2035 年，中等收入人群的数量将大幅增加，基本公共服务将达到均衡，城乡之间的发展差异和居民的生活水平差异将明显缩小，人民的生活将变得更加美好，人的全面发展和全体人民的共同富裕将取得更为显著的实质性进展；第四步，预计到 21 世纪中期，城乡居民将普遍享有较高的收入、富裕的生活、完善的基本公共服务，享受更加幸福安康的生活，全体人民的共同富裕将基本实现。其中，第一阶段的目标已经成功达成，目前中国正处在稳步推进共同富裕的关键时期。

（五）　共同富裕的实践路径

以习近平同志为核心的党中央为了应对新的情况和完成新的任务，始终遵循以人民为中心的发展理念，创建了一套完善的政策体系，以积极探索实现共同富裕目标的实际途径，稳步迈向共同富裕。

（1）强化就业优先导向，千方百计创造致富机会。积极开展稳就业工作，深入实施就业优先战略，缓解就业矛盾，扩大就业面，为更多人提供就业机会，推动更高质量更充分就业；同时，加大对职业教育和技能训练的投入力度，以提升公民的教育水平和发展潜力。这不仅包括创造更加平等的机会，还涉及提高专业技能和就业创业能力，增强致富的技巧，为更多人提供致富的机遇。

（2）确立基础制度框架，稳步推进收入分配体制改革。集中精力保障和改善民生福祉，推动社会公平与正义。对收入分配体制进行改革，构建一个科学合理的公共政策系统，快速发展人民共同参与的合理分配模式。党的十九大报告指出，要扩大中等收入群体，增加低收入者收入，调节过高收入。因此，需要确保在初次分配阶段公平增加收入，增加劳动收益在初次分配中的比例；在再分配阶段合理积累财富，加强税收的调节作用；在第三次分配阶段，确保财富转移的合法性，完善慈善捐赠的税收减免政策。

（3）深入实施乡村振兴战略，推动农村农民共同富裕。"促进共同富裕，最艰巨最繁重的任务仍然在农村"[1]。为了缩小城乡之间的差距，重点要推动优质的公共服务资源向基层、农村地区以及偏远地区扩展，确保覆盖生活困难的群体。同时，致力于平衡基本公共服务，为弱势群体提供全面的保障。此外，打破阻碍城乡资源自由流动和平等交换的体制障碍，促进多种资源更广泛地流向乡村地区，并完善城乡一体化发展的体制和机制。

（4）注意人的全面发展，促进人民精神生活共同富裕。共同富裕是人民的物质生活和精神生活都富裕，如此才能实现人的全面发展。"当高楼大厦在我国大地上遍地林立时，中华民族精神的大厦也应该巍然耸立。"[2] 为了丰富人民的精神生活，需要倡导社会主义核心价值观，

---

① 习近平. 扎实推动共同富裕［J］. 求是，2021（20）：4-8.
② 习近平. 在文艺工作座谈会上的讲话［M］. 北京：外文出版社，2015：6.

充分发挥其引领作用，促进文化产业的发展，并不断提供优秀精神文化产品给人民群众，以满足他们日益增长的多元、多维的文化需求。[①]

三　党的二十大对推进共同富裕的总体要求

（一）完善推进共同富裕的制度体系

（1）完善有利于城乡融合发展的制度体系。逐渐消除城乡差距，更大力度推动城市引领乡村发展和工业促进农业进步，加速形成互惠互利的新型城乡和工农关系，助力城镇和农村深度融合发展。探索构建现代化农业经营模式，助力农民收入增加、农业发展壮大和乡村环境美化，并致力于持续缩小城乡居民收入差距。培育从事农业生产和服务的新型农业经营主体，发展农业新业态，培育农业农村发展新动能，推动农业适度规模经营，并加强农村集体经济组织的发展。协同高效促进生产要素在城乡间自由双向流动，致力于增加农民的财产性收入，深化农村资源向资产、资金向股权的转变，拓展农民的收入来源。[②]

（2）完善有利于区域协调发展的制度体系。进一步完善制度体系建设，助力区域协调发展战略、区域重大战略、主体功能区战略、新型城镇化战略"四大战略"深度融合，在高质量发展的进程中促进高水平的动态平衡，倡导各个地区根据自身条件寻找实现共同富裕的有效路径。完善促进区域间协调发展的体系和机制，提倡经济较发达地区引领和支援经济较落后地区，以此不断增强发展的均衡性和协同性。不断创新东西部协作和对口支援的方式和内容，促进发达地区和欠发达地区携手实现共同富裕。

（3）完善有利于促进公共服务优质均衡普惠的制度体系。致力于加强根本性、普及性和保障性的民生支持，努力将公共服务的标准从简单的可用性提升至高质量。特别是在惠及民生的基本公共服务领域，确

---

① 欧健, 谷曼. 习近平关于共同富裕的重要论述: 生成逻辑・核心内容・价值意蕴 [J]. 吉首大学学报（社会科学版）, 2023, 44（3）: 1-12.
② 贾若祥. 完善有利于城乡融合发展的制度体系 [J]. 农村工作通讯, 2023（9）: 22.

保高品质基本公共服务供给，让人民群众享受更高品质的生活。为了弥补当前公共服务供给存在的不足，需要持续瞄准基本公共服务的薄弱地区、薄弱领域、薄弱环节，促进公共资源向基层、农村、偏远地区以及生活有困难的人群倾斜。① 构建一个全面、可持续的社会保障系统，减少城乡之间公共服务在制度上的差异，推动社会的全面发展，确保广大人民群众拥有更加充实、有保障且可持续的幸福感、满足感和安全感。

（4）完善社会主义市场经济制度，激发各种市场主体的活力，为共同富裕提供制度活力。作为社会主义市场经济的微观基石，市场主体承担着推动经济社会进步的核心作用，对于建立高效的市场经济体系和促进社会共同富裕发挥着至关重要的作用。此外，一个完善健全的市场体系是保证共同富裕顺利实现的关键。首先，改善产权制度至关重要，通过提升产权保护制度的质量，可以确保实现共同富裕进程中各个环节，包括生产、分配、交换和消费的流畅高效运转；其次，推动要素市场化配置的改革，确保经济资源在统一市场中实现充分流动、高效配置和平衡利用，是实现共同富裕的必要步骤。此外，清除限制生产要素流动的障碍，对于经济发展同样至关重要。

（二）在高质量发展中扎实推进共同富裕

发展被视为解决所有问题的核心，而高质量的发展则有助于稳步推进共同富裕目标的达成。我国经济正处在新常态下的转型时期，需要进一步深化供给侧改革，加快推进产业结构调整优化。提供更多高品质的产品和服务，以满足广大人民群众多元化和多层次的需求，同时解决供应和需求之间的结构性矛盾，并调整生产关系。

（1）创新驱动高质量发展，为实现共同富裕奠定坚实动力基础。一方面，我们需要高度重视科技的创新。在新常态下，我国必须依靠科技进步来提升综合国力。借助科技创新，我们可以实现社会生产力的质

① 贾若祥. 科学把握推进共同富裕的关键环节［J］.人民论坛·学术前沿，2023（7）：4-11.

的飞跃，从而为共同富裕积累物质财富。同时，还要注意加强对科技创新成果转化应用的管理，促进科技创新成果向现实生产力转换，推动科技进步与经济社会协调发展。突破关键的核心技术可以提高资源的配置和投入产出效率，也就是全要素生产率，进而促进经济发展模式的转变。另一方面，我们需要高度重视制度的创新。通过制度上的创新来调整生产关系，确保它与生产力能够相互推动和共同进步。通过制度创新激发科技人员的创造活力，促进科技创新成果转化应用，推动产业结构优化升级。

（2）建设现代化经济体系，为实现共同富裕奠定经济发展基础。建设现代化经济体系，关键在于将经济发展的重心置于实体经济，将提升供给体系质量作为主要的战略方向，从而显著增强我国经济的质量优势。这需要坚持"三去一降一补"政策，以巩固现代化经济体系建设的宏观基石。通过去产能、降低成本和补齐短板，增进有效供给，切实提升供给体系质量，以解决实体经济内部的供需结构不平衡问题。另外，需要推动创新和创业，并构建一个现代化经济体系。在新一轮工业革命、建设现代化经济体系的背景下，深入推进科技体制改革，打破科技创新过程中的体制和机制障碍。更加注重知识产权相关制度，并努力将科技创新转化为经济回报。要通过完善市场体系、培育市场主体、健全法律保障等手段推进国家治理现代化，实现科技与经济深度融合发展。确立竞争政策的基础性地位至关重要，这能够破除平台垄断和行业壁垒。高水平的制度供给和不断创新的制度设计可以有效激发市场主体的活力，同时也为科技和管理创新创造更多的机会。①

（3）强化就业优先导向，促进高质量充分就业。党的二十大报告提出，实施就业优先战略，强化就业优先政策，健全就业促进机制，促进高质量充分就业是实现共同富裕的重要举措。高质量发展能有力解决发展中的矛盾，为实现共同富裕提供重要推动力，同时也能创造更多优

① 周文，施炫伶．共同富裕的内涵特征与实践路径［J］．政治经济学评论，2022，13（3）：3-23.

质就业机会。① 就业是实现共同富裕的核心环节，是衡量经济发展与社会进步程度的重要指标之一，也是提升人民群众生活水平的重要组成部分，在高质量发展中促进就业被视为实现共同富裕的重要举措。提高就业岗位的质量，创造一些与市场发展趋势相匹配的职位，不仅可以推动经济的高品质增长，还能为求职者创造一个安全且合适的工作氛围。强调实体经济发展，持续拓展其规模与品质，推动新型工业化，助力经济蓬勃、健康发展，并创造更多高质量就业机会。实现高水准发展必须重视就业质量，持续投资人力资本，提升教育水准与品质。为了满足高质量发展的需求和促进国民经济的增长，我们需要提升职业教育品质，提高劳动者的综合素养和技能水平；同时，结合产业特点，开展相关专业技能培训，以满足经济发展的需求，从而为高质量的发展注入新的活力。②

（三）坚持党的全面领导以纵深推进共同富裕

党的二十大报告指出："坚持和加强党的全面领导。坚决维护党中央权威和集中统一领导，把党的领导落实到党和国家事业各领域各方面各环节"。确保中国人民实现共同富裕、追求幸福生活是中国共产党的初心和使命，社会主义制度则为实现这一目标奠定了制度基础，提供了制度保障。①在党的领导下，必须加速完善推进共同富裕的战略构想，以确保这一目标稳步实现。新时代党的全面领导要求加强政治建设、坚持正确政治方向、提升党的政治领导力，持续完善体制机制，确保党对各领域、各工作的全面领导。共同富裕的推进需要完善基础性制度安排，充分发挥党的领导制度优势，协调市场、政府和社会各方作用；平衡物质财富的增进与精神生活的充实，依靠全体人民；坚持党的核心领导地位，强化党中央权威，持续提升党的领导和执政能力，加强党的建

① 苏勋强，李银兵．新时代共同富裕的内涵、逻辑与路径［J］．长江师范学院学报，2023，39（4）：10-17.
② 苏勋强，李银兵．新时代共同富裕的内涵、逻辑与路径［J］．长江师范学院学报，2023，39（4）：10-17.

设，实施全面从严治党，永葆党的革命精神。①

（四）发挥社会主义分配制度的功能和作用

不断地完善初次分配的制度设计，始终坚持社会主义的以按劳分配为主体的原则，努力提高劳动者在工作中的薪酬比例，激发他们的工作热情。同时，还要继续完善再分配制度，使之成为促进社会公平的重要手段。在财富分配的全过程中，政府起到了不可或缺的作用，而由政府主导的财富再分配则是实现共同富裕目标的关键环节。我国目前存在大量的贫困人群，这些人需要国家给予更多帮助与扶持。政府有责任增加对社会保险、补贴补助、抚恤金等福利的财政支持，持续提供社会保障，以确保经济困难的人群能够获得必要的援助。在规范资本收入的同时，要防止资本的无序扩张，严格打击逃税和漏税的行为，并禁止权力和金钱的交易。另外，还要建立起科学的分配制度来保证公平与效率之间的平衡。此外，我们需要充分发挥第三次分配机制的优势。第三次分配被视为实现社会共同繁荣的核心路径，它不仅增强了初次分配的作用，还为再分配提供了更多的发展机会。鼓励企业、社会和个人全力支持社会上的弱势群体，同时也鼓励那些有能力、有意向的公司和个人去帮助这些弱势群体，通过积极地引导和宣传，为他们创造一个有利于互助的舆论氛围。

（五）不断健全社会保障体系

党的二十大报告指出，健全覆盖全民、统筹城乡、公平统一、安全规范、可持续的多层次社会保障体系。基本公共服务旨在确保广大人民群众能够享受到更高质量的生活，覆盖教育、住宅、医疗等多个领域，为他们提供更为优质和舒适的生活环境，这是达到共同富裕的最根本和最关键的任务。②

---

① 苏勋强，李银兵．新时代共同富裕的内涵、逻辑与路径［J］．长江师范学院学报，2023，39（4）：10-17.

② 苏勋强，李银兵．新时代共同富裕的内涵、逻辑与路径［J］．长江师范学院学报，2023，39（4）：10-17.

在经济发展的同时，我国居民贫富差距拉大。教育被视为达到共同繁荣目标的关键途径，它能够中断贫困的代际传播，为人们的精神世界注入活力。因此，应当加强教育的改革，确保教育的公正性，并根据教育的不同特点采纳相应的策略，致力于提供人民满意的教育，始终坚持以人民需求为核心的教育发展策略，以实现教育的公平性。同时，健全公共医疗卫生服务体系，持续改进和完善社会保障体系，遵循基本公共服务平等化的原则，努力削弱城乡之间的社会保障不平等，解决城乡居民医疗需求问题。对基本养老保险制度进行完善，实现城乡居民基本养老保险制度的并轨整合，以体现其公平性和普惠性。健全失业保险制度，扩大覆盖面，建立灵活就业人员社会保险体系，促进劳动者充分就业。进一步完善基本医疗保险体系和城乡融合的社会救助机制，确保为经济困难的民众提供全面的保障。完善医疗保障体系，确保人民群众能够享有健康的身体、心理、知识、生活和环境。

四 四川省第十二次党代会关于共同富裕的总体部署

（一）以成渝地区双城经济圈建设引领高水平区域协调发展

在推进共同富裕、促进现代化建设的道路上，四川作为西部内陆省份须加快推动高质量发展和向经济强省跨越的过程，深度融入新发展格局。省十二大的召开，为四川推进共同富裕、推动高水平区域协调发展指明了方向。以成渝地区双城经济圈建设为基础，统筹运用国内国际两个市场、两种资源。推动成渝地区双城经济圈建设是构建新发展格局的重大举措，对于推动高质量发展具有重大意义。为了促进区域协调发展向更高水平迈进，四川须牢牢把握住成渝地区双城经济圈建设这一总牵引①，顺应经济发展空间结构变化大趋势，以更大力度推进国家战略实施，突出双城引领、强化双圈互动。

---

① 王晓晖.高举习近平新时代中国特色社会主义思想伟大旗帜 团结奋进全面建设社会主义现代化四川新征程——在中国共产党四川省第十二次代表大会上的报告［J］.民主法制建设，2022（5）：17-27.

锚定"一极一源、两中心两地"的目标定位，把握好建设双城经济圈的重要要求。专注于构建一个能够推动全国高质量发展的关键增长极和新的动力源，加速扩大经济规模、提升发展质量，为区域发展注入活力，提升国际影响力。坚持以人民为中心，把解决民生问题作为出发点和落脚点。为了构建一个在全国范围内具有重要影响力的重要经济中心、科技创新中心、改革开放高地和高品质生活宜居地，需要加强经济承载和辐射带动功能、创新资源聚集和转化功能、改革集成和开放门户功能、人口吸纳和综合服务功能，从而推动形成一个有实力、有特色的双城经济圈。

进一步深化和拓展"一干多支、五区协同"的战略布局，通过具体行动加强川渝地区的交流与合作，加强统筹协调以推动形成全面开放新格局。站在服务和整合新的发展模式的角度，集中力量推进川渝合作的重点项目、主要平台和重大改革，积极寻找经济区与行政区之间适度分离的改革有效途径，加速构建相邻的合作平台，共同努力打造区域合作的高质量示范。着力增强经济实力，提高产业集群化水平。为了提高成都的核心发展水平，要加强和优化国家中心城市的核心功能，进一步建设现代化的成都都市圈，并努力使成都成为一个综合能力更强、支持和带动能力更出色的全省发展中心和成渝地区的发展动力。推动一轴两翼的协同合作，全力支持成渝主轴节点城市的融合发展，助力成渝地区中部地区的崛起，同时推动川南渝西融合发展试验区的建设，促进川东北、渝东北的一体化发展，以及促进成渝地区北翼的振兴和南翼的跨越发展。统筹城乡空间开发格局，强化"多规合一"工作落实效果。

（二）统筹推进乡村振兴与新型城镇化

对于实现农民的共同富裕和乡村的全面振兴，重点应放在加速农村的现代化进程和推进城乡的融合发展上。在接下来的时间里，将以"四化同步、城乡融合、五区共兴"为核心策略，全面指导四川的现代化建设，确保新型工业化、信息化、城镇化和农业现代化在时间、空间和功能上都能同步发展，从而加速城乡融合的进程。

积极推进乡村建设工作，加快推进农村生产生活条件现代化进程。要坚持生态优先原则，加强生态建设。执行最为严格的耕地保护措施，严格遵守永久基本农田的红线规定，推动高标准农田的建设，并专注于以特定片区为基础的乡村国土空间规划的编制和实施，以增强中心镇和村的辐射和带动效应。强化农村土地管理，保障粮食安全。深化农村土地制度改革，健全土地承包经营权流转机制，完善家庭农场、专业合作社、龙头企业"三位一体"发展模式，鼓励引导农户适度规模经营，促进农业产业化经营。与此同时，积极推进以人为中心的新型城镇化进程，加快发展新型农村集体经济，加快培育新型农业经营主体和服务主体，并尝试建立新型职业农民制度，以提升农业转移人口进入城镇的质量。

在全面推动乡村振兴和新型城镇化建设的过程中，必须坚定不移地把"三农"问题置于四川现代化建设的全局视野中，进行深入的规划和思考。始终把握"四个全面"战略布局，以实施乡村振兴为总揽，切实解决好"三农"问题，不断夯实社会主义事业的根基。严格执行"四化同步"的任务要求，坚定地确立"农业现代化固本"的核心思想，将农业强省的建设置于优先地位，并加速在质量、效率、动力方面的改革，以弥补农业现代化的不足。按照"多规合一"原则，积极稳妥有序开展城镇总体规划修编，加强生态环境保护与治理，提升生态环境承载能力，确保经济社会可持续发展。为了真正实现"城乡融合"的发展目标，要不断深化农村的改革，努力打破城乡之间的二元结构，促进资源的双向流动和优化配置。坚持城市带动乡村、工业推动农业的原则，全面推动新型城镇化和乡村振兴，努力实现城镇基础设施向农村的延伸、公共服务向农村的覆盖和现代文明向农村的传播，从而加速迈入城乡共同繁荣的新阶段。始终坚持以问题和结果为导向的原则，努力推进"四化同步、城乡融合、五区共兴"在农业和农村领域取得实际效果。

农村的现代化和小农户的全面复兴是促进城乡融合发展的核心目

标。为了实现这一目标，要重点关注构建县域内的城乡融合发展体制机制，深化农村的重点领域改革，并解决体制机制的障碍。加强统筹协调，推动形成全面开放新格局。重视完善产权制度和市场化的要素配置，进一步推进农村的改革工作。要把"民富优先"的机制建起，激发农民的创新创业活力，让更多群众分享经济社会发展成果。同时，要制定"稳才引智"的策略，并努力培养和引进乡村组三级的公共管理人员、农村的生产和经营专家以及农业科技专才。此外，需要充分利用和活化财政、金融和社会资本，以促进新型农村集体经济组织、农民专业合作社、家庭农场和农业生产全程社会化服务组织等新型农村实体的发展和壮大。

（三）持续增进民生福祉

共同富裕是社会主义的本质要求，是全体人民的共同期盼，做好四川各项惠民生工作，以优化财政保障、提升监督管理、规范业务规程为目标，综合运用惠民惠农平台、直达资金监控系统、预算管理一体化平台等手段，在兜底保障政策执行中，开展全覆盖、全时段动态监控，朝着共同富裕目标持续增进民生福祉。围绕民生福祉，加强基础性、普惠性、兜底性民生保障工作，促进民生社会事业全面进步，推动共同富裕取得更为明显的实质性进展。

（1）持续扩大就业增加收入。积极推进城镇新增劳动力向第二和第三产业转移，鼓励大学生到基层一线就业创业，引导有条件的农村富余人员就近就地转出。执行以就业为优先的战略方针，全面协调和优化重点人群的就业状况，在稳定岗位和扩大工作范围方面支持中小微企业，以促进多样化和灵活的就业；推进城乡基本公共服务均等化，积极培育新型职业农民，引导有劳动能力的农村富余劳动力向非农产业转移，鼓励城镇下岗失业人员再就业，增强职业技能的培训，并积极支持和规范新型就业模式的发展。加快构建覆盖城乡的劳动力市场体系，扩大城镇登记失业率统计口径，加强失业保险基金监管，建立多层次社会保障制度，健全社会救助制度，保障困难群众的基本生活需要。巩固和扩大省内外的劳务市场，积极推动退役军人和农民工返回家乡创业。

（2）加快推进教育现代化。打造教育强省，推动城乡义务教育的高质量和均衡发展，弥补薄弱学校在教学质量方面的不足，促进民族地区教育质量的提升和效益的增长，并执行县级普通高中发展提升的行动计划。在人才培养模式上坚持"双主体"原则，构建多元化人才培养模式。进一步完善职业教育的综合培养体系，并加强产业与教育的融合以及学校与企业的合作。致力于推动高等教育向内涵式高质量方向发展，以提高应用型高等教育机构的办学质量和整体实力。

（3）深入推进健康四川建设。促进医疗卫生领域的高品质进步，需要平衡优质医疗资源的分布，构建一个高效且协同的分级诊疗系统，并增强基层医疗服务的能力。加快完善基本药物制度，健全国家药品供应保障体系，加强重大传染病防治。正在积极推动儿童、妇产、老年等专科医院的发展，构建更高水平的全民健身公共服务体系，着力构建养老保障体系、养老服务体系和健康支撑体系。

（4）兜紧兜牢民生保障底线。实施全民参保计划，推进基本养老保险全国统筹和医疗保险、失业保险、工伤保险省级统筹。不断完善低保标准的动态调整机制，并加大对城乡特殊困难群体的帮扶力度。积极推进以最低生活保障制度为基础，其他社会保障制度相结合的多层次保障体系建设。全面负责社会救助、社会福利、优抚安置以及残疾人福利保障方面的各项工作。积极推进以廉租为主体的住房制度改革，加快建立与经济社会发展水平相适应的多层次社会保障体系。鼓励对刚性和改善性住房的需求，并根据实际情况优化房地产政策，确保人民能够安心居住和工作。

第三节　四川推进共同富裕的理论框架

基于共同富裕的基本概念和时代内涵，本书从发展的视角看待四川推进共同富裕中的问题，从发展水平、发展质量、发展能力着手，探讨如何通过均衡发展水平、升级发展质量、提升发展能力，结合区域协调发展能力、城乡融合发展能力和人民群众自我发展能力，赋能推进共同富裕（见图2-1）。之后，从促进共同富裕"发展水平均衡、发展质量升级、发展能力提升"三个方面，分别制定相应的政策框架和配套政策体系，将推进共同富裕的各项政策具体落实，有效推动推进共同富裕的政策体系服务于增强四川发展的平衡性、协调性和包容性。

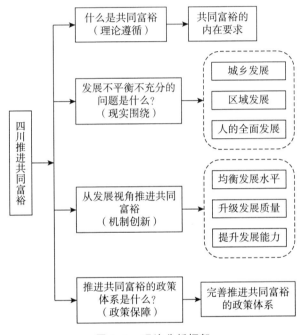

图 2-1　理论分析框架

一　四川推进共同富裕的理论导向

（一）助推城乡融合发展

（1）城乡融合发展与实现共同富裕具有理论统一性。实现共同富裕与城乡融合发展之间存在广泛的实践联系和内在的逻辑联系，城乡融合的过程就是实现共同富裕和人的全面发展的过程。加大对低收入群体的扶持力度，积极推进以最低生活保障制度为基础、其他社会保障制度相结合的多层次保障体系建设。自改革开放以来，党在城乡建设的过程中，对城乡关系与共同富裕之间的内在联系进行了深入思考。在实现社会主义的基础上，我们进一步探索了城市经济、农村经济与共同富裕之间的理论联系。通过总结分析我国当前城乡一体化进程中所遇到的问题，提出促进城乡和谐发展的路径选择，从而更好地实现共同富裕和社会的全面进步。经过长时间的实践和探索，我们发现农村与城镇的进步需要相互推动，而城乡的经济发展也应该互为补充。

（2）城乡融合发展是推进共同富裕的行动重点和实践导向。一方面，城乡发展差距已经成为当前实现共同富裕的关键制约。城乡之间的发展不平衡、农村发展不充分仍是推动共同富裕目标实现中的矛盾体现。另一方面，城乡融合发展是巩固拓展脱贫攻坚成果同乡村振兴有效衔接和推进共同富裕的必由之路。在更高发展水平的基础上进一步调整城乡关系，通过城乡深度融合发展推进共同富裕在全面建设社会主义现代化国家新征程上具有重要地位。

在实践中，为了达到共同富裕与城乡发展的深度结合，在规划的节奏上需要高度的协同，在设定的目标上要有内在的一致性。为了实现共同富裕，政府对城乡的深度融合发展提出了具体的指导原则和未来的展望。以科学发展观为指导，坚持以人为本原则以及全面、协调、可持续原则，构建社会主义和谐社会。城乡建设的深度整合、乡村的复兴、农业的现代化进程与农村的现代化目标是和谐统一的。"城乡二元对立—城乡统筹—城乡融合"的发展策略旨在推动"城乡共同繁荣"，也就是实现共同富裕。城乡一体是城乡发展战略布局中的重要组成部分，城乡一体建设是以农民为主体的新型城镇化道路。城乡融合发展的观念实际上是对"城乡一体化"和"统筹城乡"等历史上的城乡关系发展观念的进一步继承和拓展。这也代表了一种创新的思维方式，旨在打破城乡之间的二元结构，连接城乡的发展，并展现出高质量发展的新特点以及中国式现代化的新需求。

（二）助推区域协调发展

（1）区域协调发展与实现共同富裕具有理论统一性。从马克思主义区域协调发展思想的视角来看，马克思主义始终追求人类解放和人的自由全面发展，而人类居住空间呈现的区域特征使得不同地区间的协调发展成为实现这一目标的必然要求。从唯物史观的角度出发，马克思认为"人的自由全面发展"取决于"人们进行生产的物质条件"，因此"生产力平衡布局的实现"应该以"总体生产力的充分发展"为前提，这意味着共同富裕的实现需要以生产力高度发展为基础。因此，在面临区域发展不平衡的现实挑战时，我们需充分发挥区域优势，推动区域发展功能优化，提高生产力，实现全体人民的共同富裕。

（2）实现共同富裕是区域协调发展的实践导向。从实践逻辑来看，实现区域协调发展与实现共同富裕具有高度的相关性，以共同富裕作为未来指导方向，确立高质量区域协调发展战略的最终目标为推动共同富裕的实现。实施区域协调发展战略已成为缩小区域发展差距、促进全体人民共同富裕的关键措施。区域协调发展有助于缩小发展差距，提高全面发展的质量和效率，保持经济发展的健康可持续。此外，区域协调发展有助于推动"老、少、边、穷"地区加快发展，增强区域经济发展的平衡性，优化区域经济布局，推动后富地区赶上先富地区，扎实推进共同富裕。

（3）区域协调发展是推进共同富裕的关键。区域间发展差距的缩小是推进共同富裕的必经之路，共同富裕取得实质性进展需要区域协调发展战略的全面落实。区域协调发展所体现的是由城市群、中小城市、小城镇和新农村协同发展引发的区域产业布局与发展的协调，对稳定就业和促进就业具有深远影响。实现产业在空间上的合理布局，推动人力资源的优化配置，实现更加充分、更高质量的就业是以人民为中心发展思想的实践和扎实推进共同富裕的重要基础。

（三）助推人的全面发展

（1）人的全面发展和实现共同富裕具有理论统一性。人的整体进步和共同的繁荣在本质上都与人民这一核心群体紧密相连。我国在经济进入高质量发展阶段后，要继续坚持统筹城乡差别、加快构建新型工农城乡关系。社会主义制度下共同富裕的实现必须以社会成员之间的平等为基础，同时又要使每个社会成员都能享受到相应水平的物质生活条件。人的全面发展观就是以满足人民群众的需要为出发点，把人作为社会历史运动中最活跃的因素来看待，从而使人们在自由自觉活动中求解放、求进步，实现全面发展。人民群众的能力发展直接影响他们创造物质财富的能力和财富的丰富程度；同时，人民群众的审美观念和个性需求也是决定精神产品生产和发展的关键因素。人的本质力量的增强推动社会生产力不断向前发展，而人的全面发展则为实现这一目标提供了物质保障、制度保证和思想保证。因此，人类的全方位成长与共同的繁荣在理论上是高度一致的。

（2）人的全面发展是实现共同富裕的必然要求。人的全方位成长和共同的繁荣在本质上与人的能力增强是一致的。人的能力的提高可以促进人的全面发展，而人的全面发展又能推动人的能力的进一步提升，两者相互促进、辩证统一。提高能力不仅是共同富裕对个体的固有需求，同时也是在实现共同富裕的过程中，人的全方位发展所必需的。社会主义初级阶段，要把"富起来"作为衡量一个国家综合国力强弱的重要尺度之一，而要做到这一点就必须提高全体人民的科学文化素质，增强人们的创新意识。所谓的"富裕"并非空洞的概念，而是社会所有成员共同努力的结果，每个社会成员的财富创造能力直接关系社会财富创造的效率与品质。只有当社会全体人民都能获得物质上和精神上的充分满足时，"富"才会真正到来。在财富创造的旅程中，随着技术的进步和对新领域的探索，人类的潜能将迎来新的成长。

二　四川推进共同富裕的分析框架

（一）均衡发展水平

（1）四川共同富裕发展水平。根据大量文献的数据分析，我国的共同富裕发展水平具有显著的异质性。总体而言，东部地区共同富裕发展水平高于中西部地区，呈现沿海向内陆递减的分布格局。一方面，四川处于中西部地区，深居内陆，交通可达性和区位条件较差，省份内部发展差距较大，因此共同富裕发展水平并不高；另一方面，四川省内的低收入人口比例较高，产业基础不稳固，生态环境易受损，其自给自足的能力相对较弱，与那些共同富裕程度较高的地区相比，仍存在明显的差距。

（2）均衡发展水平与推进共同富裕的关系。在四川推进共同富裕的过程中，发展水平的均衡被视为一个关键环节。共同富裕的理念强调在区域、城乡和收入分配上的均衡发展。然而，四川的许多地区在共同富裕的发展上尚未达到预期的标准，实现共同富裕的目标面临许多障碍。因此，如何均衡这些地区的发展水平并加速实现共同富裕的目标，成为本书分析的核心议题。

（二）升级发展质量

（1）四川共同富裕发展质量。高质量的发展被视为我国未来经济和社会进步的方向和标准。从更广泛的视角来看，共同富裕的发展质量升级意味着经济的稳健增长，地区与城乡的均衡发展，以及创新驱动的绿色发展策略。在中观层面理解，共同富裕的发展质量主要体现在收入分配公平上。从产业的角度来看，共同富裕和高质量发展意味着产业布局的优化、结构的合理性，以及产业的转型和升级，从而显著提高产业发展的整体效益。从制度安排来看，共同富裕的发展质量升级包括健全社会保障体系、完善收入分配制度、深化财税体制改革等方面内容。四川在推进共同富裕和高质量发展方面仍存在明显的不足，与东部地区相比，各个市县和经济区在经济增长和高质量产业分布方面存在较大的差距。

（2）升级发展质量与推进共同富裕的关系。升级四川共同富裕的发展质量，是推进共同富裕的关键途径。改革开放以来，我国进入了一个新时期。随着时代的不断进步，人们对美好生活的期望持续上升，关于共同繁荣和发展的标准也不断提高。从历史来看，改革开放以来，我国经济持续快速增长，人民物质文化生活水平显著提高，但是收入差距扩大、贫富差距拉大等问题出现，这已经成为影响全体人民共同富裕目标实现的重要因素之一。在当前的新环境中，为了实现共同富裕，我们更应重视发展的质量，并将高质量的发展与满足人民对美好生活的期望紧密相连，从而创造出更高品质的生活方式。

（三）提升发展能力

（1）四川共同富裕发展能力。共同富裕的发展能力主要反映在各个区域之间经济的长期和谐发展、城乡一体化的进展以及人口本身的发展潜力上。由于独特的地理和历史背景，四川共同富裕的进一步发展受到了许多制约，许多地区的发展潜力尚未完全被激活，因此其区域发展潜力仍需进一步加强。

（2）提升发展能力与推进共同富裕的关系。实现共同富裕是一个长期的追求，它需要一个持续的过程。为了真正提高推进共同富裕的效果，我们需要全方位地增强共同富裕的发展能力，加速产业化进程，并提升人口增长的能力。推进社会全面协调可持续发展，实现共同富裕必须加强制度建设。始终致力于在发展过程中确保和提升民众的生活质量，为大众奠定坚实的教育基础，并为增强发展潜力创造更为公平和普惠的环境，从而更好地增进人民的福祉，全方位的进步确保了全体公民稳步向共同富裕的方向前进。

第三章 四川推进共同富裕的现实基础

本章通过对四川1978年至今推进共同富裕实践历程、历史经验的梳理和总结，对四川推进共同富裕现状的研判，对四川推进共同富裕的现实基础进行分析，以期为四川实现共同富裕积累经验、指明方向。

第一节 改革开放以来四川推进共同富裕的实践历程

改革开放以来，四川推进共同富裕取得了丰硕的成果，其实践历程可大致分为四个阶段。

一 "一部分人先富起来"制度的确立（1978～1986年）

改革开放初期，以邓小平同志为代表的中国共产党人，针对原有分配制度"大锅饭""干多干少一个样"的弊端，提出先富带动后富的共同富裕构想。① 1978年，邓小平指出："在经济政策上，我认为要允许一部分地区、一部分企业、一部分工人农民，由于辛勤努力成绩大而收入先多一些，生活先好起来。"② 后来又强调："要让一部分地方先富裕起来，搞平均主义不行。这是个大政策"③，"我的一贯主张是，让一部

---

① 隆金华. 邓小平解决民族问题的基本思想［J］.中南民族学院学报（哲学社会科学版），1994（6）：7-10.
② 邓小平文选：第2卷［M］.北京：人民出版社，1994：152.
③ 邓小平文选：第3卷［M］.北京：人民出版社，1993：52

分人、一部分地区先富起来，大原则是共同富裕"①。

在改革开放初期，经过社会主义革命和建设时期的探索以及新时期的发展，中国共产党对于如何实现共同富裕有了更加清晰的认识，深刻认识到，共同富裕并不是平均主义，更不是同步富裕，而是在共同富裕的方向下，允许一部分人、一部分地区先富起来，同时注意缩小差距，提倡先富带后富。这是符合社会主义初级阶段客观要求的，是达到共同富裕的必由之路。在中共中央的领导下，"先富起来"成为时代主旋律，只有把蛋糕做大，才能真正让所有地区所有民众分上一块更大更好的蛋糕。四川作为中国西部的重要省份，积极响应中共中央作出的"让一部分人、一部分地区先富起来"重要指示，在农村和城市，进行广泛而深入的经济体制改革，逐步建立起"一部分人先富起来"的制度。

四川是农业大省，也是人口大省。改革开放初期，四川总体生产发展缓慢，农民生活困难。在这种情况下，四川省委省政府抓住了恢复和发展农村经济这个"牛鼻子"，实行了"放宽政策"和"休养生息"两个著名方针。前一方针旨在打破对农民生产的束缚，把农民的自留地面积从过去的占总耕地面积的7%左右扩大至15%左右，开放集市贸易。自1979年起，四川先推行"包工到组"，而后推广"分组作业，定产定工、超产奖励"，在全国率先进行农村改革，建立起家庭联产承包责任制，充分调动农民的生产积极性，农民收入大幅增加。后一个方针旨在减轻农民，特别是老少边穷地区农民的税收负担，帮助落后地区农民加快发展。在两大方针的指导下，20世纪80年代四川农村出现了一个"八千万农民搞商品生产的局面"，这加速了农村从自给、半自给经济向商品经济转变的过程。②

在农村加快进行经济体制改革的同时，四川又于1978年第四季度启动城市改革，围绕企业这个中心环节，推行企业承包经营责任制，以提高企业发展水平和发展质量，激活企业发展动能。就数量而言，改革

① 邓小平文选：第3卷［M］.北京：人民出版社，1993：166.
② 林凌主编.四川经济体制改革［M］.成都：四川省社会科学院出版社，1984：3.

开放初期，四川国营工业企业在全国排在前列，但总产值处于相当低的水平。究其原因，在于经济管理体制落后，政企不分，企业成为行政机构的附属物，靠着上级财政来运行，失去了自有内生的发展活力。对此，四川省委省政府从调动企业和劳动者的积极性入手，选择了扩大企业自主权的改革路径，以此撬动城市经济体制的全盘改革。在这期间，重庆钢铁公司、宁江机床厂、成都无缝钢管厂、四川化工厂、新都县氮肥厂、南充绸厂六家企业率先进行扩权试点，四川省政府允许这些试点企业在实现年终目标后，提留少量利润用于自身发展。鉴于六个企业扩权试点取得了显著成效，1979 年初，四川省委批转了《关于扩大企业自主权，加快生产建设步伐的试点意见》，批准将试点扩大到 100 个企业。① 伴随着共同富裕的开始，开放之门被打开，区域经济合作也迈开步伐，并持续地从单纯的进出口贸易走向外引内联、多方面的开放。

在"一部分人先富起来"的制度确立过程中，四川尝试了多种发展模式，其中包括加快城市化、促进农业现代化、实行"奖富扶贫"政策等，旨在通过综合性的策略，让更多的人群和地区从共同富裕中受益，实现"个人富和国家富、集体富，互相依存，互相促进"。②

二　"兼顾公平"带动后富制度的确立（1987~2001 年）

经过 20 世纪 80 年代前期的探索与发展，1987 年党的十三大在北京胜利召开。党中央深入总结了十一届三中全会以来取得的历史性成就，指出，这九年是新中国成立以来国家经济实力增长最快，人民得到实惠最多的时期，国家面貌发生了深刻的变化，部分地区开始向小康生活前进。③ 党的十三大报告《沿着有中国特色的社会主义道路前进》，全面系统地阐述了社会主义初级阶段理论，强调"在初级阶段，为了摆脱贫

---

① 林凌主编．四川经济体制改革［M］．成都：四川省社会科学院出版社，1984：11.
② 詹武，刘文璞，张厚义．社会主义共同富裕的几个问题［N］．人民日报，1983-08-15（05）.
③ 沿着有中国特色的社会主义道路前进——在中国共产党第十三次全国代表大会上的报告［N］．人民日报，1987-11-04（04）.

穷和落后，尤其要把发展生产力作为全部工作的中心"，同时"坚持共同富裕的方向，在促进效率提高的前提下体现社会公平"。①

遵循"体现社会公平"的原则，党的十三大以后，四川在坚持以发展生产力为中心的同时，把扶贫开发、坚持全省人民走共同富裕道路摆在更加重要的位置。遵照党中央和国务院的相关工作部署，四川适时成立贫困地区经济开发领导小组，构建起一套完整的办事机构，坚持"以区域开发带动扶贫"，"立足资源，面向市场"，确保扶贫到村到户。到1991年底，四川贫困县整体解决温饱问题，"农民人均纯收入从1985年的173元增加到428元，人均粮食从1985年的377公斤增加到近400公斤"，大多数贫困县走上了脱贫致富的新路子。② 但四川贫困人口多、自然地理复杂，贫困地区和民众的生产生活条件并未得到根本性的改善，在自然灾害、原贫困优惠政策逐步减弱退出等多重因素作用下，1991~1993年，四川扶贫工作进入瓶颈期，发展速度有所减缓。

1993年，党的十四届三中全会在北京举行，正式通过《中共中央关于建立社会主义市场经济体制若干问题的决定》。该决定继承与发展了邓小平的共同富裕思想，正式提出"效率优先、兼顾公平的原则"，强调"提倡先富带动和帮助后富，逐步实现共同富裕"。③ 在"逐步实现共同富裕"的目标下，1994年，党中央和国务院要求力争用7年左右的时间，基本解决8000万贫困人口的温饱问题。对此，四川省委省政府制定颁布《四川省七——八扶贫攻坚计划》，决心大打扶贫攻坚战，"力争用7年左右的时间，基本解决1180万贫困人口的温饱问题"。④ 从1994年开始，四川推进共同富裕的实践转向更加兼顾社会公

---

① 沿着有中国特色的社会主义道路前进——在中国共产党第十三次全国代表大会上的报告 [N].人民日报，1987-11-04（04）.

② 四川省农村扶贫志编纂委员会编著.四川省农村扶贫志 [M].成都：四川人民出版社，2006：4.

③ 中共中央关于建立社会主义市场经济体制若干问题的决定 [N].人民日报，1993-11-17（02）.

④ 兰天.省委、省政府制定《四川省七——八扶贫攻坚计划》[N].四川政报，1994（31）：15.

平，尝试通过均衡城乡、区域发展的政策来实现先富带动、帮助后富。

1996 年 12 月，四川省委省政府在西昌召开四川省第十二次扶贫开发工作会议，明确"扶贫攻坚到村入户的新思路"，提出"五个转移""三结合"的工作路径。为了确保扶贫工作切实到位，四川层层实行目标责任制，在省级层面，由省委省政府领导分片联系贫困地区；在县域层面，逐步建立起扶贫工作"五长责任制"，即贫困县的书记、县长、副县长、农行行长、扶贫办主任共同发力，动员县域全社会，解决贫困人口的温饱问题。[1] 此外，四川还选派两万名干部进驻贫困村，实施"万村帮扶活动"，主要帮助贫困村加强村级组织建设，建立起一套基层扶贫开发好机制。到 2000 年底，全省农村绝对贫困人口减少到 308.2 万人，贫困发生率下降到 4.4%[2]，"兼顾公平"带动后富制度运行初见成效。

总体而言，在这一历史阶段，四川促进共同富裕工作更加重视贫困地区和弱势群体的利益，目标是让所有人都能从经济发展中获益，实现全社会的共同富裕。在继续深化"兼顾公平"带动后富制度的过程中，四川对公平理念的理解逐渐深入，从单纯的经济收入分配公平，扩展到社会权利、参与机会、教育医疗等多领域的公平。例如，四川在注意经济扶贫的同时，进一步完善社会保障体系，确保群众生活有保障；设立专项基金以开展技术支持，帮助提高落后地区的自身发展能力，减小资源差距；等等。

三　"注重公平"迈向共富制度的确立（2002~2011 年）

经过 20 世纪 90 年代的经济高速发展，我国经济社会发展积累的不平衡、不协调、不可持续问题，成为党和国家接续推进共同富裕目标实现征程中亟待解决的重大问题。2002 年，江泽民同志在党的十六大上

---

① 四川省农村扶贫志编纂委员会编著. 四川省农村扶贫志 [M]. 成都：四川人民出版社，2006：4.
② 四川精准扶贫精准脱贫方略的实践 [EB/OL]. 澎湃网，2020-06-15. https://www.thepaper.cn/newsDetail_forward_7848324.

指出，"在经济发展的基础上，促进社会全面进步，不断提高人民生活水平，保证人民共享发展成果"，"正确反映和兼顾不同方面群众的利益，使全体人民朝着共同富裕的方向稳步前进"。

党的十六大以后，以胡锦涛同志为主要代表的中国共产党人持续探索回答社会主义市场经济条件下如何接续推进共同富裕目标实现这一重大理论和实践问题，提出了以人为本、全面协调可持续的科学发展观，强调使全体人民共享共同富裕发展的成果，使全体人民朝着共同富裕的方向稳步前进，把维护社会公平问题摆在更加突出的位置。从宏观来看，党的十六大以后，党和国家在经济上，进一步完善市场经济，改善经济发展的政策环境；在"三农"问题上，推行一系列惠农助农政策，废除农业税，持续提升农民收入和生活质量；在社会建设上，不断完善社会保障和公共服务体系，如在农村全面实现普及义务教育和最低生活保障制度，并随着生产生活的发展不断提高低保补助标准，逐步建立健全新型农村合作医疗制度和农村社会养老保险制度等，加强推进共同富裕配套设施建设；在促进区域平衡发展上，实施西部大开发、振兴东北老工业基地等战略，推动中部崛起。

遵循党中央和国务院的部署指示，四川在经济体制改革上深化了共同富裕，在各个方面和各个重要的环节都有了全面的配套，积极推动政府职能转变，使"注重公平"迈向共富的制度得到持续发展。例如，在全国率先开展了城乡一体化的试点工作，聚焦破除城乡二元结构，构建统筹城乡发展的体制机制，以推进重点领域和关键环节改革。成都市围绕"四位一体"科学发展战略和建设世界现代田园城市的目标，深化农村工作"四大基础工程"，推进生产要素流动市场化改革试点，促进城乡基本公共服务均衡发展。自贡市按照"一活两变三化"统筹城乡改革发展思路，推进农村产权制度改革和新农村综合体建设，推动城乡综合配套改革与新农村建设互动发展。德阳市加快推进"三个集中"，在农村产权制度改革、健全农村投融资体系和促进城乡基本公共服务均衡发展等方面取得进展。广元市探索以通过"四园驱动"推动"四个转变"

为核心的统筹城乡发展路径，在统筹城乡产业发展及基础设施建设、促进土地适度规模经营和公共服务资源均衡配置等方面下功夫。

在此阶段，得益于"注重公平"迈向共富制度的建立健全，四川不仅在经济上取得了巨大的成就，同时也在社会公平和成果共享上取得了显著的成效，对于新时代四川实现共同富裕的目标，具有重要的推动作用。

四　"人民共享"实现共富制度的构建（2012年至今）

党的十八大以来，为了重点解决增强发展动力、社会公平公正、共同迈入全面小康社会等问题，以习近平同志为核心的党中央坚持以人民为中心的发展理念，提出新时代在高质量发展中实现共同富裕的系列重大战略思想，致力于推动形成"共建共享共富共荣"的社会格局。习近平总书记在党的十九大报告中，明确指出到2035年"全体人民共同富裕迈出坚实步伐"，到21世纪中叶"全体人民共同富裕基本实现"。为了促进全体人民共同富裕，在国家治理方面，党和政府坚持全面深化改革，加强共同富裕顶层设计，支持建设共同富裕示范区；在经济方面，通过"放管服"改革和"双创"战略激发市场主体活力，优化营商环境，增强经济发展动力，激发各类市场主体的创新创业活力，调动人民群众创造富裕生活的积极性；在社会建设方面，统一完善城乡居民基本养老保险制度、居民大病保险制度和多层次、多支柱养老保障体系，促进县域内城乡义务教育一体化发展，扎实推进城乡公共文化服务资源一体化发展。实现共同富裕不再是理论目标，而成为实实在在的前进标的。

在党的全面领导下，党的十八大以来，四川把加快共同富裕取得更为明显的实质性进展作为工作重心，科学构建"一干多支、五区协同"的区域协调发展新模式，大力推进全局性改革，把治蜀兴川推向一个新的高度，实现历史新突破。[1] 从2013年到2020年，四川作为全国脱贫

---

① 四川省委党史研究室.四川改革开放40年的光辉历程伟大成就和历史启示［N］.四川日报，2018-12-26.

攻坚战的主战场，历经 8 年艰苦奋斗，消除了全省整体性和绝对性贫困，624 万贫困人口全部脱贫，和全国一道迈入全面小康社会。① 为了贯彻落实精准扶贫方略，四川省委省政府根据中共中央办公厅、国务院办公厅印发的《关于创新机制扎实推进农村扶贫开发工作的意见》，将建立符合四川特色的精准扶贫体制机制作为推进共同富裕的体制机制创新之一，力求切实落实领导责任、切实做到精准扶贫、切实强化社会合力、切实加强基层组织，使脱贫工作高质量、长效化。

2021 年以来，四川转向全力打好巩固拓展脱贫攻坚成果同乡村振兴有效衔接的整体战，坚决守住不发生规模性返贫的底线，为扎实推进共同富裕筑牢根基。四川加快完善防止返贫监测帮扶机制，建立健全农村低收入人口和欠发达地区常态化帮扶机制，不断增强脱贫地区和脱贫群众的内生发展动力，压紧压实各级巩固拓展脱贫攻坚成果责任。同时，四川以巩固提升脱贫地区特色产业为重心，不断完善联农带农机制，构建起"带得准""带得稳""带得久"的长效机制，致力于提高脱贫人口的家庭经营性收入，让低收入群众挑上"金扁担"。四川在努力做大发展"蛋糕"的同时，加快构建新型分配体制机制，更加科学地划分"蛋糕"，逐步开启共同富裕示范区建设。如 2023 年在攀枝花设立高质量发展建设共同富裕试验区，建立"共同富裕基层单位"15 个，致力于形成可推广、可复制、有特色的四川扎实推进共同富裕典型经验。②

第二节　改革开放以来四川推进共同富裕的历史经验

改革开放 40 多年来，四川各级党委、政府和广大干部群众，在实现共同富裕征程中走出了一条富有意义的探索道路，积累了丰富的历史经验，它们具有巨大的现实参考价值。有必要总结提炼改革开放以来四

① 川越贫困 蜀写传奇——四川全面打赢脱贫攻坚战纪实 [N].四川日报，2021-04-22.
② 攀枝花市与多个省级部门签约省市联动共建共同富裕试验区 [N].四川日报，2023-08-29.

川推进共同富裕的历史经验，以史为鉴，开创未来。

一　坚定不移地贯彻中央决策是实现共同富裕的重要保证

中国共产党的坚强领导，使中国和中华民族在近代以来的历史命运中实现了历史的转折，实现了今天的辉煌。我们要在党的领导下，在共同富裕的道路上坚定不移地走下去，坚定不移地贯彻中央决策，坚持党的全面领导。要不断完善党的全面领导。不断提高党科学执政、民主执政、依法执政水平，充分发挥党在共同富裕道路上总揽全局、协调各方的领导核心作用。

40多年来，四川一步一步推进着共同富裕，在全国处于领先地位，一直全面贯彻中央的重大决策。尤其是党的十一届三中全会以后，四川对中央的重要决策作出了深刻的理解，坚定地执行了党中央的重大决策，没有任何犹豫，没有任何争议，大胆提出了"包产到组"的改革方案，在最关键的时期，对中央的决策部署作出了积极的反应，发挥了表率的重要作用。此后，四川按照党中央的一系列重要决策，抢抓时机，在全国范围内率先摘下人民公社的帽子，开始以县为单位推进共同富裕。[①] 这为四川推进共同富裕走出关键一步奠定了基础。

二　始终坚持解放思想是实现共同富裕的根本前提

四川历届省委省政府之所以能带领人民历经艰辛探索、挫折和开拓，实现了自身的重大使命，在于学会与践行解放思想、实事求是、与时俱进、求实创新，将马克思主义的基本原理同本省的具体情况、中华的优良传统有机地结合在一起，坚持实践是检验真理的唯一标准，一切从实际出发，及时回答时代和人民提出的问题。具有较强的"盆地意识"，几千年来一直是四川发展的主要障碍。40多年以来，四川省委省政府始终坚持解放思想、实事求是，冲破传统思想的束缚，把在改革开

---

① 省委党史研究室. 四川改革开放40年的光辉历程伟大成就和历史启示 [N]. 四川日报，2018-12-26.

放中不断创新，当作一项先导性和常规性的工作，把解放思想和实事求是的精神贯穿于全省的发展之中。

20世纪70年代末期，关于"实践是检验真理的唯一标准"的大讨论在四川开展，在巴蜀地区掀起了思想解放的热潮，推动了乡村的共同繁荣；80年代中期，四川在解决"盆地意识"问题上进行了一场轰轰烈烈的大讨论，并在此基础上，提出了深化国企改革、深化城镇综合配套改革。不论是1992年邓小平的南方谈话，还是2000年国家实施西部大开发战略，四川都始终坚持"解放思想"，不断在全省掀起解放思想、破除"盆地意识"的热潮。① 从历史的角度来看，40多年以来，四川之所以能取得如此大的成绩，最大的原因就是解放思想。因此，要以更开阔的眼界、更大的胸怀，积极投身于"一干多支、五区协同"的区域发展新格局中去，以区域协作推进共同富裕。以一种创新的精神，力争在今后的发展中占据高地，持续解决发展中的困难，建立起自己的发展优势。

三 敢于发挥群众的首创精神是实现共同富裕的根本方法

《中共中央关于党的百年奋斗重大成就和历史经验的决议》指出，创新是一个国家、一个民族发展进步的不竭动力。在中国共产党的领导下，中国人民在理论、实践、制度等各个领域都进行了创新，走出了一条前人未曾走过的道路。② 实现共同富裕，必须坚持开拓创新，敢闯敢为，突破仅仅追求物质生活富裕的传统思维。为了实现物质与精神的共同富裕，我们应积极探索新的思路和途径。还要把发展建立在全体人民的基础上，营造一个人人都能参与到劳动中来的发展氛围，让所有人都拥有合适的工作，让每个人都有平等的发展机会，为他们接受教育和发展能力提供更普惠和公平的环境，让他们能够更好地发挥

---

① 省委党史研究室. 四川改革开放40年的光辉历程伟大成就和历史启示［N］. 四川日报，2018-12-26.
② 从党百年奋斗的重大成就和历史经验中汲取智慧力量［J］. 求知，2021（12）：62-64.

自己的作用。

四川人民坚持敢于突破的作风，40多年来，从包产入组、成立农工商公司、扩大企业自主权、改革县属国企产权制度，到试点城镇改革、统筹城乡发展等一系列举措与创新的原始动力、原始设想和原始探索，都是从人民中产生的。与此同时，在各级党委政府的领导下，人民群众一直都是促进共同富裕目标实现的主要力量。例如，在省内跨省区域经济合作、脱贫攻坚等方面，人民群众既是积极的支持者和拥护者，也是积极的参与者和执行者。

四 充分利用集体的联合力量是实现共同富裕的重要法宝

最大限度地巩固和发展统一战线，是我们战胜敌人、实现国家长治久安的一大法宝。为了实现共同富裕，必须永远坚持大团结，凝聚一切可以凝聚的力量，凝聚一切积极因素，把我们所有人都聚集在一起，把我们所有的力量都集中起来，让我们一起努力。

改革开放以来，四川秉持着人民敢创新、政府要支持相辅相成的理念，达到基层探索式与顶层设计式的相互交织、自下而上与自上而下的交相呼应。四川从不缺乏敢于尝试的人，但是好的创新创造，光靠个人、分散的群众是做不到的，必须有党委政府的支持、鼓励、规范和改进，最终才能获得成功，并在全国范围内扩散。另外，作为一方的四川党委政府及其领导，考虑将部分基层干部群众的探索实践提到自己的决策部署之中，并且将目标放在优先位置，主动给自己施加压力，主动规划和推动区域发展，真正体现责任感。此外，四川还科学构建了"一干多支、五区协同"的区域发展新模式，在全面推进供给侧结构性共同富裕、全面深化共同富裕、全面创新共同富裕等方面，继续深入开展"三大攻坚战"，把治蜀兴川推向一个新的高度。①

---

① 省委党史研究室. 四川改革开放40年的光辉历程伟大成就和历史启示［N］. 四川日报，2018-12-26.

第三节　四川推进共同富裕的现状研判

当前，四川在推进共同富裕方面取得了明显的实质性进展，但这种进展状况究竟如何还有待进一步探讨。因此，有必要科学、合理且可行地分析四川推进共同富裕的各项指标情况，对四川推进共同富裕的进展开展评估，以对四川推进共同富裕现状进行科学研判。

一　四川推进共同富裕的指标选取

"十四五"时期，四川通过考虑国内外形势以及自身发展特征，统筹兼顾长远需要，筛选了 10 项主要指标（见表 3-1）研判本省推进共同富裕现状。其中，发展水平均衡方面包含中等收入群体比重、城乡居民人均可支配收入比、劳动报酬占地区生产总值的比重、人均地区生产总值差异系数，发展质量升级方面包含义务教育均衡优质发展资源配置水平、个人卫生支出占卫生总费用的比重、城乡居民基本养老保险保障水平、房价收入比，发展能力提升方面包含居民综合阅读率、"美丽四川·宜居乡村"达标村占比。[①]

表 3-1　四川推进共同富裕的主要指标

序号	指标	单位	2025 年目标
1	中等收入群体比重	%	40
2	城乡居民人均可支配收入比	—	≤2.3
3	劳动报酬占地区生产总值的比重	%	>50
4	人均地区生产总值差异系数	%	26
5	义务教育均衡优质发展资源配置水平	—	—
6	个人卫生支出占卫生总费用的比重	%	<27

---

① 孟顺尧，周作昂，兰想.四川共同富裕监测指标体系可以这样构建［J］.四川省情，2022（8）：37-38.

续表

序号	指标	单位	2025 年目标
7	城乡居民基本养老保险保障水平	元	200
8	房价收入比	—	—
9	居民综合阅读率	%	85
10	"美丽四川·宜居乡村"达标村占比	%	50

二 四川推进共同富裕取得的进展

(一) 发展水平均衡方面

(1) 中等收入群体比重力争达到 40%。发展水平均衡方面的各项指标旨在反映人民"富裕"的规模和程度。根据国家统计局的定义,中等收入群体通常指的是三口之家一年的收入范围在 10 万~50 万元。[①]据统计,2020 年四川中等收入群体比重为 29.5%,中等收入群体规模近 2500 万人。到 2025 年,预计全省中等收入群体比重有望达到 40%,中等收入群体规模超过 3300 万人。[②]

(2) 城乡居民人均可支配收入比缩小到 2.3 以内。收入差距是共同富裕进程中面临的关键挑战,缩小收入差距有助于激发全体国民实现共同富裕的动力。[③]四川城乡居民人均可支配收入比从 2015 年的 2.6 缩小至 2020 年的 2.4,小于全国平均水平 2.6。[④]据估算到 2025 年有望缩小到 2.3 以内的水平。可见近年来,在四川省内,农村居民人均可支配收入增速持续高于城镇居民,城乡居民人均可支配收入比不断缩小。

(3) 劳动报酬占地区生产总值的比重超过 50%。在过去几年中,四川劳动报酬占地区生产总值的比重有所提升。例如,2018 年劳动报

---

① 余淼杰,曹健.新发展格局中的共同富裕 [J].新疆师范大学学报 (哲学社会科学版),2022,43 (1):59-68+2.

② 周作昂,兰想.探索共同富裕的量化目标 [J].四川省情,2022 (7):41-42.

③ 张其仔,刘佳骏.以缩小区域发展差距推进共同富裕 [J/OL].新疆师范大学学报 (哲学社会科学版):1-10 [2023-12-24].

④ 熊萍.四川城乡居民消费差异对比 [J].商业经济研究,2018 (8):143-145.

酬占比为 51.5%，而居民消费占比为 31.85%，相差近 20 个百分点。[①] 这可能意味着，随着经济的发展和政策的引导，到 2025 年，四川劳动报酬占地区生产总值的比重有望超过 50%。

（4）人均地区生产总值差异系数降到 26%。"一干多支"发展战略是四川在"十三五"期间实施的一项重要战略，其主要内容包括：全面激发县域经济发展活力，充分发挥成都"主干"的引领辐射带动作用和各区域板块"多支"的联动作用。在此战略的推动下，四川的人均地区生产总值差异系数呈现逐渐缩小的趋势。据统计，2015 年的人均地区生产总值差异系数为 32.1%，到 2020 年已经降至 29.4%。预计到 2025 年，该指标有望进一步降低到 26% 左右。[②]

（二）发展质量升级方面

（1）义务教育均衡优质发展资源配置水平明显提升。四川正在采取一系列措施以提升义务教育资源配置水平。其中，最重要的一项举措就是推行义务教育学区制治理。这项政策的目标是到 2025 年，学区教育资源统筹力度进一步加大，学区制治理基本实现全覆盖，教育共建共治共享的制度机制基本健全，城乡、校际办学质量差距不断缩小，区域教育教学质量和优质均衡发展水平显著提升。[③]

（2）个人卫生支出占卫生总费用的比重下降到 27% 以下。四川个人卫生支出占卫生总费用的比重逐步下降。2020 年，四川个人卫生支出占卫生总费用的比重为 27.68%。而到了 2025 年，预计这个比重将下降到 27% 以下。[④] 这表明四川在努力控制个人卫生支出的增长，以减轻居民的经济负担。此外，四川还在努力提高医疗服务的覆盖率和质量。这些措施不仅能扩大医疗服务的覆盖面，也有利于提高医疗服务的质

---

① 数据来源：四川省决策咨询委员会。
② 数据来源：《关于实施"一干多支"发展战略推动全省区域协同发展的指导意见》（四川省人民政府网站，sc.gov.cn）。
③ 傅明. 群众教育新期盼背景下四川义务教育优质均衡发展路径 [J]. 中国民族教育，2022（Z1）：58-60.
④ 数据来源：《四川卫生健康统计年鉴（2020）》。

量，从而更好地满足公众的健康需求。

（3）城乡居民基本养老保险保障水平提升到 200 元。四川已经在 2023 年 7 月 1 日将城乡居民基本养老保险基础养老金的最低标准由原来的每人每月 115 元提高至 128 元①；到 2025 年，力争达到 200 元。四川正在积极推动城乡居民基本养老保险的改革，以提高其保障水平，更好地满足广大城乡居民的养老需求。

（4）房价收入比处于合理区间。为了实现共同富裕，未来的城市房价与居民收入之比应当更加合理，即房价收入比应在合理的区间内波动，使得大多数居民能够承受得起房价，维持正常的生活水平。到 2025 年，城市房价与居民收入之比力争缩小到合理区间。

（三）发展能力提升方面

（1）居民综合阅读率力争达到 85%。四川一直致力于推广阅读活动，如举办"书香天府·全民阅读"大会等。此外，四川的成年居民综合阅读率在 2022 年已经达到 82.4%②，预计到 2025 年，居民综合阅读率达到 85%，文化设施基本覆盖市、县、乡三级，实现人民素质明显提高，社会文明风尚更加浓厚。

（2）"美丽四川·宜居乡村"达标村占比达到 50%。促进共同富裕最艰巨最繁重的任务仍在农村，要加强农村基础设施和公共服务体系建设，改善农村人居环境。2020 年，四川有"美丽四川·宜居乡村"达标村 11218 个，占全部行政村（村委会）的比重为 42%③；预计到 2025 年，占比达到 50%。四川还制定了一系列的计划和方案，以确保农村基础设施和公共服务体系的建设顺利进行。

---

① 数据来源：《四川省人力资源和社会保障厅 四川省财政厅关于提高城乡居民基本养老保险基础养老金最低标准的通知》。
② 数据来源：《四川省全民阅读状况调查结果发布 公共阅读 服务水平显著提升》（四川省人民政府网站，sc.gov.cn）。
③ 数据来源：《2020 年四川省人民政府工作报告》。

第四章　四川推进共同富裕的
　　　　现状评估

为了对四川推进共同富裕的现状进行评估，须构建四川共同富裕评价指标体系，通过定量的方式对四川推进共同富裕的情况有了一个直观的了解，为后文分析四川推进共同富裕的实践机制与政策体系创新提供最基本的数据支撑，为此后客观判断四川推进共同富裕过程中存在的瓶颈，明确今后四川推进共同富裕的方向路径和主要侧重点奠定基础。

第一节　四川共同富裕评价指标体系

本节拟构建科学、合理且可行的四川共同富裕评价指标体系，以对四川推进共同富裕的现状开展量化评估。

一　共同富裕评价指标体系构建

（一）评价指标体系构建的理论依据

共同富裕是社会主义的本质要求，是中国式现代化的重要特征。党的二十大报告提出，坚持把实现人民对美好生活的向往作为现代化建设的出发点和落脚点，着力维护和促进社会公平正义，着力促进全体人民共同富裕，坚决防止两极分化。当前，学术界对共同富裕水平测度指标体系构建的研究尚未形成共识，最初的指标体系是基于共同富裕内涵从共享、富裕两个维度出发进行构建的[1]，后来蒋永穆和豆小磊[2]、万广华等[3]、郭卫军和张衔春[4]等学者对共同富裕评价指标体系进行了拓展，基于共同富裕的特征要求、内涵分析从人民性、共享性、发展性和安全性或者富裕、共同和可持续性或者生产效率、总体富裕、协调发展、成果共享和生态福利等维度来构建共同富裕的评价指标体系，共同富裕评价指标体系得到进一步细化完善。

共同富裕是人的自由而全面发展的现实表现和具体目标。要实现人的全面而自由发展，在推进共同富裕的过程中，需要从发展水平均衡、发展质量升级、发展能力提升上全面发力。缩小城乡差距、区域差距、收入差距，促进共同富裕的发展水平均衡；提高基本公共服务均等化水平，扩大民生保障覆盖范围，实现绿色发展理念贯穿，促进共同富裕的发展质量升级；提高全民受教育程度，增强创新发展能力，着力进行精神文明建设，促进共同富裕的发展能力提升。鉴于此，本节从发展水平均衡、发展质量升级、发展能力提升三个维度出发构建评价指标体系。

（二）评价指标体系构建的基本原则

第一，科学性、可操作性原则。共同富裕的评价指标体系构建必须符合我国推进共同富裕的现状，鉴于本书研究区域为四川，因此所选取的共同富裕评价指标必须遵循四川推进共同富裕的实际情况以及社会发展的规律要求，在此基础之上采用科学可行的方法进行相关研究。

第二，综合性、系统性原则。共同富裕是一个复杂的系统性概念，不仅包括基础的经济发展情况，还囊括精神文明建设、公共服务供给等情况。因此，四川共同富裕评价指标体系的构建需要充分考虑到推进共

---

[1] 万海远，陈基平. 共同富裕的理论内涵与量化方法 [J]. 财贸经济，2021，42（12）：18-33.

[2] 蒋永穆，豆小磊. 扎实推动共同富裕指标体系构建：理论逻辑与初步设计 [J]. 东南学术，2022（1）：36-44+246.

[3] 万广华，蓝菁，刘震. 基于人民幸福感的共同富裕指标体系构建及测度 [J]. 经济科学，2023（2）：5-25.

[4] 郭卫军，张衔春. 中国共同富裕水平的测度与区域时空差异研究 [J]. 经济问题探索，2023（4）：1-24.

同富裕的综合情况，仅仅考虑某一个层面而作出的评价分析，都存在偏差，都是片面的、不合理的，不足以全面客观有效地反映四川推进共同富裕的现状。从而，在构建评价指标体系时需要注意共同富裕概念的综合性，只有系统地构建指标体系，才能够获得最好的评价结果。

第三，层次性、独立性原则。四川推进共同富裕的现状应该从多个角度综合测度评价，在构建评价指标体系时应该考虑各级指标的层次性。因此，在构建评价指标体系时，应充分考虑指标间的层次以及递进关系，形成一个层级分明的评价指标体系。所谓的独立性原则是要求各个指标之间要相互独立，弱化彼此间的相关关系。

（三）评价指标体系构建的总体思路

绝对评价指标和相对评价指标相结合。共同富裕不仅仅包含"富裕"，更重要的是"共同"即均衡。"富裕"是指不同时期、不同区域经济社会发展和社会财富积累，居民收入和财富水平提高。"共同"即均衡则是指不同区域即全省各市州之间居民收入的均衡，也包括同一区域城乡居民之间收入的均衡，是收入差距的缩小。[1] 因此，在评估推进共同富裕的现状时，不仅要选取绝对指标，还要选取一些体现区域经济差距、城乡差距、收入差距的相对指标。

综合考虑物质文明和精神文明。共同富裕是一个系统性概念，不仅包括物质文明的富裕，还要兼顾精神文明的富裕，物质富裕和精神富裕是同等重要、相辅相成、辩证统一的。[2] 物质富裕是实现共同富裕的基础，没有物质上的富裕，实现共同富裕就是无稽之谈，但物质富裕并不是共同富裕的全部，没有精神富裕的共同富裕是毫无意义的，精神富裕是在实现物质富裕后更高层次、更高境界的追求。[3] 二者相结合，才能

---

① 席恒，王睿. 我国城乡共同富裕的内涵、测度及其政策意义 [J].西北大学学报（哲学社会科学版），2023，53（4）：15-26.

② 袁超越，朱耘婵. 共同富裕的政治经济学阐释 [J].湖北大学学报（哲学社会科学版），2023，50（3）：1-9+168.

③ 任保平. 全面理解新发展阶段的共同富裕 [J].社会科学辑刊，2021（6）：142-149；周建华，张文婷."共同富裕"概念与内涵的历史演进 [J].江西社会科学，2022，42（9）：15-21.

最终实现人的全面发展，进而实现共同富裕。但是在经济社会的发展过程中，出现了物质文明和精神文明之间发展不协调的情况，这极大地影响了社会的健康良性发展，进而阻碍了共同富裕的推进。[1] 综上所述，推动物质文明和精神文明的协调全面发展，对于推进共同富裕意义重大。本章在构建共同富裕评价指标体系的过程中选取了多项指标对精神文明、物质文明进行衡量。

构建考虑发展水平均衡、发展质量升级及发展能力提升的评价指标体系。共同富裕既是一个经济概念，也是一个社会概念。从经济层面来说，共同富裕主要表现为收入水平、财富积累以及社会分配情况，本章以共同富裕的发展水平均衡来衡量这一层面的情况。从社会层面来说，共同富裕还表现为基础设施、公共服务、民生保障以及生态环境的完善，本章选择以共同富裕的发展质量升级来衡量社会层面的情况。而发展能力提升是共同富裕综合水平稳步提高的重要支撑，高水平的发展能力不仅在当下推动着共同富裕的逐步实现，也会在以后对共同富裕的进一步巩固拓展起到重要作用。故本章在评估推进共同富裕的现状时将发展能力提升作为一个重要维度。

（四）评价指标体系构建

实现共同富裕的基本要求是消除不平等和推动发展均衡化。[2] 而发展均衡化极大地体现在区域之间、城乡之间在收入、消费等方面，这些方面存在的不均衡、不平衡极大地阻碍了共同富裕的逐步实现。[3] 因此在构建指标体系时，选取城乡消费差距、区域经济差距、区域收入差距、城乡收入差距来对共同富裕的发展水平均衡进行测度（见表4-1）。城乡消费差距、城乡收入差距主要是城镇居民和农村居民人均消费支

① 蒋永穆，谢强. 在高质量发展中促进共同富裕 [J]. 社会科学辑刊，2022（4）：97-105+2.
② 张建华，文艺瑾. 从全面小康到共同富裕：中国式现代化理论创新的新使命 [J]. 经济评论，2023（3）：3-13.
③ 蒋永穆，谢强. 在高质量发展中促进共同富裕 [J]. 社会科学辑刊，2022（4）：97-105+2.

出、人均可支配收入之间的比值，反映了城乡居民间的差距。区域经济差距是全省各市州人均地区生产总值与四川省人均地区生产总值之间的比值，充分反映了各地区的发展协调程度。区域收入差距是全省各市州居民人均可支配收入与四川省居民人均可支配收入之间的比值，反映了各地区居民收入之间的差距。

表 4-1　四川共同富裕评价指标体系

目标层	一级指标	二级指标	三级指标	指标属性
共同富裕	发展水平均衡	城乡差距	城乡消费差距（X_1）	-
		区域差距	区域经济差距（X_2）	+
		收入差距	区域收入差距（X_3）	+
			城乡收入差距（X_4）	-
	发展质量升级	基本公共服务均等化	公共教育资源（X_5）	+
			公共医疗资源（X_6）	+
			公共文化资源（X_7）	+
			公共设施供给（X_8）	+
		民生保障覆盖	人均社会保障和就业财政支出（X_9）	+
			人均农村居民最低生活保障（X_{10}）	+
			人均城市居民最低生活保障（X_{11}）	+
		绿色发展理念贯穿	节能环保财政支持力度（X_{12}）	+
			工业单位增加值能耗（X_{13}）	-
	发展能力提升	人力资本水平	每万人高校学生数（X_{14}）	+
		创新发展能力	创新投入（X_{15}）	+
			创新产出（X_{16}）	+
		精神文明建设	组织文艺活动（X_{17}）	+
			文化站覆盖情况（X_{18}）	+

　　共同富裕不仅是经济水平、收入水平等方面的共同富裕，还涉及公共服务、社会保障以及绿色生态等方面。党的二十大提出，"健全基本公共服务体系，提高公共服务水平，增强均衡性和可及性，扎实推进共同富裕"。可见基本公共服务对于推进共同富裕的重要性，因此本章选择从这一角度出发测度共同富裕发展质量升级。选择从公共教育资源

（教育经费支出占总财政支出的比重）、公共医疗资源（每千人医疗机构床位数）、公共文化资源（人均拥有公共图书馆藏量）、公共设施供给（区域公路密度）4 个方面对基本公共服务均等化进行测度。民生保障是实现共同富裕的基础，在此选择人均社会保障和就业财政支出、人均农村居民最低生活保障、人均城市居民最低生活保障 3 个指标对民生保障覆盖进行测度。绿色生态是共同富裕的底色[①]，在此选择节能环保财政支持力度和工业单位增加值能耗 2 个指标对绿色发展理念贯穿进行测度。

发展能力提升是当前推进共同富裕的决定力量，也是在实现共同富裕以后继续保持共同富裕状态的支撑力量。选择从人力资本水平、创新发展能力和精神文明建设 3 个方面来测度各地区的发展能力提升。人力资本水平即每万人高校学生数，这个指标充分反映了各地区当前的人才支撑情况。创新发展能力包括创新投入、创新产出两个方面，创新投入即 R&D 经费内部支出与地区生产总值之比，反映了各地区在推动创新方面的资金投入情况；创新产出即有效发明专利数，反映了各地区的创新产出情况。精神文明建设是推动地区居民自身发展能力提升的重要途径，主要以组织文艺活动、文化站覆盖情况（平均每个乡镇街道的文化站个数）2 个指标来测度。

（五）评价指标的数据来源

本章所使用的数据主要来源于 2018～2022 年的《四川统计年鉴》、四川省专利数据简报以及四川省各市州的国民经济和社会发展统计公报，研究样本是 2017～2021 年四川省 21 个市州的面板数据。各指标的描述性统计结果如表 4-2 所示。

表 4-2　指标描述性统计结果

指标	平均值	标准差	最小值	最大值
X_1	1.8093	0.2378	1.2450	2.6509

[①] 张建华，文艺瑾. 从全面小康到共同富裕：中国式现代化理论创新的新使命 [J]. 经济评论，2023（3）：3-13.

续表

指标	平均值	标准差	最小值	最大值
X_2	1.0000	0.3068	0.4844	1.8435
X_3	1.0000	0.1977	0.7124	1.6498
X_4	2.2267	0.2076	1.8071	2.8232
X_5	0.1648	0.0293	0.0963	0.2855
X_6	7.5229	1.2549	4.4439	10.4573
X_7	0.4161	0.2448	0.1410	1.0973
X_8	1.3765	0.6869	0.1621	2.5964
X_9	1186.5960	506.2863	741.6793	2905.6500
X_{10}	0.2712	0.1169	0.1481	0.9115
X_{11}	0.4670	0.1498	0.2466	1.1003
X_{12}	-5.0734	7.2235	-24.1300	18.3300
X_{13}	0.0277	0.0121	0.0085	0.0628
X_{14}	147.1616	115.2429	17.4464	481.0094
X_{15}	2981.4760	9744.7510	26.0000	63222.0000
X_{16}	1.1485	1.4432	0.0998	7.1500
X_{17}	2599.8100	3343.6180	587.0000	20158.0000
X_{18}	1.1970	0.2407	0.8692	1.7603

二 共同富裕评价方法

本章采用熵权 Topsis 法对四川推进共同富裕的现状及其子系统进行测度。熵权 Topsis 法是一种将熵权法和 Topsis 法结合起来对评价对象进行综合评价的方法，在对各指标进行标准化处理的前提下，利用熵权法对各个指标进行客观赋权，可以有效避免主观赋权带来的误差问题，再通过 Topsis 法对多个评价对象进行比较，进行量化排序，从而得出最优或最劣的评价对象，最终得出评价结果。

第一步，区分正负向，进行标准化处理：

$$正向指标：N_{ij} = \frac{X_{ij} - X_{\min}}{X_{\max} - X_{\min}}$$

$$负向指标：N_{ij} = \frac{X_{\max} - X_{ij}}{X_{\max} - X_{\min}}$$

其中，N_{ij} 为标准化后的指标数据，X_{ij} 为各个指标的原始数据，表示第 i 个市州的第 j 个指标的数据值，$X_{\max}$ 为原始数据最大值，$X_{\min}$ 为原始数据最小值。

第二步，计算指标信息熵：

$$e_j = \frac{1}{\ln n} \sum_{i=1}^{n} \left(\frac{N_{ij}}{\sum_{i=1}^{n} N_{ij}} \ln \frac{N_{ij}}{\sum_{i=1}^{n} N_{ij}} \right)$$

其中，n 表示市州个数。

第三步，计算指标权重：

$$w_j = \frac{1 - e_j}{\sum_{j=1}^{q} (1 - e_j)}$$

其中，q 为指标个数。

各指标权重如表 4-3 所示。

表 4-3　指标权重

指标	权重
X_1	0.0082
X_2	0.0276
X_3	0.0346
X_4	0.0116
X_5	0.0159
X_6	0.0153
X_7	0.0579
X_8	0.0316
X_9	0.0730
X_{10}	0.0544
X_{11}	0.0323
X_{12}	0.0085
X_{13}	0.0306
X_{14}	0.0581

指标	权重
X_{15}	0.2923
X_{16}	0.0979
X_{17}	0.1095
X_{18}	0.0409

第四步，构建评价指标的加权矩阵：

$$\mathbf{R} = (r_{ij})_{n \times m}$$

其中，$r_{ij} = w_j \times X_{ij}$。

第五步，确定各个指标的最优解即最大值 Q^+ 和最劣解即最小值 Q^-：

$$Q_j^+ = (\max r_{i1}, \max r_{i2}, \cdots, \max r_{im})$$
$$Q_j^- = (\min r_{i1}, \min r_{i2}, \cdots, \min r_{im})$$

第六步，分别计算最优解以及最劣解的欧氏距离 D_i^+ 和 D_i^-：

$$D_i^+ = \sqrt{\sum_{j=1}^{m} (Q_j^+ - r_{ij})^2}$$
$$D_i^- = \sqrt{\sum_{j=1}^{m} (Q_j^- - r_{ij})^2}$$

第七步，计算相对接近度：

$$C_i = \frac{D_i^-}{D_i^- + D_i^+}$$

C 越大，则表明该样本越接近最优。

第二节 四川推进共同富裕的现状评估

本节将对四川推进共同富裕的现状展开评估，为了进一步研究区域间共同富裕水平差距，使用 Dagum 基尼系数法来分析四川省五大经济区推进共同富裕总体差距的演变态势。

一　四川推进共同富裕现状

2021 年发布的《四川省"十四五"规划和 2035 年远景目标纲要》，将四川省 21 个市州分为成都平原经济区（包含成都市、德阳市、绵阳市、乐山市、眉山市、资阳市、遂宁市和雅安市）、川南经济区（包括泸州市、内江市、自贡市、宜宾市）、川东北经济区（包括南充市、广安市、广元市、达州市和巴中市）、攀西经济区（包括攀枝花市和凉山州）、川西北生态示范区（包括甘孜州和阿坝州）。基于此，表 4-4 汇报了 2017～2021 年四川省五大经济区推进共同富裕的情况。

表 4-4　2017～2021 年四川省五大经济区共同富裕综合得分

地区	2017 年	2018 年	2019 年	2020 年	2021 年
四川省	0.1623	0.1749	0.1920	0.2103	0.2222
成都平原经济区	0.3244	0.3662	0.4146	0.4600	0.4923
川南经济区	0.0968	0.1046	0.1200	0.1328	0.1313
川东北经济区	0.0860	0.0889	0.1081	0.1233	0.1230
攀西经济区	0.1220	0.1237	0.1240	0.1392	0.1526
川西北生态示范区	0.1821	0.1912	0.1933	0.1962	0.2116

从表 4-4 可以发现，从时间维度来看，四川省共同富裕综合得分从 2017 年的 0.1623 稳步提升至 2021 年的 0.2222，年均增长率达 8.2%，说明四川整体加速扎实推进共同富裕；但整体水平（最大值为 1）仍然较低，四川进一步深化推进共同富裕任重道远。

从空间维度来看，四川省五大经济区推进共同富裕的情况呈现"总体进步显著，区域差异明显"的格局。根据 2017～2021 年的数据，各经济区综合得分均呈上升趋势，但不同区域的综合得分水平与增速存在显著差异。总体而言，成都平原经济区作为全省经济核心，始终以绝对优势领跑，其综合得分从 0.3244 增至 0.4923，年均增速达 11.0%，远超其他区域。这一现象凸显了区域经济基础与政策资源集中的关键作用，成都平原经济区凭借较强的产业集聚能力和政策倾斜，成为全省推进共同富裕的"主引擎"。

分区域来看，成都平原经济区的综合得分为其他区域的2~4倍，2021年其综合得分（0.4923）是川南经济区（0.1313）的3.75倍，显示出典型的"中心—外围"结构。这一差距与区域发展定位密切相关，即成都平原经济区以现代化产业体系为支撑，而川南、川东北等经济区仍处于传统产业转型阶段，推进共同富裕的动能相对不足；川西北生态示范区作为生态屏障，其综合得分长期处于低位（2021年为0.2116），增速亦低于全省平均水平，这表明生态保护与经济发展的平衡难题尚未完全破解，推进共同富裕的措施需进一步适配区域功能定位；川南经济区2021年的综合得分（0.1313）较2020年（0.1328）略有下降，攀西经济区的综合得分则从2020年的0.1392跃升至0.1526，反映出资源型区域对政策调整的敏感性和阶段性波动特征。

二　四川推进共同富裕的地区差距

Dagum基尼系数法将基尼系数分解为组内基尼系数、组间基尼系数和超变密度基尼系数三个部分。

表4-5反映了2017~2021年四川省五大经济区推进共同富裕总体差距的演变态势。总体来说，2017~2021年，四川省推进共同富裕的总体基尼系数大致保持在0.28左右，总体地区差距并不算大。在四川省五大经济区推进共同富裕的总体差距中组间差距最大，贡献率基本保持在55%~60%区间，其次是组内差距，贡献率在24%~28%区间。这说

表4-5　2017~2021年四川省五大经济区推进共同富裕的Dagum基尼系数

年份	基尼系数				贡献率（%）		
	总体	组内基尼系数	组间基尼系数	超变密度基尼系数	组内贡献率	组间贡献率	超变密度贡献率
2017	0.2850	0.0700	0.1660	0.0490	24.464	58.206	17.330
2018	0.3030	0.0760	0.1670	0.0590	25.140	55.223	19.637

续表

年份	基尼系数				贡献率（%）		
	总体	组内基尼系数	组间基尼系数	超变密度基尼系数	组内贡献率	组间贡献率	超变密度贡献率
2019	0.2830	0.0720	0.1670	0.0430	25.628	59.145	15.228
2020	0.2730	0.0740	0.1570	0.0420	27.280	57.470	15.250
2021	0.2890	0.0780	0.1650	0.0460	26.877	57.154	15.968

明四川省五大经济区在推进共同富裕上差距较大，而经济区内部的各个市州间的差距较小。主要是因为四川省五大经济区的划分本就考虑了各个市州的发展水平。

如表4-6所示，四川省五大经济区组内Dagum基尼系数最大的是成都平原经济区，成都平原经济区2017~2021年的组内Dagum基尼系数总体上呈现上升的态势。组内Dagum基尼系数同样呈现上升态势的还有川东北经济区，不过川东北经济区2017年的组内Dagum基尼系数就较小，虽有上涨，但组内Dagum基尼系数仍处于较低水平。其次是攀西经济区，该经济区的组内Dagum基尼系数在5年间变化较小。基尼系数最小的是川西北生态示范区。

表4-6　2017~2021年四川省五大经济区推进共同富裕的组内Dagum
基尼系数

地区	2017年	2018年	2019年	2020年	2021年
成都平原经济区	0.340	0.369	0.331	0.350	0.366
川南经济区	0.010	0.025	0.043	0.036	0.014
川东北经济区	0.070	0.086	0.114	0.083	0.092
攀西经济区	0.217	0.240	0.235	0.207	0.216
川西北生态示范区	0.025	0.001	0.013	0.021	0.003

上述说明成都平原经济区8个地市间的差距较大，可能是由于这8个地市虽均属于四川省发展靠前的地市，对周边地区地市具有一定的辐射带动作用，但成都市和其他7个地市间的客观差距还是不小。经济是

推进共同富裕的重要物质基础，从最简单易懂的地区生产总值来看，2022 年成都平原经济区地区生产总值 34670.8 亿元[①]，其中成都市地区生产总值 20817.5[②]，占到 60.04%。这足以体现出成都平原经济区内部的差距是极大的。攀西经济区的区域内部差距在五个经济区中属于第二，该经济区包括攀枝花和凉山州两个市州，也就是说凉山州和攀枝花市之间存在较大差距。主要是由于凉山州经济本就较差，虽然在脱贫攻坚战中，凉山州实现了现行标准下 2083 个贫困村、110 万贫困人口全部脱贫[③]，但是它推进共同富裕还是任务艰巨繁重，与攀枝花的推进共同富裕情况存在较大差距。

第三节　发展水平、质量和能力视域下四川共同富裕评估

一　基于发展水平均衡的四川共同富裕评估

作为西部经济大省，四川近年来在推进共同富裕中，注重五大经济区之间的均衡发展。根据 2017~2021 年五大经济区推进共同富裕在发展水平均衡层面的情况（见表 4-7），全省整体发展水平均衡得分从 0.3545 稳步提升至 0.3743，反映出改革成效初显。但区域间差异依然显著，成都平原经济区始终领先，川西北生态示范区长期垫底，表明"核心—边缘"结构尚未根本改变。

表 4-7　2017~2021 年四川省五大经济区发展水平均衡得分

地区	2017 年	2018 年	2019 年	2020 年	2021 年
四川省	0.3545	0.3581	0.3611	0.3704	0.3743
成都平原经济区	0.4583	0.4581	0.4610	0.4693	0.4737

① 数据来源：《2022 年四川省国民经济和社会发展统计公报》。
② 数据来源：《2022 年成都市国民经济和社会发展统计公报》。
③ 数据来源：《攀西经济区"十四五"转型升级发展规划》。

地区	2017 年	2018 年	2019 年	2020 年	2021 年
川南经济区	0.3888	0.4022	0.4082	0.4067	0.4084
川东北经济区	0.2113	0.2177	0.2233	0.2404	0.2477
攀西经济区	0.4477	0.4396	0.4384	0.4448	0.4442
川西北生态示范区	0.1793	0.1844	0.1815	0.1987	0.2027

从时间维度来看，四川省发展水平均衡得分连续增长，年均增幅为
1.4%，其中 2020 年增速最快（+2.6%），这一趋势表明了省级统筹政
策的有效性，但增长平缓也暗示深层次改革仍需突破。其中，成都平原
经济区作为全省核心增长极，发展水平均衡得分从 0.4583 升至 0.4737，
年均增幅仅有 0.8%，显著低于川东北经济区、川南经济区等后发地区，
它在高基数下的低速增长，反映出"先发优势"与"边际效益递减"并
存；川东北经济区的发展水平均衡得分从 0.2113 跃升至 0.2477，年均增
幅达 4.1%，尤其是 2020 年受政策倾斜（如乡村振兴专项支持）推动，
当年增速达 7.7%，它在低起点下的高速增长表明政策红利释放效果显
著；川南经济区的发展水平均衡得分在 2019 年达到峰值 0.4082，之后
小幅回落，这可能与产业结构调整（如化工产业转型）引发的短期阵
痛有关，需警惕"增长失速"风险。

从空间维度来看，四川省五大经济区推进共同富裕在均衡发展层面
存在明显的层级分化格局。2021 年，四川省各经济区的发展水平均衡
得分呈现"成都平原（0.4737）>攀西（0.4442）>川南（0.4084）>
川东北（0.2477）>川西北（0.2027）"的梯度分布，这与地理区位、
资源禀赋高度相关。成都平原经济区依托政策、交通与产业集聚优势，
与其他经济区（示范区）的差距较大（极差达 0.271）。其中，成都平
原经济区与攀西经济区构成"双核"，但后者依赖矿产资源的单一模式
导致抗风险能力弱（如 2018 年因大宗商品价格波动而发展水平均衡得
分下滑）；而川东北经济区、川西北生态示范区作为"洼地"，基础设
施与公共服务短板明显，2021 年两区地区生产总值总和仅相当于成都

平原经济区的 27.7%[①]。

二 基于发展质量升级的四川共同富裕评估

四川省作为西部经济大省，在推进共同富裕中，五大经济区呈现差异化发展特征。2017~2021 年数据显示（见表 4-8），全省发展质量升级得分从 0.2558 提升至 0.3294，年均增长 6.5%，表明改革成效逐步显现。然而，区域间发展不平衡问题依然突出，川西北生态示范区以0.5763 的得分（2021 年）领跑全省，而川东北经济区的得分仅为0.2647，差距达 2.2 倍。这种时空分异既反映了政策导向的阶段性成果，也揭示了区域协调发展的迫切性。

表 4-8　2017~2021 年四川省五大经济区发展质量升级得分

地区	2017 年	2018 年	2019 年	2020 年	2021 年
四川省	0.2558	0.2728	0.2897	0.3267	0.3294
成都平原经济区	0.2476	0.2628	0.2920	0.3165	0.3028
川南经济区	0.1971	0.2266	0.2363	0.2795	0.2713
川东北经济区	0.2020	0.2111	0.2255	0.2647	0.2647
攀西经济区	0.2719	0.2720	0.2706	0.3351	0.3882
川西北生态示范区	0.4701	0.5040	0.5190	0.5511	0.5763

从时间维度来看，四川省及其五大经济区的发展质量升级得分整体呈阶梯式增长与阶段性波动。四川省发展质量升级得分 5 年间保持稳步增长，但增速逐年放缓。2018 年增幅达 6.6%，2021 年则降至 0.8%，可能与经济基数扩大及改革深化难度增加有关。其中，成都平原经济区作为全省引擎，得分从 0.2476 增至 0.3028，但 2021 年首次出现回落（较 2020 年下降 4.3%），或受产业结构调整阵痛影响；攀西经济区则异军突起，2020 年后增速跃升至 23.8%（2021 年达 0.3882），得益于钒钛资源开发与清洁能源产业的政策倾斜；川西北生态示范区的发展质量升级得分年均增长率达 5.2%，得分远高于其他区域，2021 年得分

---

① 数据来源：《2021 年四川省国民经济和社会发展统计公报》。

（0.5763）接近全省均值的两倍，凸显生态价值转化与绿色发展模式的潜力。

从空间维度来看，四川省五大经济区的发展质量升级得分存在明显的阶梯差异和功能定位分化。成都平原经济区作为增长极，其辐射带动能力不足，2021 年得分（0.3028）仅比川南高 11.6%，未能形成显著的溢出效应；攀西经济区与川西北生态示范区得分的快速增长更多依赖资源禀赋，区域间产业链协作较弱，尤其是川西北生态示范区依托生态保护补偿机制和文旅融合政策，发展质量升级得分长期领先；川东北经济区、川南经济区受限于传统产业比重较高，2021 年得分仅为 0.2647 和 0.2713，亟须转型升级。

三　基于发展能力提升的四川共同富裕评估

作为西部经济大省，四川省近年来大力推进共同富裕，五大经济区在发展能力提升层面呈现动态变化。从时间维度来看，2017～2021 年，全省整体发展能力提升得分从 0.0833 稳步增长至 0.1278（见表 4-9），年均增长率为 11.3%，表明推进共同富裕在资源配置、产业升级等领域发挥了积极作用。

表 4-9　2017～2021 年四川省五大经济区发展能力提升得分

地区	2017 年	2018 年	2019 年	2020 年	2021 年
四川省	0.0833	0.0885	0.1150	0.1228	0.1278
成都平原经济区	0.1426	0.1532	0.1974	0.2137	0.2266
川南经济区	0.0500	0.0518	0.0754	0.0807	0.0841
川东北经济区	0.0389	0.0401	0.0722	0.0832	0.0812
攀西经济区	0.0656	0.0710	0.0730	0.0727	0.0755
川西北生态示范区	0.0677	0.0697	0.0615	0.0491	0.0496

从空间维度来看，区域间发展差异显著：成都平原经济区的发展能力提升得分远超其他区域（2021 年为川南经济区的 2.7 倍、川东北经济区的 2.8 倍），其高附加值产业发展较好、人才与资本集聚效应显著，

然而其辐射能力尚未充分释放，周边区域未能有效承接产业转移，虹吸效应可能加剧区域失衡；川南经济区、川东北经济区受限于传统产业比重高、创新能力不足，发展能力提升缓慢，需通过跨区域协作与产业链延伸，形成差异化竞争优势；攀西经济区资源依赖性强，需推动钒钛产业向高端制造延伸，并依托清洁能源优势探索低碳发展模式；川西北生态示范区的生态保护政策限制工业化进程，但其生态旅游、特色农牧业潜力巨大，需通过生态补偿机制与绿色金融支持，实现"绿水青山"向"金山银山"转化。这种分异格局既体现了区域资源禀赋与政策导向的差异，也凸显了推进共同富裕在协调发展中的挑战。

第四节　发展水平、质量和能力视域下四川推进共同富裕的总体态势

一　四川共同富裕发展水平的总体趋势

（一）城乡差距呈稳步缩小态势，但总体进程趋缓

推动城乡融合是我国进入新时代后为促进城乡协调发展采取的重要举措，其核心就在于将城镇和农村视为一个紧密联系、相互依存的整体来进行综合规划，充分发挥城镇的引领作用，推动农村的发展，最终构建和谐的新型城乡关系。城乡二元结构引起了党中央的高度重视，进入21世纪后，党中央先后提出了统筹城乡发展战略、脱贫攻坚战略、乡村振兴战略、健全城乡融合发展体制机制等宏观战略举措，旨在破除城乡分割的二元结构矛盾，为新时代我国城乡关系的创新发展提供战略指引和新的动能。正因如此，党的二十大报告强调要坚持农业农村优先发展，坚持城乡融合发展，畅通城乡要素流动。

处在新时代新阶段，四川省以城乡融合发展为核心进行了一系列改革探索并取得了显著成果，这对于改善城乡关系、推进城乡融合具有重要作用。例如，成都西部片区被确定为国家城乡融合发展试验区；四川

全省设立了县域城乡融合发展改革试点30个[①]。然而，受到历史矛盾和现实困境的综合影响，四川省在构建新型城乡关系、推进城乡融合发展方面面临严峻挑战，任务艰巨，尤其是有一些发展基础相对薄弱，同时也存在历史欠账的地区。幸而，由于城镇化的推进速度加快，城乡融合优化了城乡地域间的区位、规模以及功能关系，进一步调整了四川全省的区域经济格局，同时这也有利于区域发展差距的缩小。

虽然当前四川省城乡差距在逐渐缩小，但是速度较慢。2021年，四川省城乡居民人均可支配收入比虽下降至2.36，但与沿海发达地区相比仍有明显差距。[②] 而且，农民收入保持持续增长态势的动力、支撑不足，如何促进低收入人口增收、实现可持续发展是重点。除了收入外，四川省城镇与农村在基本公共服务方面也存在不小的差距。

（二）城乡居民人均可支配收入比有所下降

四川省居民2022年全年的人均可支配收入为30679元，去除通胀影响后，较2021年增长3.4%。根据收入来源划分，工资性收入15234元，占人均可支配收入的49.66%；经营性收入6045元，占人均可支配收入的19.70%；财产性收入1974元，占人均可支配收入的6.43%；转移性收入7427元，占人均可支配收入的24.21%。根据居民常住地进行划分，城镇居民人均可支配收入43233元，去除通胀影响后，较2021年增长2.2%；农村居民人均可支配收入18672元，去除通胀影响后，较2021年增长4.4%。城乡居民人均可支配收入比为2.23，较2021年的2.36来说，城乡居民人均可支配收入比有所下降，收入差距有所缩小。[③]

（三）区域经济增长集核化现象日益突出

四川省牢固树立"一盘棋"思维和一体化发展理念，着力强化川渝互动、极核带动、区域联动，推动成渝地区双城经济圈建设成势见效，在发展态势、创新动能、开放能级、融合融通等方面取得明显成

---

① 城乡融合如何发展 四川30个县先来试点 [EB/OL].百度百家号（四川发布），2018-06-04. https://baijiahao. baidu. com/s? id=1602313210083893043&wfr=spider&for=pc.

② 数据来源：四川省人民政府。

③ 数据来源：四川省人民政府。

效。2021 年，成渝地区双城经济圈实现地区生产总值 73919.2 亿元，比上年增长 8.5%，经济总量占全国的 6.5%。① 这说明成渝地区双城经济圈已然成为全国高质量发展的重要带动力量，它驱动全国经济发展的动力作用初步得到展现。

一方面，极核发展能级加快提升。成都综合实力不断增强，建设践行新发展理念的公园城市示范区获国务院批复，四川天府新区迈入国家级新区第一方阵，成都东部新区、西部（成都）科学城加快建设，天府实验室、国家川藏铁路技术创新中心启动建设，成都天府国际机场建成投运，世界 500 强企业、领事机构落户数量均居中西部第一，2021年地区生产总值为 1.99 万亿元，居全国副省级城市第三，常住人口超2000 万，居全国副省级城市第一。成都都市圈加快建设，成都都市圈环线高速公路全线通车，100 项政务服务事项实现同城无差别受理，2021 年地区生产总值达 2.5 万亿元，具有国际竞争力和区域带动力的现代化都市圈建设取得阶段性进展。②

另一方面，区域经济板块竞相发展。五大经济区协同发展，作为四川省经济稳增长的"压舱石"成都平原经济区 2021 年地区生产总值占全省地区生产总值的 61.1%；川南经济区也不甘落后，在经济增速上保持领先，地区生产总值增速位居五大经济区第一；川东北经济区也在稳步推进区域发展；攀西经济区在创新开发资源方面成绩斐然；川西北生态示范区则是继续保持自身绿色发展的特色。区域中心城市日益壮大，绵阳、德阳、乐山、宜宾、泸州、南充、达州 7 个市 2021 年地区生产总值全部超过 2000 亿元，其中绵阳、宜宾超过 3000 亿元，绵阳科技城新区、宜宾三江新区、南充临江新区建设起步成势，区域中心城市的产业和人口承载能力持续提升，带动力、影响力、竞争力明显增强。③

（四）特殊区域转型升级面临瓶颈

革命老区、脱贫地区、民族地区、盆周山区这些特殊区域是四川区

---

① 数据来源：四川省人民政府。
② 数据来源：四川省人民政府。
③ 数据来源：四川省人民政府。

域发展的突出短板和推进共同富裕的薄弱地区。整体来看，这些地区一般产业结构偏传统，特别是新兴产业的发展遇到较大的瓶颈和困难，实现传统经济向创新经济的跨越发展面临以下几个方面的问题。一是产业投资力度偏小，一批现代化特色产业项目亟须培育和壮大，特色农产品产地初加工和深加工项目的布局尚未完善；基础设施对欠发达地区的促进作用并未充分发挥；具有优质旅游资源的地区也未能积极激发出旅游资源应有的活力。二是企地战略合作不深，国有企业产业、技术、人才等优势与特殊区域资源禀赋未能很好结合，使得这些特殊区域未能在资源利用开发上实现技术转型，未能打造出新的经济增长支柱。三是特殊地区乡风文明建设不足，政府单一主体参与乡村风貌、乡村文化、传统民居打造的压力较大，社会、民众等多元主体缺失。

二　四川共同富裕发展质量的总体趋势

（一）城乡基本公共服务均等化推进较快，但实现程度偏低

在走新型城镇化道路的背景下，四川省不断促进城乡基本公共服务均等化，提升均等化水平。当前，四川省基本公共服务均等化水平整体处于一个稳步增长的状态，但均等化水平并不高，城乡居民所能获取到的服务仍然存在较为明显的差距，还有一系列问题亟待解决。

一方面，供给水平和质量不均等。随着"以人为本"的新型城镇化不断发展，基本公共服务均等化进程不断推进，但在实际推进过程中仍然存在一系列问题。第一，四川省政府作为基本公共服务的供给主体对不同服务领域的供给支持力度存在明显的不均等，进而使得各方面指标的均等化指数呈现较大的区别。例如，公共基础教育作为均等化水平最高的方面指标，2014~2018年均等化指数平均值达到0.996，而均等化水平最低的公共医疗卫生，2014~2018年均等化指数平均值为0.548。[①]第二，由于长期以来的城乡二元经济体制，四川省城乡之间不仅仅在供

---

① 王雄. 新型城镇化进程中城乡基本公共服务均等化研究［D］. 西华师范大学硕士学位论文，2021.

给总量上有差距，供给质量也极不均等。就公共医疗卫生领域而言，城镇的医疗卫生资源包括但不限于软硬件设施相比农村领先了一大截。无论是人均病床数量、卫生机构数量，还是医生诊疗技术、专业医生数量、人性化服务等，城镇都显著优于农村，医疗供给水平差距仍然较为明显地存在着。

另一方面，支出责任与财力不匹配。在当前不断推进新型城镇化开展的大背景下，四川致力于实现城乡基本公共服务均等化的目标，但在实际推进中均等化的效果并不尽如人意。而造成均等化水平并不理想的一个重大问题便是城乡基本公共服务支出责任与财力的不匹配。"以人为核心"的新型城镇化准则不断要求政府加快自身职能转变进程，因此政府作为供给主体的责任更加突出。而细化到具体的支出责任上，地方以及基层政府又相应地肩负了更多的责任。然而，对于经济并不十分发达的人口大省而言，如四川省，所要承担的基本公共服务支出责任远远大于其自身财政能力所能承受的限度，巨大的财政压力导致地方政府不能完全履行其应当承担的责任。

（二）公共服务资源大量向欠发达地区聚集，但效果有限

在脱贫攻坚时期，国家、省上向脱贫地区等欠发达地区投入了大量的财政资金以提高其公共服务水平。基本公共服务资源持续向农村、边远地区等欠发达地区倾斜，四川省欠发达地区的公共服务设施条件明显改善。在"十四五"时期，为了进一步促进公共服务区域协调发展，四川省继续加大对高原藏区、凉山彝区、革命老区等欠发达地区的基本公共服务财政投入和公共资源配置力度，优先安排政府基本公共服务投资项目，促进巩固拓展脱贫攻坚成果与乡村振兴有效衔接，实现欠发达地区基本公共服务供给达到省级标准。可以说是大量的公共服务资源向欠发达地区聚集，但是这些资源的聚集并没有推进欠发达地区公共服务优质化发展，仅仅依靠公共服务资源的堆积来提高公共服务水平，效果是极其有限的。既没有实现为欠发达地区的居民提供高质量公共服务的目标，也未能将公共服务资源成功转化为经济发展的基础。

（三）民生兜底保障体系渐趋完善，但保障范围较窄

目前，四川省基本建立起覆盖全民、城乡统筹的社会保障体系，社会保障待遇水平逐步提高。一方面，把农民纳入社会保障体系，基本建立起覆盖城乡的社会保障网络；另一方面，农民的社会保障水平远远低于城镇职工，消除城乡之间社会保障的巨大差距仍需持续用力、久久为功。2020年，全省城乡居民基本养老保险参保人数达3222万人，参保率达96.4%；农民基础养老金经过5次调整，由最初的55元提高到105元。城乡居民医保参保人数达6715万人，参保率连续三年稳定在98%以上；政策范围内住院报销比例提高到70%，是"新农合"政策实施之初的2倍。农村低保标准达到每人每月432元。尽管如此，农民的社会保障水平与城镇职工相比差距依然较大。2020年，全省城乡居民基本养老保险平均领取水平为每月157元，仅为城镇职工的6.9%。① 农民由于整体缴费水平低，实际领取标准更低。医保方面，仅以报销药品种类为例，农民能报销的药仅三四百种，城镇职工却有两千多种。

除此以外，城镇和农村在社会保障项目上也存在明显差异，与城镇当前已然普及的"五险"相比，农村的社会保障项目极其匮乏，仅有养老、医疗两项普及较广，针对农村的社会保障项目甚至没有。当前农民在初次分配中处于弱势地位，在再次分配中依然处于弱势地位，要弥合城乡之间社会保障的巨大鸿沟，至少还需要一两代人的努力。

（四）绿色发展理念广泛融入，但实践反馈不够积极

进入新时代，我国在推进乡村绿色发展方面取得了显著成效，但由于主客观条件的限制，当前仍然面临多重困境。首先，生态环境质量问题仍然突出。由于农业生产和人口密集，一些乡村地区的生态环境遭受了一定程度的破坏，包括土壤污染、水源污染等。这给乡村的可持续发展和农民的健康生活带来了威胁，需要加大环境治理力度，提升生态环境质量。其次，乡村的生产方式转型尚需加强。当前，乡村地区仍然存

---

① 数据来源：四川省人民政府。

在传统农业生产模式的问题，如低效的农业生产方式、单一的农业产业结构等。尤其是四川省部分偏远的农村地区，仍存在自给性这种传统的生产方式。这限制了乡村经济的发展潜力，也制约了农民持续增收的能力。最后，乡村绿色发展的制度保障尚不完善。乡村地区在生产生活方式上的农业污染、垃圾污染、污水污染现象还广泛存在，急需可操作性强、具体清晰的乡村绿色发展制度来制约污染行为。当前，四川省在乡村资源环境方面的政策制度相较于实际发展情况滞后，难以有效地规制约束环境污染、资源利用率低等现象。

三　四川共同富裕发展能力的总体趋势

（一）整体受教育水平有所提高，但两极化较明显

近年来，在脱贫攻坚、成渝地区双城经济圈等多项国家政策的推动下，在省政府增强教育支出以开展普及义务教育、发展高等教育等情况下，四川的教育水平得到了极大的提高，教育资源配置也得到了改善，人口素质不断提升。但四川人口受教育程度仍低于全国平均水平，且地区间差异较大。第七次全国人口普查结果显示，四川省常住人口中，15岁及以上人口的平均受教育年限为9.24年，文盲人口为333万人，每10万人中具有小学及以下、初中、高中、大学文化程度的人数分别为3.13万人、3.14万人、1.33万人、1.33万人。与全国其他地区相比还存在差距，具有初中、高中、大学文化程度的人数均低于全国平均水平。2020年，成都市15岁及以上人口的平均受教育为10.85年，"三州"地区却均不足8年。① 地区之间依然存在明显差距，还需持续关注、补齐短板。

（二）高素质农民群体规模扩大，但数量仍较稀缺

随着《中华人民共和国乡村振兴促进法》出台和《中共中央办公厅 国务院办公厅关于加快推进乡村人才振兴的意见》《国务院关于促进乡村产业振兴的指导意见》等一系列政策文件印发，高素质农民发展的

---

① 数据来源：四川省统计局。

政策环境持续优化。四川省在国家政策文件的指导下，结合本省实际深入推进了开展农民教育培训和农业职业教育的相关部署，以期打造出一支高素质农民队伍。尤其是随着返乡人才政策文件的出台，更多人才返乡创业，扩大了农村高素质农民的队伍规模。

虽然群体规模扩大，但是高素质农民群体的类别数量仍较稀缺。一是高素质生产型农民。重点针对留守低龄老人、返乡农民工、种植养殖大户、家庭农牧场主等群体，提升他们推动农业高质量发展的生产能力，造就一批懂农业、敢创业、促共富的产业振兴先导者。二是高素质技术服务型农民。重点针对农技服务人员、涉农大中专毕业生、技术型退伍军人、农业企业雇佣工人、传统手艺能工巧匠等群体，提升他们推动农业社会化服务的商业能力，造就一批有匠心、精技术、善经营的生产服务引领者。三是高素质经营管理型农民。重点针对返乡大学生、青年农场主、合作社带头人、下乡创业者等群体，提升他们推动农业组织变革的经营管理能力，造就一批有胆识、能革新、会统筹的农业管理变革者。四是高素质社会治理型农民。重点针对村委自治人员、乡村代课教师、返乡能人、大学生本土人才等群体，提升他们推动乡村社会和谐发展的治理能力，造就一批有文化、甘奉献、爱农村的基层治理笃行者。

（三）职业培训投入变大，但内容供给较单一

2019 年以来，四川在全省范围内开展高素质农民全产业链技术技能和经营管理培训。截至 2022 年底，全省累计培育高素质农民超过 38 万人。① 职业培训投入的资金不断增加，但职业培训菜单设计尚不能体现良好的效果，需要围绕"高"字展开。

一是思想水平高。以田间党课为抓手，开展国家战略、"三农"政策、核心价值观、法律法规、"三风三治"等内容培训，提升其政治站位；开发乡村礼堂、农耕博物馆、农家书屋等乡土教育资源，激发其爱

---

① 丰收节上，10 名四川高素质农民创新创业先锋代表接受颁奖［EB/OL］.百度百家号（身边 24 小时），2023－09－23. https://baijiahao.baidu.com/s？id＝17778167849408683 40&wfr＝spider&for＝pc.

乡情怀；借助院坝会议、小院舞台、村歌村晚传播社会新风尚，提升其道德素养。

二是生产技术高。针对主要粮食作物、经济作物等的种植生产，开展相应的技术培训，前者主要是全生产周期的技术培训，后者主要是全方位质量管理的培训。除此之外，坚持藏粮于地、藏粮于技，一方面加强土地管理培训，另一方面加大农业技术培训的力度。

三是管理能力高。坚持集约高效的衡量标尺，针对现代农场、乡村旅游等各个不同的项目开展管理培训，以提升项目的运营能力水平。坚持乡村善治的建设目标，为了进一步提升乡村自治德治法治能力水平、建立良好的乡村社会公序良俗，积极开展如普法等的各种教育培训。

四是商业智慧高。开设商业伦理、职业道德、质量管理、市场营销、品牌建设、资本运营、供应链管理等课程，提升市场运营能力；增设视频制作、带货话术、网店经营、爆品打造、流量获取等互联网内容，积极培育乡村电商带头人、农民网红主播，催生乡村新业态。

（四）注意物质与精神文明协同推进，但精神文明建设仍较滞后

近年来，四川在大力推动经济快速发展的同时，也不放松社会主义精神文明建设，这极大地提高了整个社会的文明程度，增强了本省人民的精神力量，推进了本省社会主义先进文化的蓬勃发展。进入新时代，随着"五位一体"的中国特色社会主义事业总体布局的明确，随着共同富裕是物质和精神的双重富裕的进一步明确，四川加强了精神文明建设，但是与真正实现精神富裕目标还有着一段不短的距离。四川具有深厚的文化历史底蕴，其文化遗产、红色资源丰富璀璨，这是四川建设成为新时代文化强省得天独厚的优势，但在以下五个方面存在不足：一是文明城市创建的追赶跨越目标未实现；二是推进文明村镇、文明单位、文明家庭、文明校园创建的形式单一，辐射效果较弱；三是"德耀巴蜀"品牌建设对深入推进公民道德建设的作用尚未发挥完全；四是不能完美匹配群众需求，从而未能拓展新时代文明实践中心建设；五是志愿服务事业的支撑点未落脚在制度体系建设上。

第五章 四川推进共同富裕的
制约因素

党的二十大报告指出："问题是时代的声音，回答并指导解决问题是理论的根本任务。"因此，在全面推进中国式现代化的进程中，以问题为导向，对四川省实现共同富裕所遇到的深层矛盾与现实障碍进行准确把握，是凝聚力量推动共同富裕目标真正实现的关键所在。

第一节 四川推进共同富裕制约因素识别模型的构建

本节拟采用夏普利值分解法对四川省推进共同富裕的制约因素进行识别。

一 OLS 回归基础上的分解

将四川省推进共同富裕现状的综合得分作为被解释变量 Y，将发展水平均衡、发展质量升级、发展能力提升分别作为解释变量 X_1、X_2、X_3，从而进行 OLS 回归分析。运用 STATA 17.0 软件对调查样本数据进行计量统计，先对解释变量进行方差膨胀相关性检验，结果认为不存在多重共线性。因此，回归模型采用理论驱动的全域变量纳入法，将所有的解释变量和被解释变量引入回归模型中，进行系数估计以及显著性检验。根据输出结果，通过 F 检验发现其统计量的概率值均为 0.00，由于 0.00 小于 0.01，因此随着解释变量的引入，其显著性概率值均远小于

0.01，说明模型能够通过检验。具体的解释变量检验结果如表5-1所示。

表 5-1　OLS 回归分析结果及夏普利值贡献率

解释变量	回归系数	标准误	显著性概率	贡献率
发展水平均衡	0.006	0.008	0.443	60.52%
发展质量升级	0.278	0.009	0.000	21.34%
发展能力提升	0.746	0.011	0.000	18.14%
常数	-0.005	0.003	0.109	

从表5-1可以看出，将"发展水平均衡""发展质量升级""发展能力提升"作为解释变量进行OLS回归分析，"发展水平均衡"的回归系数没有通过10%统计水平的显著性检验，说明"发展水平均衡"对共同富裕的影响不显著。"发展质量升级"和"发展能力提升"回归系数的 p值为0.000（<0.01），即均通过1%统计水平的显著性检验，说明"发展质量升级"和"发展能力提升"会对共同富裕产生影响。

二　基于 OLS 回归结果 R^2 的夏普利值分解

采用夏普利值分解法，从"发展水平均衡""发展质量升级""发展能力提升"三个层面分解四川省推进共同富裕过程中的促进因素和阻滞因素。

由表5-1可知，"发展水平均衡""发展质量升级""发展能力提升"三个维度对共同富裕的贡献率有一定的差距，其中贡献最大的是"发展水平均衡"这一维度，为关键促进因素。以促进区域经济更高效、更公平、更可持续的发展为核心，致力于确保市场在优化配置区域资源方面发挥决定性作用，同时更有效地发挥政府的调节功能。推动各地区实现协调、协同、共同发展，同时保持各地区经济、人口、生态三者之间的空间均衡。最终目标是形成不同地区之间公共服务大体均等、生活条件大体均等、生活水平大体均等、经济分布与人口分布大体均衡、经济和人口分布与当地资源环境承载能力相协调的状态。有研究指出，为了促进区域发展水平的均衡，需要对资源禀赋、产业发展、经济规模、投入机制以及要素参与五个方面进行综合考量。

从资源禀赋角度来看，清晰认识区域内资源状况，制定具有约束力的绿色发展指标，是实现区域可持续发展的基础。对于拥有丰富自然资源的地区，应注重资源的合理利用与保护，推动绿色产业的发展，实现经济与环境的和谐共生。

在产业发展方面，应以创新发展为核心，以高品质、特色化为导向，提升区域自我发展能力。通过引进先进技术和管理经验，推动产业集群的形成和发展，提高产品质量和服务水平，增强区域整体竞争力。

在经济规模方面，应突破单纯的总量指标，向更广的区域协调发展迈进。各地区应发挥自身优势，实现互利共赢。发达地区应带动欠发达地区的发展，以实现区域内的平衡和协调发展。

在投入机制上，以开放的发展理念促进市场持续扩展，要求以标准化商业环境取代传统粗放式投资机制。加强市场监管，提高市场准入标准，推动企业规范化发展，为区域发展提供更好的制度保障。

在要素参与上，共享发展思想强调以人的利益为中心，营造人人参与、各尽所能的良好氛围。通过加强社会信用体系建设，推动企业和个人的积极参与，形成良好的社会风尚。

综上所述，关于地区自我发展能力，新发展理念提出了新要求，为推动区域的可持续发展奠定了理论基础。准确把握发展能力这一关键因素，将促进因素转化为推进共同富裕的动力。因此，区域自我发展能力的培育需要结合实际并综合考虑各种因素，各地通过不断探索和实践，找到适合自己的发展道路。

第二节　四川推进共同富裕面临的挑战

一　推进共同富裕与经济基础薄弱的矛盾

在推进共同富裕的过程中，四川省还存在经济基础薄弱的问题。四川省务必要将发展的主动权牢牢掌握在自己手中，赶超东部地区发展速度，提高自身发展效率，将生产力发展水平推到新高度，努力缩小区域发展差距。

（一）坚决守住不发生规模性返贫底线任务艰巨

群众脱贫不意味着不会返贫，四川省内部分脱贫群众的脱贫致富能力不足，部分脱贫地区也存在返贫的风险，防止规模性返贫的任务完成难度较大。

一是外部因素带来的风险。四川省脱贫群众居住的自然环境较为恶劣。有研究显示，返贫人口中五成以上的人口在返贫当年遭受了自然灾害的冲击，有16.5%的家庭因自然灾害导致收成减半，甚至有高达42%的家庭连续两年受灾。① 部分脱贫户经济基础较为薄弱，防灾机制和抗灾能力略显不足。灾害冲击后的生产生活都会受到很大的影响，部分脱贫家庭很可能无法承担灾害带来的损失从而再度陷入贫困。基础设施往往在自然灾害的冲击下会受到一定的损坏。重点帮扶县主要位于过去的深度贫困地区，它们在易返贫致贫人群中占有最大比重。相对来说，这些区域环境恶劣、经济落后、物资匮乏、灾害频发、基础设施薄弱、科技落后，诸多因素的影响导致其生产活动难以开展，返贫致贫风险更高。

二是内部因素带来的返贫风险。脱贫群众普遍存在文化程度较低、思想观念落后、技能水平不足、医疗环境较差等问题。当前，脱贫群众整体发展水平较低，主要表现在以下几个方面。第一，在受教育程度方面。研究显示，脱贫地区80%以上的劳动力接受的教育是初中及以下，说明脱贫群众所接受的教育较少，学习能力和自主脱贫能力不足。在脱贫攻坚时期，部分脱贫户受国家政策的帮扶提高了家庭的生活水平，但部分群众还存在一些"等靠要"思想。部分脱贫户文化程度较低，以及缺乏对外部环境的认知，没有意识到会再次陷入返贫的困境，间接地

---

① 丁文广，陈东梅．农村贫困地区的灾害风险管理研究［J］．干旱区资源与环境，2010，24（5）：69—73.

促使规模性返贫风险扩大。第二，在身体健康方面。一些脱贫群众还可能会出现因病返贫致贫，究其原因，主要是缺乏经济资本以及对政策的了解不足。农村低收入者遭遇重大疾病，很大概率会导致一系列的"蝴蝶效应"。比如，家庭经济收入减少、压力大、意外事故等一系列连锁反应，从而导致因病返贫。第三，在社会网络方面。由于社会网络的影响，脱贫群体内部成员之间的影响程度不断深化，导致脱贫群体相互模仿而作出短视或非理性的决策。① 第四，在职业技能方面。脱贫群众的技能精准度不高，无法有效满足其工作需要。四川省各县乡村级政府将脱贫群众"关起来"培训，培训内容与群众实际需求相分离。这种培训方式可能会让脱贫群众感到被忽视，无法充分满足他们的需求，从而无法发挥作用。因此，在聚焦精准度、产业覆盖面等方面还有进一步上升的空间。

（二）保持经济总量持续稳定增长面临严峻挑战

实现中国式现代化对经济发展提出了一系列要求。其中，保持经济持续较快增长是本质要求，也是对量的要求，为质提供物质基础，创新驱动产业转型升级则是必经之路。② 2023 年上半年，四川着力推动高质量发展，扎实推进"四化同步、城乡融合、五区共兴"策略，主要经济指标持续回升，发展潜力不断提升，经济运行呈持续恢复、稳步发展的趋势。然而，由于结构性因素和周期性矛盾的交织，经济发展中不平衡不充分的问题凸显，实现经济可持续增长的根基尚不稳固。③

一是外部经济环境错综复杂。第一，经济波动较大。受疫情常态化、中美贸易战的影响，2022 年四川省经济运行波动明显较大，经济增速从第一季度的 5.3%，到前三季度的 1.5%，再到全年的 2.9%，变

---

① 陈茜，汪三贵.规模性返贫的底线评判、潜在风险与防范机制［J］.湖南农业大学学报（社会科学版），2023，24（2）：39-48.

② 周云波，章骏斌，郭金兴.中国式现代化视角下的经济增长、产业升级与企业创新［J］.金融市场研究，2023（6）：1-15.

③ 张立东.在科学研判形势中找准问题增添举措 苦干实干奋发有为做好下半年经济工作［N］.四川日报，2023-07-21.

动幅度达 3.8 个百分点，明显大于全国的波动幅度。如果看季度增速，波动会更大。第二，存在生产结构性分化。从服务业来看，在外部环境的冲击下经济恢复乏力，2022 年全省服务业增加值增长 2.0%，增速低于全国、低于全省、低于全省第一和第二产业，服务业占地区生产总值的比重最大，但它对全省经济恢复的带动力仍不足。从工业来看，稳步增长的基础还需夯实。企业生产经营状况持续承压，从数据来看，PPI和 IPI"剪刀差"持续扩大，2022 年末"剪刀差"达 3 个百分点，工业企业成本压力持续上升，导致中下游企业盈利空间被挤压，同时也加剧了生产结构的分化趋势。① 第三，贸易摩擦的不确定性导致扩大国际贸易增加了难度。"脱钩"会阻碍外循环，使中国经济转型面临困境。由于四川与美国的进出口主要集中在电子零部件产品等方面，受外部环境和芯片短缺等因素的叠加影响，对外贸易高速增长的动能将逐步减弱，且存在较大的波动风险。

二是内部需求不足。第一，需"紧抓"实体经济。在工业方面，全力实施六大优势产业提质倍增计划，加快重大产业和重点技术改造项目建设，助力工业经济集约集聚发展水平提升。在农业方面，抓好粮食和重要农产品稳产保供，深入实施农产品精深加工提质工程，提高"川字号"农产品的品牌影响力。② 在服务业方面，实施商贸服务业企业"千户培优"行动，旨在推动三产的深度融合发展。始终秉持"大抓产业项目、抓大产业项目"的理念，分别对产业、企业及项目进行精选、优选、严选，全力引进优质企业，以确保项目的有效落实。第二，需"扩大"市场需求。作为内陆地区，四川省需加大高水平对外开放力度以推动高质量发展。以市场实际需求为导向开展生产活动，激发社会资本活力，促进房地产市场平稳健康地发展。抓住消费旺季，激活消费潜力，通过打造旅游线路，发放消费券和文旅券等手段刺激消费，让经济

---

① 蒋小波，丁娟，邱静雅，等 .2022：四川经济实现"V型"反转 [J].四川省情，2023（2）：33-36.

② 张立东 . 在科学研判形势中找准问题增添举措 苦干实干奋发有为做好下半年经济工作 [N].四川日报，2023-07-21.

活跃起来。① 紧盯市场主体、摆脱困境，确保政策的落实，确保市场主体能及时、足额、无障碍地享受到政策红利。第三，需"接受"数字化考验。近年来，互联网技术加速创新，服务贸易成为数字化程度最高的贸易，数字贸易也成为推动智能制造的重要动力。四川省发展数字贸易可以通过做大做强数字产业集群、推动本土产业数字化转型，但也面临数据资源利用率较低、技术创新基础较薄弱、融合发展能力较弱、数字治理能力水平不高、市州数字产业发展不足等挑战。

（三）市场主动性、积极性和创造性调动不充分

近年来，四川省越来越重视发挥市场机制在推进共同富裕进程中的作用，建设高水平的市场经济体制能够增强经济发展活力，提高经济发展效率，促进生产力发展和物质财富增长，增加有效供给，筑牢共同富裕的物质基础。高水平社会主义市场经济体制能够通过优化市场经济的供求、价格等机制，形成竞争性的市场关系，消除区域间、城乡间甚至国内外的各种市场壁垒，更好地助力四川省经济发展。在推进建设高水平社会主义市场经济体制的过程中，四川省还存在市场主动性、积极性和创造性调动不充分的问题。

一是市场参与主动性、积极性不强。首先，四川省市场经济惠及于民的领域还需拓展。目前，四川省参与推进共同富裕的市场大多为大型基础设施建设领域，虽然是必要且必需的领域，但惠及的与人民生活密切相关的领域尚需扩展。其次，市场经济促进共同富裕实践的方式和路径有待创新。尤其是部分企业的劳动主体参与度不够问题突出，发挥人民群众的主动性和创造性仍有较大空间。

二是市场创造性不足。首先，在市场经营和产业发展方面，伴随着脱贫攻坚战的全面完成，产业同质化问题凸显。一些脱贫地区出现产业结构问题凸显、融合程度不高、资金制约等诸多问题，产业带动农民增收的能力也相对较弱。其次，在市场治理模式方面，一些民营企业仍采

① 王进，何子蕊. 四川：苦干实干施良策 多拉快跑开新局 [J]. 中国改革报，2023-09-08.

用家族治理模式。这在企业发展前期能够发挥较好作用，但从长期来看，粗放式管理弊端逐渐暴露，不利于企业的现代化发展，更不利于企业主动参与实现全体人民共同富裕的中国式现代化。最后，在市场产业链方面，需进一步加快推动产业链和供应链现代化，促进制造业转型升级，打造具有国际竞争力的先进产业集群。

二 推进共同富裕与多元协同治理能力较低的矛盾

目前，四川省还面临着制度优势转化为治理效能效率较低、企业参与度不够、社会公众参与渠道不通畅的问题。

（一）将制度优势转换为治理效能效率低下

目前，四川省在推动中国特色社会主义制度优势转化为治理效能的进程中，面临着比脱贫攻坚时期更加复杂的形势，需要破解制度执行力待提升、制度执行监督需完善、制度优势转化评价体系尚未完全建立等难题。

一是制度执行力待提升。首先，存在顶层设计与落实衔接的矛盾。从制度的实际运行情况来看，在制度体系的纵向衔接上面临着顶层设计理想化与地方落实适应性不足的矛盾。制度建构的目标宏观而广泛，涉及范畴较广，这无形中增加了基层政府的落实难度。此外，基层政府在实际落实过程中往往缺乏科学规范的指导和健全有效的监督机制，进而导致出现"一刀切"的现象。[①] 其次，制度实施保障不足。新时代面临更加艰巨繁重的改革发展稳定任务，这些任务耗费了四川各级政府的大量时间和精力，极其容易降低制度优势转化为治理效能的效率。

二是制度执行监督需完善。制度，贵在执行和落实。即使制度再完备，也需得到充分有效的执行，方能充分激发其内在优势，并转化为有效的治理效果。[②] 然而，各种相机化行为存在于基层治理的制度执行过

---

① 徐凤月，魏晓文．新型政党制度优势转化为治理效能的实现机制及优化路径［J］．长白学刊，2023（1）：49-60．
② 徐凤月，魏晓文．新型政党制度优势转化为治理效能的实现机制及优化路径［J］．长白学刊，2023（1）：49-60．

程中。例如，有些地方政府对制度执行采取消极态度，对于上级政府制定的程序和规范仅象征性地执行，最终导致制度执行效果严重偏离既定的预期目标。

三是制度优势转化评价体系尚未完全建立。制度优势转化评价体系是衡量制度优势转化效果的"标尺"。然而，现实是公认的评价体系尚未形成。首先，制度优势转化评价缺乏相应的顶层设计。国家尚未围绕制度优势转化评价颁布具体实施细则和相关标准，给基层开展制度优势转化考核带来了挑战。虽然四川省逐步将制度落实情况纳入政府部门的年度目标考核和督查体系中，但在督查的内容、责任主体、方法和结果运用等方面还没有明确规范的评价方法和依据。其次，制度优势转化评价缺乏科学的考核指标体系。制度优势转化效果是一个综合性概念，需要从多维度多层面综合评判，但由于缺少完善的评价指标体系，各地在开展制度优势转化评价时陷入了"如何确定转化考核项目、采用何种方法进行评价、评价环节和项目在体系中的权重如何设置"等困境。最后，制度优势转化的奖惩机制不健全。现行制度文件未构建制度执行的奖惩考核机制。虽然部分地方将考核工作纳入政府目标管理的年度绩效考核体系，但这些宏观层面的激励措施难以为制度执行提供持续动力。同时，惩罚机制不足，一定程度上损害了制度的权威性，削弱了制度优势。[①]

（二）企业力量参与推进共同富裕激励不足

企业力量在市场配置资源中起着重要作用，应当积极贯彻新发展理念，稳步推进企业高质量发展，为实现共同富裕奠定坚实的基础。但在四川省的多元协同治理实践中，由于治理主体和治理机制的冲突，未能体现企业参与的职能。

第一，政府行政干涉过多。虽然企业的加入能够填补政府治理的不足，但从长期来看，政府既期望企业发挥其优势，又顾虑企业的加入会

---

① 徐凤月，魏晓文．新型政党制度优势转化为治理效能的实现机制及优化路径［J］．长白学刊，2023（1）：49-60.

分散其权力。企业参与推进共同富裕受到政府的干涉和控制。

第二，部分企业对履行社会责任的认识不到位。企业的经营理念并未体现共同富裕的思想，企业更多是通过慈善、捐赠等行为回报社会。但在四川省经济高速发展、社会快速转型的同时，在社会民生领域还存在不少短板，城乡融合发展和收入等方面存在一定的问题。企业拓展到社会责任领域，参与到养老、住房、健康、环保等社会民生问题的解决，既可以发现新的商业机会，也可以为实现共同富裕作出贡献。

第三，企业参与实现共同富裕的激励机制尚不明确。突出体现在两个方面。一方面，缺乏综合性专项政策，各部门合作力度不足。当前，各部门多从自身的关注点和职责范围出发支持推动企业股权激励工作，各自为政、缺乏协调、缺乏支持。另一方面，税收支持政策不够完善，缺乏探索和创新。

（三）社会组织参与推进共同富裕渠道不畅

社会组织在实现共同富裕中发挥着不可替代的作用。为了实现共同富裕目标，四川省政府一直进行相关的研究推进工作。但社会组织参与推进共同富裕的渠道还未畅通，一定程度上影响了四川省共同富裕工作的推进。

一是社会组织参与程度不足。一方面，部分脱贫地区的社会组织处于起步阶段，规模不大，参与乡村治理较少。另一方面，农村地区发展的复杂性对治理能力提出了较高要求。由于治理能力不足、经验匮乏等因素，社会组织在推进共同富裕中的作用未能充分发挥。

二是发展环境有待优化。社会组织的发展处于特定的环境中，环境对它们具有重要的影响。部分社会组织在社会上产生了一些负面影响，虽然政府为此对它们进行了处理，但成效甚微。社会环境带来了不少的潜在影响，导致社会组织会受到社会公众的关注，从而无疑阻碍了社会组织的发展。[1]

---

[1] 高燕，孙凯丽. 共同富裕视域下社会组织高质量发展路径研究——以浙江省为例 [J].学会，2023（4）：34-39.

三是监督机制尚待完善。除了法律监管以外，对社会组织的监督还需要多方参与，需要充分发挥多方协作的作用，来规范社会组织的运行。目前，四川省关于对社会组织的监督没有设置明确的规定，导致公众对社会组织监督的积极性较差。

三　推进共同富裕与财政供给不足的矛盾

近年来，我国财政体制不断发展完善，财政作为国家治理的基础和重要支柱，在发展社会主义市场经济与全面建设社会主义现代化国家的过程中发挥了至关重要的作用。然而，当前四川省在推进共同富裕的同时面临着财政供给不足的问题，这在一定程度上阻滞了实现共同富裕的脚步。

（一）省市县三级财政收入质量一般

财政收入既是经济发展的结果呈现，也能反映经济运行的质效。财政收入并非越多越好，而应该讲究质量，在宏观上关注财政收入的有效性，在微观上则关注财政收入的真实性。[①] 结合宏微观数据，可见四川省市县三级财政收入质量在一定程度上制约了构建新发展格局的脚步。

从省级层面来看，2022 年四川省地方一般公共预算收入 4882.2 亿元，同比增长 2.28%。其中，税收收入 3151.1 亿元，占比 64.54%；非税收入 1731.1 亿元，占比 35.46%。[②] 从增速来看，2022 年税收收入同比下降 5.51%；非税收入同比增长 20.34%，二者差距较为明显。之所以形成这一情形，主要是受留抵退税影响，税收收入增速开始逐步放缓，非税收入逐步成为四川省财政收入实现正增长的关键。一般来说，税收收入占一般公共预算收入的比重越高，财政收入质量就越高，反之则越低。2022 年数据显示，税收收入占比较大（达到 64.54%），但与 2021 年税收收入占比（69.86%）相比略有下滑[③]，这意味着财政收入

---

①　唐金倍，苏志诚，林燕珍. 提高地方财政收入质量的若干思考［J］.财政科学，2020（3）：112-115.

②　数据来源：《2022 年四川省国民经济和社会发展统计公报》。

③　数据来源：《2022 年四川省国民经济和社会发展统计公报》。

质量有所下滑。

从市级层面来看，在全省 21 个市州中，有 18 个市州的财政收入实现正增长，仅南充市（-27.66%）、自贡市（-8.35%）、攀枝花市（-7.3%）为负增长。南充市 2022 年财政收入为 104.8 亿元，与 2021 年相比减少 40.07 亿元，财政运行较低迷，财政压力较大。而财政收入正增长的 18 个市州中，眉山市（13.19%）、达州市（12.58%）、乐山市（12.17%）、遂宁市（12.75%）、雅安市（10.5%）的财政收入增幅均超过了 10%。眉山市 2022 年财政收入为 156.09 亿元，同比增长率全省最高，实现了强势反超，然而税收收入仅为 76.54 亿元，呈现大幅减少的趋势，非税收入高达 79.55 亿元，相比 2021 年增长 58.09%，非税收入的暴涨是眉山市财政收入高速增长的关键，但这种增长大概率不会持续，财政收入质量没有得到实质性的提高。①

从县级层面来看，四川省多数县域财力较弱，仅 11 个县域的一般公共预算收入在 50 亿元以上，且除眉山市仁寿县外均属于成都市。② 县级财政减收，财政能力不足，财政收入质量不佳，政府运行困难。

（二）财政自给能力总体相对较弱

未来的财政改革应从厘清中央和地方收入、科学划分地方各级政府收入、完善省级以下地方财政体制改革、推动财力向困难地区和基层倾斜等方面入手，而适度提高地方政府财政自给能力是其中的关键。③

在财政分权体制下，地方政府拥有一定程度的财政自主权，可以根据管辖地区的实际情况支配财政收支，可以说财政自给能力关系地方政府财政的可持续发展与地方经济社会的高质量发展。④ 若地方政府财政自给能力不足，可能导致决策偏差，减弱增加财政收入、提升财政支出

---

① 数据来源：《四川省统计年鉴（2022）》。
② 四川省区县 2022 年经济财政债务大盘点［EB/OL］. 金融界，2023-03-29. https://baijiahao. baidu. com/s？id=1761665553347626019&wfr=spider&for=pc.
③ 张凯锋. 云南县级政府财政自给能力影响因素研究［D］. 云南财经大学硕士学位论文，2022.
④ 张凯锋. 云南县级政府财政自给能力影响因素研究［D］. 云南财经大学硕士学位论文，2022.

效率的积极性。

四川省位于中国西南部，虽然综合财政实力较强，但财政自给能力较弱，居全国中游水平。2022 年，四川省一般公共预算收入为 4882.2 亿元，同比增长 2.28%；一般公共预算支出为 11914.7 亿元，同比增长 6.23%，财政自给率（一般公共预算收入/一般公共预算支出）仅为 40.98%，财政自给能力相对较弱，对上级转移支付的依赖度较高。2022 年财政自给率（40.98%）相较于 2021 年（42.56%）有所降低，说明四川省没有解决财政自给能力不足的问题。同时，省内两极分化严重，仅成都市财政自给率超过 75%，而阿坝州、甘孜州的财政自给率均低于 15%，它们严重依赖上级转移支付。[①]

当前我国处于高质量发展阶段，四川省政府长期存在财政压力，过度依赖上级，不利于发挥四川省地方政府主动作为的积极性。同时，受经济下行和区域发展分化的影响，四川省财政收支矛盾越发明显，中央财政不断加大对地方政府的转移支付力度，地方政府对转移支付的依赖度持续上升，而转移支付转化效率不足，反过来增加了中央政府的转移支付压力，不利于实现经济社会的高质量、可持续发展。

（三）中长期资源投放存在供需缺口

四川省委十二届二次全会提出以"四化同步、城乡融合、五区共兴"为总抓手统揽四川现代化建设全局，财政厅以此为指引，提高财政资源配置效率，提升财政政策效能，科学合理推进资金投向结构调整，加强重大战略任务财力保障。四川省财政抓住机遇，聚焦新型工业化和战略性新兴产业，拟安排资金 130.7 亿元推动工业转型升级，集中支持一批重大技术改造、重点产业化和创新成果转化项目实施。与此同时，在基础设施建设方面，省级财政拟安排资金 449.8 亿元，支持引大济岷工程、岷江老木孔航电枢纽工程等水利、交通、城镇建设等领域项目。[②]

---

① 数据来源：《2022 年四川省国民经济和社会发展统计公报》。

② 四川财政.2023 年四川如何加强资源统筹 集中财力办大事要事？［EB/OL］.腾讯网，2023-01-12. https://mp.weixin.qq.com/s/B8lceus_BjaULWTIALhC3g.

当前，四川省仍面临产业层次偏低、传统资源型和原材料工业以及重化工业占比较大等问题。反映到财政上，则是 2020 年制造业创造税收占比仅为 22.2%，不仅低于东南地区的省份，还低于西部的其他省份。① 中长期资源的大力投资极其微弱的成效和回报造成了四川省财政的巨大压力，导致投资跟不上、供给不足，从而出现供需缺口。

（四）政府财政面临"旧账""新账"双重压力

四川省作为债务大省，债务问题较为突出，存在"旧账"还未偿还又添"新债"的不良局面，亟待通过加强监管和采取有效措施缓解和解决债务问题。

截至 2022 年底，四川省地方政府债务余额为 17705 亿元。其中，一般债务余额为 7177 亿元，专项债务余额为 10528 亿元。从相对规模来看，四川省地方政府债务总余额与地区生产总值之比约为 31%，专项债务余额与地区生产总值之比约为 19%，两者均高于西藏地区且低于四川周边其他省市（云南、重庆、甘肃）。②

总体来看，四川省举债规模相对较大，经济发展对债务融资的依赖度相对较高，债务负担相对较重，存在"旧债"还未偿还，又欠下"新债"的不良状况。四川省财政厅亟待通过健全政府债务管理体制机制，充分发挥政府债务融资的积极作用，防范和化解政府债务风险，增强财政可持续性。

四 推进共同富裕与人民美好生活异质需求的矛盾

不论是解决社会主要矛盾还是扎实推进共同富裕，都是党中央坚持以人民为中心执政理念的集中体现，目的都是不断满足人民日益增长的

---

① 罗志恒｜四川："天府之国"的财政体制、特征与债务形势［EB/OL］.搜狐网，2022-11-05. https：//news. sohu. com/a/602985606_465450.
② 第一财经. 四川地方政府债务余额位列全国第五｜地方政府债务规模与投向分析［EB/OL］.新浪网，2023－08－14. https：//finance. sina. cn/2023－08－14/detail－imzhcuzf 6341772. d. html? sinawapshareource＝newsapp&wm＝32000001.

美好生活需要。① 但从现状来看，我国社会发展的不平衡不充分问题仍然突出，推进共同富裕与满足人民美好生活异质需求存在矛盾，阻碍人民美好生活的愿望实现，也是实现共同富裕的"拦路虎"。

（一）城乡区域特色发展的供给-需求响应联动机制不健全

党的二十大报告将"协调"摆在区域发展中的突出位置，对区域发展作出了更加具有长远性的部署和安排。"协调"发展的含义不再等同于以前以城市为核心的城市规划，而是转变为以城带乡，推进城乡融合发展，在融合中形成区域特色发展，构建供需响应的联动机制。当前，除了已经初步形成产业化结构的区域，大多数区域还拘泥于限定区域内的自我封闭式发展②，缺少区域之间畅通的要素流动通道来实现城乡资源要素的融合发展，供给-需求响应联动机制不健全不完善。这种现象难免影响城乡区域特色发展的广度和深度。

从均衡发展和资源配置方面来看，城市和乡村被赋予了不同的功能和定位。城市是资源聚集区，经济高速增长；乡村则是资源待开发区，经济平稳增长。由于城市和乡村的区域发展不平衡，容易出现城市发展的"单人表演"，引起城市资源供给过剩、资源禀赋浪费、乡村资源供给不足等问题，导致城乡差距持续扩大。在此情况下，区域特色发展成为解决问题的良药，通过特色资源要素的升级与产业结构的打造，促进城乡融合发展，构建健全的供给-需求响应联动机制，为实现良好的城乡区域特色发展提供可能性。

（二）基本公共服务供给难以满足不同群体的多元化需要

在《全球幸福指数报告》的榜单中，居民幸福指数较高的国家均具有人口基数小、福利好、公共服务建设完善、医疗和教育免费普及、贫富差距小等特点。对于我国尤其是四川来说，人口基数大、基础设施

① 杨仁忠，叶盛杰．坚持以解决新时代社会主要矛盾扎实推动实现共同富裕［J］．河南师范大学学报（哲学社会科学版），2023，50（1）：10-18.
② 程响，何继新．城乡融合发展与特色小镇建设的良性互动——基于城乡区域要素流动理论视角［J］．广西社会科学，2018（10）：89-93.

不完善等特点无法在短期内得到改变。因此，完善公共服务体系成为短期内提升居民幸福指数的重要手段。

然而，不同个体对公共服务的需求及其社会信任和幸福感水平都存在着明显的差异①。随着经济发展水平和居民生活水平的不断提高，居民的公共服务需求逐渐呈现个性化、差异化和多元化的特征。社会治理不够精细化，导致政府公共服务供给和居民公共服务需求之间出现了不均衡态势。与此同时，随着城镇化的不断推进，大量农村人口向城镇转移，公共服务需求在"质"和"量"上都有了显著的提升，城镇原有的公共服务供给已经难以满足居民的需求，亟待形成多元的公共治理结构。

政府应当及时认识、主动承担并积极解决公共服务供给过程中出现的问题，重视居民公共服务需求的个性化、差异化和多元化，关注居民公共服务满意度的影响和作用，并积极采取措施去提升公共服务供给水平和居民公共服务满意度。

（三）兜底性、普惠性民生保障体系的群众共享性和可及性差

进入新时期，社会主要矛盾的变化揭示了民生建设已经跨过原有的社会生产力落后导致的物资匮乏阶段，民生保障与改善已经不是简单的产品生产与供给能力的问题，而转变为产品供给质量问题②，增强民生建设与经济发展需协同推进。政府需要注意区分不同群体、辨别所处阶段，统筹全局，从实际出发，扎实推进共同富裕。

然而，民生建设不可能一蹴而就，当前兜底性、普惠性民生保障体系面临着群众共享性差和可及性弱的困境，必然会经历不断调适、不断纠偏的过程和步骤。既要做到统筹推进经济、政治、社会、生态、文化的协调发展，又要着力解决好群众最关注的重点问题，促进共同富裕的实现。

---

① 符艳萍. 居民公共服务满意度对幸福感的影响研究［D］. 云南财经大学硕士学位论文，2023.
② 王政武. 新时代共享民生保障体系构建——基于我国社会主要矛盾新变化的视角［J］. 长白学刊，2019（5）：114-121.

（四）"供给错位"和"供给过剩"问题未得到有效解决

政府作为非常重要的公共服务供给方，必须充分发挥好自身在公共服务供给中的主导核心作用。[①] 然而，政府供给方式由于存在体制型缺陷和运行型缺陷[②]，在一定程度上会出现失效状况，主要表现为由于在生产过程中存在一些制度缺陷，产生了供给过剩和供给错位等问题；同时，随着公众对公共服务需求的不断增长，出现公共服务规模大幅扩大、公共财政支出压力越来越大等问题。

当前，我国文化资源愈加丰富，群众的选择也越来越多样化。我国的公共文化服务需求也正在逐步向更高层次发展，要提升公共文化服务的效能，就必须重视群众在这方面的实际需求。为了解决公共文化服务设施"供给错位"和"供给过剩"等问题，应该着重从供给侧发力，针对性地满足脱贫群众的文化需求，提高公共文化服务供需的匹配程度，实现公共文化服务的"精准供给"，更好地满足广大民众的需求。

---

① 吴美香. 公共服务供给方式研究 ［D］. 厦门大学硕士学位论文，2008.
② 崔治文，王田，张少楠. 甘肃省农村公共产品供给机制绩效研究——基于SSP范式 ［J］. 财会研究，2023（4）：4-11.

第二篇

共同富裕路径

本篇旨在通过揭示四川当前推进共同富裕与发展不平衡不充分之间的矛盾，剖析推进共同富裕的影响因素，探索其作用机制，并进一步结合政策体系创新，从促进共同富裕发展水平均衡、发展质量升级与发展能力提升三个维度对四川如何推进共同富裕展开论述。

第六章 四川共同富裕的发展水平均衡

本章主要针对四川推进共同富裕与发展不平衡的矛盾，从发展水平失衡的客观事实出发，进一步在城乡、区域、群体层面，研究三个问题：四川推进共同富裕与发展不平衡的矛盾有哪些具体表现；推进共同富裕如何导致这些矛盾；如何针对城乡、区域及群体，促进共同富裕的发展水平均衡，实现城乡、区域、群体的均衡发展。

第一节 四川推进共同富裕与发展不平衡

一 城乡发展不平衡

党的十八大以来，四川城乡关系发生了显著变化，城乡之间进入关系持续优化和深度融合阶段，全省城乡要素市场培育有效推进、城乡产业体系建设成效显著、城乡公共服务普惠度大幅提升、城乡居民收入差距持续缩小，但仍存在五个"双重"的现实矛盾。

（一）城乡空间协同面临城乡分割与区域分化的双重障碍

随着城乡空间融合发展深入推进，四川省城镇化进程加速推进，已进入以城市型社会为主体的新时代。但四川推进城乡空间协同仍面临城乡分割与区域分化的双重障碍。四川既有大城市又有大农村，城乡差距与区域差距相互交织，城乡二元结构明显，2022年全省常住人口城镇化率、户籍人口城镇化率分别比全国低 6.87 个、8.8 个百分点①，在收入水平和公共服务等方面，城乡依然存在明显差距。突出体现在两个方面。

在城乡空间方面，城市、县城、乡镇与村庄之间的结构及其功能仍待优化。全省部分先行地区初步形成了以"城市—县城—乡镇—村庄"体系为载体的产业和治理分工体系，大部分城乡空间结构和功能仍有待调整，特别是在秦巴山区、"三州"等发展相对滞后区域，城乡"中心—外围"结构显著，县城承载能力有限，无法支撑城乡空间融合发展。在区域空间方面，不同区域需要探索符合自身发展需要的城乡融合路径。四川省内地理类型丰富，区域分化，城乡空间资源配置不合理、不均衡，从而导致城乡空间融合存在差距和短板，突出表现为农村基础相对较为薄弱，面临严重的村落空心化和农业边缘化问题，无法实现城乡相互促进、融合发展的状态。② 如何破解当前城镇化进程中凸显出来的问题，调整优化城镇结构，统筹推进大中小城市发展，赋能城乡空间融合发展，成为缩小城乡差距，进一步促进共同富裕发展水平均衡的重要课题。③

（二）城乡产业互动与链条不完备与体系不均衡之间的矛盾

城乡产业融合发展，是增强发展内在联系和内生动力，实现城乡均衡发展的关键。近年来，四川深入推进城乡融合发展，目前已取得实质性成效，但城乡产业互动不足困境仍未打破。当前，产业发展的差异，是构成城乡差距的重要因素。④ 因此，坚持以城带乡、推动城乡互补的核心在产业。作为典型的发展不平衡不充分的省份，四川的城乡产业融合存在差距和短板，主要体现在两个方面。

从产业链条来看，产业环节缺失、产业链短、集聚度和融合度不

① 数据来源：《中国统计年鉴（2023）》。
② 张琦.如何实现城乡融合发展和乡村振兴互促互进［J］.国家治理，2021（16）:3-7.
③ 孙世芳.破解当前城镇体系突出问题［N］.经济日报，2022-07-01（11）.
④ 冯永泰.新时代城乡融合发展的依据、问题与路向——基于马克思恩格斯城乡关系理论视角［J］.当代经济研究，2023（8）:23-31.

高、产业体系不均衡导致城乡产业浅融合和同质化。广大农村更多的还是依靠传统农业，农村的第二、第三产业虽有所发展，但它们所占比重仍较小。此外，产业关联度不高，产业链的集聚和整合力度不大。统计数据显示，2021 年全省 128 个县（市）有 78 个省级及以上开发区，仅有 13 个营业收入超 500 亿元，全省水果、蔬菜产地初加工和商品化处理率仅为 40% 左右。① 从产业结构来看，城乡产业间发展不均衡造成城乡之间产业出现浅层次融合和同质化发展问题。特别是在乡村旅游休闲业发展的过程中，已经出现了显著的同质化倾向。如何深化城乡产业互动，进一步带动城乡融合全面深化、推动城乡互补，成为缩小城乡差距的关键抓手。

（三）城乡要素平等交换面临政策限制与市场分割的双重障碍

党的二十大报告指出："坚持农业农村优先发展，坚持城乡融合发展，畅通城乡要素流动。"随着新型城镇化进程的推进，城乡要素双向流动程度提高，但自由和充分对流的难度尤为巨大，城乡要素流动壁垒犹存，在四川主要表现为城乡之间各类要素的不充分不平衡流动，突出表现为单向性的流动，双向流动不畅，突出体现在三个方面：一是城镇化的"不完全性"；二是土地管理制度的"不适应症"；三是资金要素流动不畅等。②

具体来说，从土地要素方面来看，农地经营效益低下导致的抛荒、低效利用问题较为严重。集体建设用地供需空间矛盾难以破解，农村宅基地闲置与乡村发展建设用地不足的结构性矛盾严重，乡村二三产业项目落地难已经成为各地乡村发展普遍面临的重大制约。从劳动要素方面来看，在城乡居民权利差异、劳动边际回报率差异和乡村传统治理对外来群体天然排斥等的制约下，农村劳动力"候鸟式"流动、入乡人才不足等问题仍普遍存在。从资本要素方面来看，政策的不确定性与农村

---

① 数据来源：《四川统计年鉴（2022）》。
② 周文. 新型城镇化和乡村振兴背景下的城乡融合发展研究［J］. 政治经济学评论，2022，13（3）：87–101.

产业自然风险、市场风险叠加，抑制了社会资本下乡的收益预期。从数据要素方面来看，数据要素共享依然面临巨大的城乡和区域鸿沟，数字孤岛现象凸显。总体来说，城乡要素平等交换面临政策限制与市场分割的双重障碍。

（四）城乡公共品供给面临效率递减与结构失衡的双重瓶颈

实现城乡基础设施一体化布局和公共服务均等化供给，是城乡融合发展的内在要求，也是推进乡村全面振兴和共同富裕的重要战略举措。然而，当前四川省城乡公共品供给存在不均衡现象，突出体现为城镇在公共服务供给的数量和质量上明显优于农村。[①] 直观表现在城乡基本公共服务的水平和质量上。在基础设施方面，农村存在前期投入不足且后期缺乏管护维修，导致基础设施水平较低；在社会保障方面，农村居民所享受的社会保障有限，没有完善的参保体系，且保障水平较低；在教育方面，农村教育资源供给相对于城镇明显不足；在医疗方面，农村医疗器械较落后甚至不具备必要的医疗器械，医务人员能力也非常有限。基础设施、社会保障、教育资源和医疗资源配置不足以满足需求，严重影响着农村的发展。

总体上，四川城乡公共品供给面临效率递减与结构失衡的双重瓶颈。在供给效率上，四川地理条件多样，深丘、高山、高寒等地区经济发展基础薄弱，公共品分布范围广、后续管护环节多且成本高，自上而下的外部依赖性供给导致交易成本较高。在供给结构上，随着城乡人口分布和空间功能的变化，公共品差异化需求增加，但部分地区或部门采取了把城镇公共品复制到农村的方式，导致部分公共品供给相对过剩，同时新型农村社区对公共活动空间、老幼照料中心、文化服务站点等农村实际需要的公共品供给不足，无法满足多元社会需求。

（五）城乡人口流动面临城镇化放缓与乡村机会有限的双重压力

2022年12月，习近平总书记于中央农村工作会议上指出，"要破

---

① 《"志存高远"：城乡公共服务资源分布不均，如何提高乡村公共服务水平？》（四川省人民政府网站，sc.gov.cn）。

除妨碍城乡要素平等交换、双向流动的制度壁垒，促进发展要素、各类服务更多下乡"。推动城乡融合发展的关键在于人才，促进人才在城乡间自由流动成为推动城乡协同发展的关键抓手，这需要建立健全城乡统一的土地和劳动力市场，畅通城乡人才双向流动通道，全面盘活城乡两端的人才资源，带动产业、资本等要素在城乡之间良性循环，为乡村振兴赋能，为新型城镇化创造条件，为促进城乡融合发展和构建双循环新发展格局提供重要支持。

但现实是，四川城乡人口流动面临城镇化放缓与乡村机会有限的双重压力。其一，城镇化总体趋缓。2022年，全省城镇化率仍低于全国平均水平近7个百分点，且增速相比2018年明显下降①，城镇人口吸纳能力趋弱、就业空间收窄。其二，农民家庭经济韧性下降。收入增长趋缓、刚性支出比重提高等变化使农民家庭经济韧性下降。同时，农业经营效率较低。2022年，四川第一和第二产业劳动生产率之比仅为1：4.76。② 农村经济韧性下降使得人口回乡的缓冲空间收缩，也造成对城市入乡群体的挤出。

城镇化放缓与乡村机会有限的双重挤压导致了城乡要素流动的不畅。城镇化放缓使得城市新增就业岗位增长缓慢，城市就业机会减少，减少了人才向城市的流动。乡村机会不足限制了乡村吸引和留住人才的能力，使得乡村人口回流受限。城乡人口无法实现双向自由流动，从而形成促进城乡人口双向流动与城镇化放缓、乡村机会有限之间的矛盾。如何在城镇化放缓、乡村机会有限的限制下，促进城乡人口双向流动，成为抑制发展不平衡、促进全社会共同富裕的难题之一。

二　区域发展不平衡

（一）经济发展与环境保护之间的矛盾

经济发展与环境保护一直以来都是政策制定者的重点关注对象。近

---

① 数据来源：《中国统计年鉴》。
② 数据来源：《2022年四川省国民经济和社会发展统计公报》。

年来，四川省深入推进高质量发展，发展与保护的关系得到缓和。但现实是，四川横跨五大地貌单元，是长江上游重要生态屏障，包含多个国家层面的限制开发区域——重点生态功能区，同时也是脱贫攻坚的重点领域。具体来看，全省重点生态功能区共涉及 10 个市（州）、58 个县（市、区），数量居全国第一，面积占全省面积的 65.4%。重点生态功能区作为限制开发区域，关系生态安全，重点生态功能区设立的目的在于保持并提高生态产品供给能力，制约了以高能耗、高污染、高排放为特征的粗放型经济发展方式，因而地区发展滞后且缓慢，发展与保护协调的挑战尤为尖锐。

生态产品价值"变现"为破解这种挑战提供了新的"解法"。但生态资源价值转化依然面临供给难、抵押难、交易难和变现难等多环节难点，地区生态资源"变现"能力不足，生态补偿机制不健全，生态产品价值实现不足，导致区域协调发展失衡。因此，正确认识并妥善应对发展与保护协调的挑战，实现发展与保护协调发展仍是四川区域协调一体化发展的关键突破口。

（二）区域协调发展需求与基础设施通达程度较低之间的矛盾

"九层之台，起于累土。"基础设施是国家和区域竞争力的重要标志，是经济和社会发展的基石。[①] 目前，四川省存在基础设施通达程度较低的明显短板，突出表现为乡镇村层面与居民日常生活密切相关的公共设施、交通基础设施不足，主要表现在高速铁路建设和进村入户的道路建设上。[②] 四川地域辽阔，川西地区或偏远农村地区等地方的基础设施建设仍处于较低水平，尚不能满足当地人民的需求。此外，全域内基础设施通达程度不均衡现象突出。

统计数据显示，四川省交通运输基础设施通达程度还不够高，路网覆盖联通不够。一是快速网不够发达。截至 2021 年 11 月，四川省仍有 12

---

① 范力. 发力现代基建 夯实发展之基 [J]. 当代贵州, 2022 (27): 21-22.
② 郑长德. 新时代民族地区区域协调发展研究 [J]. 西南民族大学学报（人文社科版）, 2018, 39 (4): 92-100.

个市（州）未通高速铁路、47 个县（市、区）未通高速公路。① 二是干线网尚不完善。截至 2022 年 12 月，甘孜州未通铁路，市域（郊）铁路发展处于起步阶段，普通国省道技术等级偏低，成都都市圈内城际快速通道"断头路"现象较为突出，川渝之间有 18 个普通国省道省际出口公路等级不一致，干线公路与城市道路衔接不顺畅。三是基础网覆盖仍然不足。截至 2021 年底，39.1%的乡镇不通三级及以上公路，36.5%的 30 户及以上自然村不通硬化路。② 成都至攀西、川西北通道单一，川南至攀西缺少直连通道。总体上，四川省交通基础设施条件有限，总量不足、结构不优、通达深度不够，内联外通的路网尚未完全形成，限制了区域协调发展。

（三）基本公共服务均等化需求与地区发展不平衡现状之间的矛盾

西部大开发战略实施以来，四川省经济迅速腾飞，但省内各区域间发展不平衡现象较为明显。现阶段，地区间发展失衡导致基本公共服务供给存在较大差异，而共同富裕的推进要求基本公共服务均等化，所以存在基本公共服务均等化与发展不平衡的矛盾。这种矛盾突出体现在两个方面。

一是地区间的基础教育存在明显差异。统计数据显示，2021 年四川省一般公共预算中教育经费占一般公共预算支出的比例（教育支出强度）为 16.62%，有 13 个市州低于全省平均水平，其中最低的阿坝州比全省水平低 4.79 个百分点；全省人均教育支出为 1812.3 元，最低的德阳市的人均教育支出仅为全省平均水平的 70.52%。③ 这些充分反映了四川省教育资源在不同地区间配置不合理。

二是区域间医疗卫生保障水平存在较大差异。长期以来，四川省卫生健康财政投入严重失衡。统计数据显示，2021 年投入最高的地区和最低的地区相差 8.91 倍，人均卫生健康财政支出最高的地区是最低地

---

① 周佳玲."蜀"写奋进之笔 擘画交通蓝图［N］.中国水运报，2021-11-05.
② 数据来源：《四川省人民政府关于印发〈四川省"十四五"综合交通运输发展规划〉的通知》。
③ 数据来源：《四川省教育厅 四川省统计局 四川省财政厅关于 2021 年全省教育经费执行情况统计公告》《关于 2021 年四川省财政预算执行情况和 2022 年财政预算草案的报告》。

区的 3.44 倍。① 同时，四川省不同地区间医疗卫生资源配置也不合理，具体体现在每千人拥有医疗机构床位数的差异上。

这些体现了在追求基本公共服务均等化的同时，地区发展不均衡的问题。解决这一问题需要政府综合考虑，既要努力提升基本公共服务的均等化水平，也要着力促进地区间的发展均衡。这可能需要采取加大对落后地区的支持力度，优化资源配置，鼓励投资流入地区发展不足的领域，以及加强基础设施建设等措施来缩小地区间的发展差距，确保每个地区都能够获得公平合理的基本公共服务。

三 群体收入差距明显与公共服务失衡

（一）不同群体收入差距较大与全体人民共同富裕之间的矛盾

习近平总书记在中央财经委员会第十次会议上指出，共同富裕是全体人民的富裕，不是少数人的富裕。学术界进一步指出，共同富裕是涵盖所有群体的共同富裕，实现共同富裕需要缩小不同群体之间的收入差距。② 不同群体收入差距较大在四川主要体现在两个方面。

一是城乡居民之间的差距。统计数据显示，四川省城乡居民人均可支配收入的比值由 2015 年的 2.56 下降为 2021 年的 2.36，可见收入差距进一步缩小。但也要看到，城乡居民人均可支配收入的绝对差额进一步扩大，2021 年城镇居民的人均可支配收入比农村居民的人均可支配收入高 23869 元，较 2015 年的差额（15958 元）增加 50%，城乡居民人均可支配收入差距仍较大。③ 二是不同行业人员平均收入的差距。平均薪资存在较大的行业异质性，2021 年在信息传输、软件和信息技术服务业工作的人员平均收入位居第一，达 130608 元，遥遥领先于其他行业人员。而在居民服务、修理和其他服务业，住宿和餐饮业，农、林、牧、渔业工作的人员平均收入则处于较低水平，分别是 46329 元、

---

① 数据来源：《2021 年四川省国民经济和社会发展统计公报》。
② 庞兆丰，周明. 共同富裕中不同群体的致富能力研究 [J]. 西北大学学报（哲学社会科学版），2022，52（2）：74-82.
③ 数据来源：《四川统计年鉴》。

46370 元、51569 元，远远低于行业平均水平。[①]

全体人民共同富裕体现了一种对社会财富分配公平性和人的全面发展的追求，但现实中不同群体之间的收入差距较大与全体人民共同富裕追求之间存在矛盾。四川促进共同富裕发展水平均衡必须破解这一矛盾。

（二）按"要素"分配与农村居民财产性收入低之间的矛盾

在经济学中，"要素"是生产要素的简称，通常指土地、劳动、资本和技术等。在许多地方，特别是在农村地区，土地作为主要的生产要素，对居民的财产性收入有着重要的影响。农村地区的要素市场相对不完善，劳动力、土地和资本的流动性受到限制，阻碍了农民获取更高收入的机会，制约了农民在其他产业或领域获取收入的可能性，限制了农民的财产性收入增长。

统计数据显示，2021 年四川省农村居民财产性收入占比仅为3.34%[②]，而同期城镇居民财产性收入占比达到 8.02%[③]，是农村居民财产性收入占比的 2.4 倍。[④] 可见，农村居民财产性收入占比仍处于较低水平，农民收入结构亟待改善，这既是短板也是潜力。2017~2021年，四川省农村居民财产性收入占比分别为 2.64%、2.84%、3.11%、3.20%、3.34%[⑤]，呈持续增长态势，但仍处于较低水平，农村居民财产性收入占比仍有较大的提升空间。总的来说，按"要素"分配的分配制度与农村居民财产性收入低的现状之间形成了一对矛盾，如何缓解该矛盾成为当前的重点问题。

（三）基本公共服务均等化追求与不同群体间基本公共服务失衡之间的矛盾

四川省不同群体间基本公共服务失衡集中表现在两个方面。一是不

---

① 四川省统计局关于发布 2021 年全省城镇全部单位就业人员平均工资的公告［EB/OL］.四川省统计局网站，2022-05-25. https://tjj.sc.gov.cn/scstjj/wgktjj/2022/5/25/b286d4adf8484e63896de645bd4bfbaf.shtml.

② 农村居民财产性收入占比=农村居民人均可支配财产性收入/农村居民人均可支配收入。

③ 城镇居民财产性收入占比=城镇居民人均可支配财产性收入/城镇居民人均可支配收入。

④ 数据来源：《四川统计年鉴（2022）》。

⑤ 数据来源：《四川统计年鉴》。

同群体间享受的社会保障不同，如医疗保障分为公费医疗、城镇职工医保、城镇居民医保和"新农合"等，且它们独立运行，彼此间待遇差距较大。二是进城务工人员及其子女难以充分享受务工地的基本公共服务。进城务工人员难以享受到与务工所在地户籍人口同等的就业服务，与务工地城镇职工之间社会保障待遇差距很大，参加城镇养老、医疗社会保险的比例很低，住房保障服务严重不足。基本公共服务均等化追求与不同群体间基本公共服务失衡之间的矛盾日益凸显。因此，如何破解这一矛盾，成为促进不同收入群体共同富裕的重点问题。

第二节　四川共同富裕发展水平均衡的影响因素及其作用机制

目前，四川共同富裕发展水平体现出不均衡特点。是什么导致共同富裕发展水平失衡，它们又是如何导致共同富裕发展水平失衡，深入探讨其背后的作用机制对于促进共同富裕发展水平均衡具有重大意义。故本部分基于城乡、区域、群体的视角，分析当前经济社会发展不平衡如何抑制共同富裕发展水平均衡。通过对过往研究成果进行总结，发现影响共同富裕发展水平均衡的因素多而复杂。四川共同富裕发展水平均衡除了受自身自然地理条件影响外，还受到政府政策制度、市场虹吸效应、经济结构等的影响。因此，四川共同富裕发展水平均衡的影响因素大致可以分为四个方面：政策制度因素、经济结构因素、市场化因素和自然地理因素。具体影响因素见表6-1。

表6-1　四川共同富裕发展水平均衡的影响因素

影响因素	具体内容
政策制度因素	非均衡性产业政策
	城乡分割制度
	二元经济结构
	按"要素"分配制度

影响因素	具体内容
自然地理因素	地形地貌复杂
市场化因素	虹吸效应
经济结构因素	产业结构不平衡

一　经济政策和社会制度与收入差距

（一）非均衡性产业政策与城乡收入差距拉大

实现共同富裕首先要通过共同奋斗把"蛋糕"做大做好，然后通过合理的制度安排把"蛋糕"切好分好。[①] 新制度经济学的观点认为，制度及其变迁会影响人们行为进而达到促进经济增长的作用。制度变迁是促进经济充分均衡发展的必要条件。政策在实现共同富裕的进程中起着重要作用。政策引导可以促进城乡、区域、群体融合发展，同样也会导致共同富裕发展水平失衡。四川作为典型的区域发展不平衡不充分的农业大省，收入分配不均衡问题在很大程度上是过去长期实施赶超战略以及非均衡性产业政策的结果。[②] 其中，最重要的是农业支持工业发展政策，包括农业税及工农产品价格"剪刀差"等多种手段[③]，旨在通过掠夺农业剩余价值为工业发展积累资金。这些政策尽管在一定时期内产生了增长效应及就业效应，为共同富裕奠定了坚实的物质基础并创造了大量就业，但也因分配效应造成了收入差距扩大，最终导致发展不平衡不充分局面的产生。也即，非均衡性产业政策在促进共同富裕发展水平提升的同时，也导致了共同富裕发展水平失衡。

（二）城乡分割制度与城乡收入差距扩大

城乡分割制度通过将劳动力市场人为地分割为二元格局进一步加剧

① 张雨．川观评论｜共同奋斗推进共同富裕［N］．川观新闻，2022－10－26．

② 原磊．推动共同富裕的产业政策研究［J］．中国井冈山干部学院学报，2022，15（5）：18－31．

③ 黄茂兴，张建威．促进城乡间分配的共同富裕［J］．政治经济学研究，2021（3）：46－50．

了四川区域发展不平衡不充分的局面。在这种情况下，农民工的工资长期处于低水平并且增长缓慢，最终导致城乡居民收入差距扩大。四川作为我国重要省份之一，经历了从城乡分割到城乡融合。随着城乡融合发展战略的实施，四川省城镇化水平连年提高，但总体低于全国平均水平。2021年，四川省城镇化率为57.82%，比全国平均水平低6.87个百分点。① 除此之外，四川省地区间城镇化水平的差异仍旧明显，2021年仅有成都市、攀枝花市和遂宁市的城镇化率超过全省平均水平。其中，成都市城镇化率最高，为79.48%，但同期"三州"地区城镇化率处于末三位，最低的甘孜藏族自治州仅为31.52%。② 可见，少数民族聚居的地区城镇化水平整体偏低。民族地区作为全面推进乡村振兴的重要组成部分，是推进城乡融合发展的重点难点，也是全体人民迈向共同富裕的重难点地区。

（三）二元经济结构与城乡收入差距拉大

西部地区是我国二元经济结构显著的地区，四川省作为西部第一大省份，具有明显的城乡二元经济结构（见图6-1），这一特点导致其区域经济发展水平差异显著，城乡收入差距明显。规模经济是城市经济的显著特征。③ 而农村经济以小规模分散经营为主，农业科技进步贡献率相对偏低。此外，农业的高风险、长周期特征，使得农业生产力提高较为缓慢。由此，城乡二元经济结构形成，城乡收入差距不断拉大，难以将"蛋糕"分好。统计数据显示，从1996年到2021年，城乡居民人均可支配收入比最大为1996年的3.8，尽管中间有起伏，但总的来说是逐渐回落的。然而，城乡居民人均可支配收入的绝对差距总体上呈现上升趋势，2015年为15958元，2021年增长至23869元。④ 可见，城乡收入差距客观存在。

---

① 数据来源：《中国统计年鉴（2022）》。
② 数据来源：《四川统计年鉴（2022）》。
③ 黄茂兴，张建威．在缩小城乡差距中推动共同富裕［N].中国社会科学报，2022-03-02.
④ 原始数据来自《四川统计年鉴》。

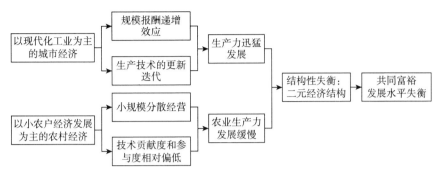

图 6-1　二元经济结构对共同富裕发展水平均衡的影响机制

（四）按"要素"分配制度与城乡收入差距拉大

分配制度的不合理也导致共同富裕发展水平失衡。按"要素"分配制度以"要素"贡献为收入分配依据，使得非劳动性收入在居民收入中所占的比重提升。[①] 然而，不可否认的是，城镇居民和农村居民拥有的生产要素存在较大差别[②]，且生产要素的流转也存在巨大差异，进一步拉开了城乡居民收入差距，导致共同富裕发展水平失衡。按要素贡献参与分配是完善社会主义基本经济制度的需要。不可否认的是，这种分配制度符合经济发展的客观要求，促进了经济的快速发展，但也导致了城乡差距的拉大。主要表现为"收入影响财产，财产影响收入"的循环过程。统计数据显示，2015～2021 年四川省城乡居民人均可支配财产性收入差距持续缩小，由 9.68 倍下降到 5.66 倍。[③] 可见，四川城乡居民财产性收入差距仍然较大。居民财产性收入，充分体现了"富裕"度。缩小城乡居民财产性收入差距有助于促进共同富裕目标的实现。因此，有必要对按"要素"分配制度进行优化。

二　地形地貌复杂多样，经济发展不平衡

地形地貌复杂，是导致四川推进共同富裕发展水平失衡的重要因素

---

① 黄茂兴，张建威．在缩小城乡差距中推动共同富裕［N］.中国社会科学报，2022-03-02.

② 黄茂兴，张建威．促进城乡间分配的共同富裕［J］.政治经济学研究，2021（3）：46-50.

③ 数据来源：《四川统计年鉴（2022）》。

之一。四川地形地貌复杂，主要通过三个途径导致共同富裕发展水平失衡。一是地形地貌复杂导致交通和基础设施建设难度增大，进而影响区域内部的联系和资源流动，导致偏远地区相对落后。二是地形地貌复杂导致资源分布不均，四川一些偏远、不发达地区因地形条件不利而缺乏发展所需的资源或者面临开发难题。三是复杂的地貌导致一些地区生态环境脆弱，需要更多的保护和管理，这限制了某些地区的经济开发，导致共同富裕发展水平失衡。综上，自然地理环境的限制导致交通不便、资源匮乏，导致经济发展缓慢、公共设施欠缺、公共服务水平低下，进而造成四川共同富裕发展水平失衡。

三　成都的虹吸效应明显，要素双向流动不畅

市场化经济的发展有利于提高地方经济活力，可以加快经济要素的流动和优化。① 但不可否认的是，随着市场化经济的迅速发展，虹吸效应凸显。虹吸效应是市场经济的基本规律之一，即优质资本、资源常向市场更为集中的城市和领域聚集和转移。虹吸效应在四川主要表现为城市的虹吸效应。在这种情况下，农村劳动力大量流失，且回流困难。主要表现为由农村到城市的单向流动，进而导致城乡发展不平衡局面的产生。这种不平衡主要表现为城镇化率的不断上升：历次的人口普查数据显示，四川省的城镇化率分别为 9.72%、14.27%、21.29%、26.69%、40.18%和 57.8%。这背后反映的是大量的农村人口向城市流动转移。伴随着人口的流动迁移，城乡差距进一步扩大，共同富裕发展水平失衡进一步加剧。突出表现为成都作为"一干多支"的主干，首位度过高、虹吸效应明显。四川缺乏副中心城市，难以形成多点带动经济、推进共同富裕的局面，进而导致省内共同富裕发展水平失衡问题较为突出。位于四川盆地的省会成都作为四川的金名片，是四川发展的主要增长极，以全省 1/4 的人口贡献了省内近四成的经济总量。自然地理、产业政策

---

① 潘桔. 中国区域经济发展不平衡测度及影响因素分析［D］.辽宁大学博士学位论文，2020.

等因素引导人力、物力、财力等资源向蓉城集中，导致四川省内发展失衡问题较为突出。因此，如何破解成都的虹吸效应，成为四川促进共同富裕发展水平均衡的必由之路。

四 产业结构不平衡，地区、城乡与行业之间发展不平衡不充分

经济结构是经济持续发展的关键因素，而产业结构是经济结构中最重要的部分。产业结构调整升级通过创造更多的高质量就业岗位，为提升全社会财富创造能力赋能，推动共同富裕实现。① 与此同时，产业结构不平衡是导致四川共同富裕发展水平失衡的直接原因。四川各市州的产业结构存在很大差异。统计数据显示，2021 年四川省地区生产总值为 53850.8 亿元，较上年同期增长 8.2%。其中，第一、第二、第三产业增加值分别为 5661.9 亿元、19901.4 亿元、28287.5 亿元，同比增长率分别为 7.0%、7.4%、8.9%，对经济增长的贡献率分别为 9.8%、33.0% 和 57.2%。三次产业结构由 2020 年的 11.5∶36.1∶52.4 调整为 10.5∶37.0∶52.5。② 可见，四川省产业结构逐渐趋于合理，并向优化和升级的方向发展，但不可否认的是第三产业增长速度明显高于第一、第二产业。产业之间发展不平衡已成为共同富裕发展水平均衡的关键制约因素。综合来看，地区、城乡与行业之间发展不平衡不充分的内在原因主要有三点：一是产业之间发展不平衡；二是产业之间的现代化水平差距较大；三是产业根基不牢固。③ 因此，破解产业结构不平衡问题，促进三产深度融合成为推动共同富裕发展水平均衡的关键抓手。

第三节 四川促进共同富裕发展水平均衡的路径

在推进社会主义现代化的进程中，四川需要突破导致共同富裕发展

---

① 张雄，朱胜. 四川区域经济差异与协调发展 [J]. 价值工程，2020，39（1）：116-119.
② 数据来源：《2021 年四川省国民经济和社会发展统计公报》。
③ 李春成. 科技创新助力共同富裕的路径 [J]. 中国科技论坛，2021（10）：3.

水平失衡的机制，推动共同富裕在发展水平均衡方面取得实质性进展。基于此，四川迫切需要创新促进共同富裕发展水平均衡的路径，形成在高质量发展中实现共同富裕的四川范式。

一　缩小城乡发展水平差距

（一）深化户籍制度改革，推动新型城镇化进程

深化户籍制度改革，打破劳动力流动的制度"藩篱"，推进城镇基本公共服务全面覆盖常住人口，加快农业转移人口市民化进程，使之与城镇居民享有同等公共服务权利。[①] 农民工进城务工由于户籍制度限制，面临部门、岗位进入障碍和公共服务受限，最终致使城乡收入差距拉大。要解决这些问题，深入推进户籍制度改革是关键之一。具体来说，一方面，调整优化成都市人口落户政策，全面取消其他城市和县城落户限制[②]。以"愿落尽落"为原则，进一步放宽落户条件、降低落户门槛，有序放宽中心城区落户条件，持续推进新型城镇化建设进程。另一方面，健全以居住地为载体的经常居住地户口登记制度，完善基本公共服务供给机制，确保常住人口和户籍人口享有同等的基本公共服务，使得农村转移人口迁入顺利、居住稳定、生活改善[③]。要使常住人口与户籍人口能够享有同等的基本公共服务，让进城农业转移人口进得来、留得住、过得好。

（二）健全城乡融合发展体制机制，打破城乡要素流动的制度性障碍

着眼解决流通不畅问题，促进要素融合，紧紧扭住"人、地、钱"三个关节点，有序引导人才到农村、资金到农村，让农村土地资源得到充分开发利用。城乡二元结构是造成收入分配、贫富差距的重要原因。

① 蔡宇．提升成都国家中心城市发展能级 调整优化成都落户政策［N］.成都日报，2023-02-28.
② 蔡宇．提升成都国家中心城市发展能级 调整优化成都落户政策［N］.成都日报，2023-02-28.
③ 蔡宇．提升成都国家中心城市发展能级 调整优化成都落户政策［N］.成都日报，2023-02-28.

为了解决这一问题，需突破城乡要素流动中存在的制度性障碍。具体包括但不限于解决农业转移人口市民化问题、统一农村土地进入城乡建设用地市场问题、促进各类要素从城市向农村流动问题，以及解决城乡基本公共服务与基础设施共享共建问题。

针对上述难题，需要在开放的环境下推动城乡融合发展，加大改革力度，不断创新改革思路。在设定改革目标时，应树立系统性思维；在确定改革内容时，需突出重点性思维；在规划改革阶段时，要倡导进化性思维；在构建改革模式时，应提倡特色性思维。在"一干多支、五区协同"的发展格局下，为了促进城乡融合发展，四川应构建完善的体制机制。其中，产城融合发展是关键着力点。这包括但不限于强化和发展在城市中占主导地位的产业，支持成都拓展经济版图，打造总部经济集聚高地、抢占数字经济发展高地，培育壮大战略性新兴产业、开辟未来产业新赛道，同时支持小城镇积极为大中小城市的产业提供配套支持，促进有机衔接。① 另外，城市新区的壮大和发展也至关重要。

（三）完善城乡土地流转机制，激发农村土地市场活力

随着新型城镇化进程的不断加快，四川省农村土地资源大量闲置。同时，由于"三权分离"土地制度的长期施行，农村闲置土地资源难以顺利流转，农村土地市场交易不畅。这需要进一步推进农村土地制度改革，以激发农村闲置的土地资源流动活力，激活农村土地市场，进而加快土地流转，实现土地的规模化经营。同时，促进农村非农产业的蓬勃发展，进而推动农村服务业的壮大。这将吸引更多资本和人才涌入农村，推动农村公共服务业的进一步发展，形成一种良性循环，为乡村振兴赋能。深化农村土地制度改革，在提高农业生产效率的同时，促进农村劳动力向非农产业转移，进一步推动新型城镇化进程。

为了推动土地改革和促进城乡发展，需要财政、社会保障和土地三者相互配合改革，优化城乡土地流转机制，同时着眼于都市圈和城市群

---

① 蔡宇. 提升成都国家中心城市发展能级 调整优化成都落户政策 [N]. 成都日报，2023-02-28.

的发展。农村土地流入市场和城市资本进入农村有助于提高农民财产性收入、推动城镇化和乡村振兴。但目前土地不仅是粮食安全的保障，也承担着社会保障的功能。因此，为了顺利推进土地改革，必须先扩大农民社会保障范围，提升农民的社会保障水平，使社会保障体系取代土地对农民的保障，为土地流转改革铺平道路。这需要推进财政改革，因此土地改革必须与财政、社会保障改革相辅相成，否则单一改革难以推进，且可能引发社会不稳定。在农民进城后，应致力于推动新型城镇化，尤其是加强城市群的建设。实行新增常住人口与土地供应的挂钩机制，城市群和都市圈需增加建设用地供应，稳定大城市房价，从而降低城市产业成本，推动各地区共同富裕发展水平均衡。

二 缩小区域发展水平差距

（一）破解成都的虹吸效应，提高区域均衡发展水平

区域发展的失衡在很大程度上是由市场机制导致的。市场经济的趋利性造就了虹吸效应，使得资源向能够获得较多利润的地方转移，进而形成集聚效应。但不可忽略的是，随着资源的大量流出，周边地区的经济将陷入长期停滞，经济社会发展将遭遇重创。可见，虹吸效应对周边地区的效应为负。这种负效应加剧区域发展失衡是通过"马太效应"实现的。因此，为了缓解经济发达地区对周边欠发达地区的虹吸效应所造成的负面影响，需要进行人为的干预。如果不加以干预，区域发展失衡情况将进一步恶化。

四川省区域发展水平失衡是客观因素、市场因素、政策因素综合作用的结果。在这种情况下，政府有必要针对成都地区的虹吸效应采取更加积极有效的干预措施，引导成都都市圈辐射带动周边地区经济发展，推动四川经济全面发展。具体来说，政府要加大调控力度，引导资本、资源向急需领域、地区流动，实现资本、资源流向的区域、领域均衡，防止资本、资源流动进一步拉大城乡差距，促进公共服务均等化。同时，还要加大财政投入力度，优先投向乡村民生领域。从财政预算抓

起，将预算执行情况列入各级政府考核体系，确保预算到位、执行到位。加大产业转移的力度，把发达地区的产业输入相对落后的地方去。构建多重激励政策。政府职能部门应联合税务等相关部门，对民生领域投资向薄弱地区、薄弱环节投放的项目，给予适当的税费减免政策。建立人才及技术激励政策，鼓励各类人才向农村流动，建立健全的激励和利益分配机制，以促进科技人员下乡、科研成果转化以及先进技术推广。

（二）建立健全产业结构升级长效机制，助力区域协调发展

区域发展不平衡是四川面临的一个突出问题。39 个欠发达县（市、区）主要集中在"三州"和川东北地区，占全省县（市、区）总数的1/5，经济发展相对滞后。补齐欠发达地区短板、促进高水平区域协调发展，事关高质量发展成效和共同富裕成色。扎实推动承接产业有序转移，助力区域协调发展，就成为一项至关重要的任务。这在根本上需要优化产业布局。

具体来说，首先要创新区域帮扶协作机制，构建横向帮扶、纵向支持、内部协作的新型帮扶协作机制。精准高效推进结对帮扶。实现省内对口帮扶全覆盖、新型帮扶协作机制在各县（市）全覆盖。其次要聚焦欠发达县域等重点领域补短板强弱项。一方面，要牢牢守住"两条底线"——不发生规模性返贫底线、安全发展底线；另一方面，要补齐基础设施短板、培育特色优势产业。[①] 最后，也最为重要的是，要建立一套包括制度建设机制、投资推动机制、需求诱导机制、分配调整机制、区域调整机制的产业结构升级长效机制。从产业结构升级的环境来说，需要有一套促成产业结构升级的动态制度环境机制；从产业结构升级的动力来说，包括需求拉动和投资推动两种动力，通过建立需求诱导机制和投资推动机制，确保产业结构持续升级；从克服市场缺陷来说，地区之间经济发展差距和收入差距的调整，需要通过政府这只"看得见的手"。

（三）着力培育特色优势产业，推动各地区优势互补

四川地域辽阔，地形地貌复杂，山地、丘陵、平原和高原分别占全

---

① 紧紧扭住全省区域协调发展的最大短板 推动欠发达县域加快追赶跨越发展 [N].四川日报，2023-09-13.

省面积的 74.2%、10.3%、8.2%、7.3%，地理差异明显。同时，四川作为多民族聚集地，历史文化丰富多彩。地理差异叠加文化差异导致逐渐形成了各具特色、发展状况不尽相同的成都平原、川南、川东北、攀西、川西北五个区域经济板块。一方面，地理位置和自然条件差异是实现共同富裕发展水平均衡的重要制约因素。另一方面，这种差异亦是四川潜在发展优势所在。四川特殊的自然地理条件以及丰富多彩的少数民族文化蕴含内生发展动力。因此，充分利用这种潜在发展优势促进共同富裕发展水平均衡成为新时期四川促进共同富裕的重点，培育特色优势产业则是重要抓手。

首先，四川省应考虑自然资源禀赋、经济地理格局和历史人文背景等条件，综合地区人口、土地、产业等各类关键因素，准确把握地区发展方向和功能定位，相应确定编制地区国土空间规划的思路、对策、布局与管控要求，推动各地区优势互补、彰显特色，实现差异化发展。其次，突出地区特色农业优势，彰显地域特征、文化特色、时代风貌，坚持因地制宜、因时制宜，针对全域资源禀赋及现状问题，从目标和问题导向，提出区域发展策略，充分利用自然地理因素因地制宜地开发优势产业项目，并把资金、技术和劳动力聚集于具体的优势产业项目，充分发挥要素协同效应，形成"宜农则农，宜工则工，宜商则商，宜旅则旅"的协调发展格局。① 在推动乡村经济发展的同时，增加农村居民收入，带动农村居民消费，以此逐渐缩小城乡差距，推进共同富裕。

三 缩小不同收入群体收入差距

（一）深化收入分配制度改革，构建初次分配、再分配、第三次分配协调配套的制度体系

习近平总书记在党的二十大报告中指出，扎实推进共同富裕，完善收入分配制度，"构建初次分配、再分配、第三次分配协调配套的制度

---

① 中共四川省委四川省人民政府决策咨询委员会. 四川区域经济协调发展研究 [J]. 决策咨询，2019（4）：10-16.

体系"。共同富裕是全体人民的富裕。

深化收入分配制度改革，形成合理分配格局，有利于增强劳动者的积极性和创造力，进而提高社会生产力，使得经济焕发活力，使得全体人民共享经济、社会发展成果，缩小不同收入群体收入差距，最终实现共同富裕。深化收入分配制度改革，从收入分配过程来看，首先是初次分配问题，其次是再分配问题。所以解决问题的思路，首先要关注初次分配中是不是存在导致收入差距过大的一些制度性的因素，或者有没有一些政策偏差问题。在初次分配领域，一方面，要处理好国民收入在政府、企业、居民之间的分配关系，通过调整政府收入、居民收入占国民收入的比重，刺激居民消费，从而促进经济增长，进一步提高居民收入水平。另一方面，要加快生产要素市场的改革，建立一个更加完善的生产要素市场，建立各种要素报酬分配的微观机制。[1] 在再分配领域，要发挥税收、社会保障、转移支付等的调节功能。完善个人所得税制度，规范收入分配秩序及财富积累机制，对合法收入、过高收入、非法收入分别保护、调节、取缔。在第三次分配领域，要建立健全第三次分配机制，对有意愿有能力的企业、社会组织和个人实施引导，并支持他们积极投身于公益慈善事业。[2]

（二）完善财税制度，发挥再分配的调节功能

科学有效的财税制度，是优化资源配置、维护市场统一、促进社会公平、实现国家长治久安的制度保障。对于缩小不同收入群体的收入差距，发挥财税制度的再分配功能是必要的。完善的财税制度在缩小收入差距、缩小财富差距以及促进人力资本投资公平方面有所助益。

具体来说，在缩小收入差距方面，应建立综合征收的个人所得税制度并改革完善消费税制度，发挥税收政策的激励、引导作用，调节不同群体收入；在缩小财富差距方面，应运用好税收手段，就房地产税、遗

---

① 李实 . 充分认识实现共同富裕的长期性 [J]. 治理研究，2022，38（3）：4–12+124.
② 罗志恒，杨新，万赫 . 共同富裕的现实内涵与实现路径：基于财税改革的视角 [J]. 广东财经大学学报，2022，37（1）：4–13.

产税、赠与税等税目开展探索，并构建鼓励慈善捐赠的税收体系等。①
其中，房地产税开征通过规范财富积累机制，限制高收入群体财富过快
积累。房地产税开征能够筹集财政收入、调节房地产财富的公平分配，
促使房地产回归住房属性；遗产税、赠与税开征能够防范收入不平等代
际传递。当前，财富的代际传递现象已逐渐形成，贫富差距更容易拉
大。因此，从现实需求来看，对于遗产税、赠与税有必要加以探索并论
证。在促进人力资本投资公平方面，有必要优化财政支出结构、推动财
政经费投入从以实物设施为主转向以人为本，逐步从基础设施建设转向
民生领域。同时，应推动医疗、养老、教育等基本公共服务的均等化发
展，确保公民享有平等的服务权益。②

（三）完善低保标准动态调整机制，建立合理的收入增长机制，提高低收入人群收入

对于刚刚摆脱贫困的低收入群体和低收入群体中的潜在中等收入群
体，要提高其收入水平。一方面，完善低保标准动态调整机制。对于刚
刚跨过贫困线的低收入人群，要健全防止返贫动态监测机制，他们的脱
贫基础还很不牢固，极易返贫。此外，要多措并举提供精准帮扶。一是
建立分类困难群众救助保障标准动态调整机制。以城乡低保对象、特困
人员、孤困儿童、困难残疾人和重度残疾人等类别困难群众为重点，推
动救助保障标准调整更加科学规范、实现稳步可持续增长。二是建立城
乡低保标准动态调整机制。确保城乡低保标准与经济社会发展相适应，
切实保障困难群体的利益，逐步缩小市县、城乡差距，适时实现低保标
准全省统一、城乡一体化。③ 建立城乡低保标准动态调整机制应坚持动
态调整、不低于当地最低工资标准、补助水平与物价上涨挂钩联动等

---

① 罗志恒，杨新，万赫.共同富裕的现实内涵与实现路径：基于财税改革的视角 [J].
广东财经大学学报，2022，37（1）：4-13.
② 罗志恒，杨新，万赫.共同富裕的现实内涵与实现路径：基于财税改革的视角 [J].
广东财经大学学报，2022，37（1）：4-13.
③ 数据来源：《海南省人民政府办公厅关于印发〈海南省改革完善社会救助制度实施方
案〉的通知》。

原则。

另一方面，建立合理的收入增长机制。针对低收入群体中潜在的中等收入人群，应建立合理的收入增长机制。首先，需盘活农村闲置土地资源，增加农村居民收入来源，旨在提高非农收入在总收入中所占的比重，增强收入的稳定性。其次，农民工群体是"扩中"的主要目标群体，可通过技术培训提升其劳动技能，进而提高其工资水平。最后，鼓励企事业单位消除身份差异，深化校企合作，提高技术工人的社会地位和福利待遇。[①]

（四）完善社会保障制度，提高贫困人口和低收入人群的保障水平

通过社会保障制度进行合理的社会财富再分配和强化互助共济功能，是推动全体人民共同富裕的重要途径。这需要完善社会保障制度，提高贫困人口和低收入人群的保障水平。

一方面，持续推进补助政策落实。一是加强督促指导。由区县人社局负责督促指导乡镇（街道）人社中心加快补助相关资料的收集，并做好预审工作。对符合申请条件的人员全程进行跟踪，主动指导帮助他们收集相关申请所需的材料，确保符合申请条件的人员能够及时充分享受到政策待遇。二是加快审核进度。合理安排分工，由区县就业局牵头，各乡镇（街道）人社中心配合。建立村级收集资料、乡镇初审资料、县级复核资料的工作机制，保证高效、快速审核补助申请资料，保证群众的切实利益，做到"应补尽补"。三是建立完善的补助工作机制。进一步压实各部门和各乡镇（街道）、村居责任，加强宣传推广工作，及时与相关部门组织会商，分析研究解决工作过程中存在的问题。及时掌握重点人群的就业状态，通过精准施策，对就业不稳的重点人群及时进行有针对性的就业帮扶或引导他们参加职业技能培训。

另一方面，完善社会保障制度，缩小不同保障人群保障水平的差距。对社会保障制度进行制度整合优化，提升制度质量，形成制度合

---

① 李莹. 共同富裕目标下缩小收入差距的路径探索、现实挑战与对策建议 [J]. 经济学家，2022，286（10）：54-63.

力，增强社会保障的公平性和可持续性，为推动实现共同富裕打好制度基础。要提升社会保险统筹层次、完善兜底性社会救助制度、补齐社会福利制度短板及发展补充性保障项目等。①

① 刘欢，向运华．基于共同富裕的社会保障体系改革：内在机理、存在问题及实践路径 ［J］．社会保障研究，2022（4）：45-59；白维军．以高质量社会保障助推共同富裕： 逻辑关联、现实难题与关键路径 ［J］．人民论坛·学术前沿，2022（16）：37-45．

第七章　四川共同富裕的发展质量升级

在全面建设社会主义现代化国家的新阶段，共同富裕发展质量的升级成为社会发展的核心任务之一。四川作为中国西部经济大省、"一带一路"的重要节点、长江上游经济带重点省份，成渝地区双城经济圈重要腹地，是全国促进共同富裕发展质量升级的重要地区之一。近年来，四川在促进共同富裕发展质量升级方面取得了显著进展。但不可否认，作为西部欠发达地区，相较发达地区而言，四川仍然在劳动力素质提升与充分就业、产业发展质量与结构创新、政策与保障措施落实、市场有效发挥效能、生态环境保护与自然资源可持续发展等方面存在短板。因此，一方面要对标实现共同富裕，另一方面要在实现共同富裕的过程中避免损害其他战略性目标的达成，实现推进共同富裕过程中的帕累托优化。

第一节　四川共同富裕发展质量升级中的矛盾

一　人口素质能力与市场需求更新之间的矛盾

在当前的社会中，结构性就业矛盾突出表现为企业"招工难"和劳动力"就业难"并存，其本质是市场的岗位需求与劳动力供给之间的不匹配。[①] 市场对劳动力的素质要求在产业、行业、区域等层面均呈

[①]　中国社会科学院 . 2019 年国内就业形势面临新挑战 ［J］. 检察风云，2019（3）：30-32.

现一定差别，受到劳动力数量、质量、偏好等多方面的影响，劳动力供给对就业岗位的偏好呈现群体、年龄、区域和受教育程度等各个方面的不同。①

从就业市场需求端来看，随着我国经济发展进入新时期，经济结构优化与产业结构调整引起不同产业对劳动力素质能力的要求发生新的变化②。传统行业中的岗位不断饱和，需求不断减少，新兴产业、新兴业态以及新发展模式催生出大量新的岗位需求，尤其是在先进制造业、现代服务业以及人工智能领域，对高新技术岗位、高技能服务岗位的需求迅速增加，成为就业市场的巨大缺口。

从就业市场供给端来看，地区人口素质能力受到多方面因素影响，包括人口年龄组成、教育体系、历史文化等方面。一个地区的人口年龄组成在很大程度上影响着该地区的人口素质能力。在一定教育模式和社会背景下成长起来的劳动力所拥有的综合素质与不断变化的市场需求脱节，而"新鲜血液"的减少将影响人口素质能力的水平。除此之外，传统的教育方式、教学内容与人才培养结构缺乏对学生创新创业思想的引导与培养，部分学校仍旧停留在一种以应试教育为主导的教育方式上，与当地企业、政府的有机合作还没有实质性地形成，未重视对学生动手操作能力的考核与培养，限制了符合新时期新兴产业要求的技术型、应用型人才的培养，阻碍了劳动力与就业市场需求匹配，导致新时期结构性就业矛盾加剧。

二 物质需求增长与有限市场规模之间的矛盾

随着经济发展水平和人民生活水平的提高，越来越多的人对物质资料有了更高的追求。具体体现为从单一地追求产品功能和低成本，到综合考量绿色低碳、有机健康、环境友好、更高性能等多层面的产品偏

---

① 王雅丽，张锦华，吴方卫.劳动参与率对农村转移劳动力歧视的影响［J］.农业技术经济，2016（8）：34-48.
② 易定红，赵一凡，宁静.新时期技术进步的性质及其对技能工资差距的影响［J］.北京师范大学学报（社会科学版），2021（5）：138-150.

好；更加注重自我的使用感受，体现"以人为本"的产品理念。这种高品质的追求不仅体现在消费端，还对生产端产生了巨大的影响。为了满足人民对更高品质产品的需求，企业应当提升产品的绿色价值、创新产品的性能并注重生产的环境影响，生产出符合人民需求的高品质产品。

然而，四川省不少企业的生产方式与生产理念更新较慢，产品设计陈旧，忽略了日新月异的市场需求与消费者偏好。除此之外，大多数中小企业也没有足够的资金和技术能力变革当前生产方式，改良产品设计。综合以上多种原因，高品质的物质资料市场仍然处于小规模阶段，这导致一方面消费者对高品质物质资料有着极高的追求，另一方面地方有限的市场规模限制了人民对更高水平物质资料的追求。尽管各类电商平台的兴起给消费者提供了多样化的选择渠道，但物质资料水平与消费者需求之间的矛盾是长期积累形成的，很难在短时间内消除。厂商生产的路径依赖加上宏观经济的不景气，使得物质需求增长和有限市场规模之间的矛盾日益显化，给人民生产生活质量提升带来阻力，不利于共同富裕的发展质量升级。

三　多元社会需求与有限社会资源之间的矛盾

"社会保持长期稳定，人的全面发展、全体人民共同富裕取得更为明显的实质性进展"是 2035 年中国发展的总体目标之一。[①] 共同富裕并不只是经济层面的单一目标，还有着社会层面和文化层面的多层属性，和人民生活方式、精神文明与社会关系紧密相关。[②] 共同富裕强调人民的美好生活和较高的生活品质，强调社会的全面发展。在推进共同富裕的道路上，人民的社会需求从单一走向多元，共同富裕不仅是经济层面的共同富裕，还是包括医疗、教育、住房、养老、社保、公共设施

---

① 任保平. 全面理解新发展阶段的共同富裕 [J].社会科学辑刊，2022（6）：142-149.
② 张圆刚，郝亚梦，郭英之. 共同富裕视域下乡村旅游发展的区域不平衡性：理论内涵、关键问题与指标体系 [J].自然资源学报，2023，38（2）：403-418.

等多维度的共同富裕。

除了在不同维度上人民群众的需求各异，还应该注意到，由于地区经济发展水平各异，我国南北差异、东西差异本就较大，而四川省内地理类型丰富，不同地区的经济发展水平更是存在巨大差异，各地区人民的现实需求也存在较大的差异。大城市和小县城的人口在物质、精神领域的需求显然不同，而对于刚刚脱贫的农村来说，这种在物质和精神层面的需求差异更加明显。因此，忽略基层社会的现实需求而一味追求和创造"阳春白雪""高大上"的社会需求在四川这样一个土地广阔、人口众多的西部大省是极不现实的。

四川举全省之力打造出成都这个超级都市群，配合双城经济圈战略，推动整个区域发展。成都常住人口占四川总人口的1/4，它拥有全省最好的医疗、教育、公共服务等社会资源，是四川全省社会资源分布最密集的地区，在很大程度上满足了本市人口多样化的社会需求。然而，成都的公共服务无法覆盖其他地区，辐射作用有限。在四川省的大多地市以及县域，社会公共资源仍然相对匮乏，无法满足当地居民日益多样化的社会需求，从而造成有限社会资源与多元社会需求之间的矛盾。

四川是拥有8000多万常住人口的大省，满足人民多样化的社会需求要求强有力的财政支撑、完善的体制机制、先进的基础设施以及充足的人力资源等。然而，现实中要具备这样的基础条件还非常困难，短时间内无法满足川内各地人民群众对医疗、教育、住房、养老、社保、公共设施等方面的社会需求，从而形成多元社会需求与有限社会资源之间的矛盾。如何将有限的社会资源充分调动起来并发挥出最大的作用，缩小区域间的差距，从而最大限度地满足人民日益增长的多元化社会需求，成为提高人民生活质量、促进全社会共同富裕高质量发展的难题之一。

四 环境承载能力与产业深化发展之间的矛盾

"构建实体经济、科技创新、现代金融、人力资源协同发展的现代产业体系，促进先进制造业和现代服务业深度融合"是我国"十四五"规划对产业升级提出的明确要求。① 但是，我国产业发展仍存在产业链不成熟、重数量不重质量、上下游不配套以及国际竞争力不强等种种问题。在中央政府的号召下，四川省认真贯彻落实国家相关政策，不断推进化解钢铁、水泥等过剩产能的工作，倒逼部分落后产能和企业退出市场。良好的生态环境是经济健康发展的支撑点，破坏环境承载能力的后果将是持久的、不可逆的，将在长期的经济周期中暴露出来。然而，在产业深化发展过程中，依然会不可避免地给资源环境带来损害。依靠资源能源消耗推动经济发展，依靠物质资料数量扩张发展产业，会导致生态环境破坏严重，产业发展不可持续。大量污染的产生将极大地破坏四川省的生态环境，导致生态环境承载能力不断下降，产业深化发展受到严重制约。由此，环境承载能力的下降已成为不争的事实，是四川产业深化发展必须突破的瓶颈。②

第二节　四川共同富裕发展质量升级的影响因素及其作用机制

基于广泛的社会科学研究和实践经验，以及出于实现共同富裕的综合性和复杂性考虑，我们认为人口、产业、政策和自然环境是四川共同富裕发展质量升级的核心影响因素。第一，人口是构成社会的最小经济单位，经济社会无论如何发展都是围绕人的发展进行。因此，包括人口素质提升和人口就业质量提升在内，影响到人口发展的因素将是共同富裕发展质量升级的重要影响因素。第二，产业发展是人与社会发展的重要基础，产业的蓬勃发展是吸引劳动力就业，提升产业工人、农民工收入与生活水平的重要途径，也是安定社会的重要工具。历史上，城市从

① 魏后凯，王颂吉. 中国"过度去工业化"现象剖析与理论反思 [J]. 中国工业经济，2019，1（1）：5-22.
② 田时中，姜梦. 环境保护税、产业集聚与经济高质量发展 [J]. 重庆交通大学学报（社会科学版），2023，23（2）：61-73.

乡村中发展起来正是产业大发展所造就的结果。未来，城市仍将是社会发展的主要引擎，乡村需要在城市经济的发展带动下逐渐缩小与城市的差距，而各种类型的产业发展将是缩小城乡差距和收入差距的关键因素。第三，政府是经济社会发展过程中重要的管理者，政府的良治是经济社会良性发展的必要条件。务实、稳定、持续的政策制度顶层设计是经济社会发展的基本保障。第四，人们需要的物质产品、产业发展需要的资源都需要自然环境提供，而经济循环中的废弃物最终也将由自然环境来消纳。因此，自然环境承载能力的可持续是经济社会发展可持续、人类发展可持续的重要前提，自然环境将是共同富裕发展质量升级的重要影响因素。

一 人口素质与就业质量

从主体范围来看，共同富裕不是一部分人的富裕，而是全体人民的富裕。[1] 人口素质与就业质量有着密不可分的关联。就业是民生之本，是最大的民生。人民群众通过就业获得收入改善生活条件，进而共享发展成果。[2] 因此，在实现全体人民共同富裕的道路上，提高人口素质和保障人民就业极其重要。

随着西部大开发、脱贫攻坚以及成渝地区双城经济圈建设等国家重大战略的实施，四川省财政支出中的教育支出水平不断提高。然而，第七次全国人口普查数据显示，在受教育程度方面，四川省仍低于全国整体水平。2020 年，四川省每 10 万人口中具有小学及以下文化程度的人数比全国平均水平多 0.66 万人，而具有初中、高中、大学文化程度的人数均比全国平均水平少。[3] 除此之外，四川省地区间人口素质的差异仍旧明显，仅有成都市和攀枝花市的平均受教育年限（15 岁及以上人口）超过全省平均水平。其中，成都市常住人口拥有 10.85 年的最长平均受教

---

① 任保平．全面理解新发展阶段的共同富裕 [J]．社会科学辑刊，2022（6）：142-149.
② 席恒，余澍．共同富裕的实现逻辑与推进路径 [J]．西北大学学报（哲学社会科学版），2022，52（2）：65-73.
③ 数据来源：《第七次全国人口普查公报》。

育年限，但"三州"地区均不足 8 年，最短的甘孜藏族自治州仅为 6.89年。① 可以看出，少数民族聚居的地区人口受教育程度整体偏低。民族地区是脱贫攻坚时期的"硬骨头"，也是脱贫攻坚后全体人民迈向共同富裕的重难点地区。因此，人口素质与就业质量成为制约四川省共同富裕高质量发展的重要因素。提高人口素质，提供高效、优质、公平的就业保障是实现高质量充分就业、扎实推进全体人民共同富裕的重要基础。

二　产业结构及其发展水平

产业结构是各产业构成以及各产业之间的联系和比例关系，反映着一个地区产业之间的比例关系以及变化趋势。② 合理的产业结构是地区经济健康发展的重要前提。产业结构的优化能够最大限度地发挥出地区资源优势，实现地区区位、自然环境、社会环境等优势的最大化。③ 四川省作为西部地区第一大省，在实施西部大开发战略中扮演举足轻重的角色。四川有良好的农业资源，在全面实施粮食安全战略，打造更高水平"天府粮仓"的背景下，四川农业发展迎来新的发展机遇。

第一产业的发展关系广大农民的收入水平，在粮食安全战略下，农业将成为四川经济发展的基础产业。与此同时，农产品加工、食品制造产业所带来的稳定收益以及就业岗位是推动共同富裕高质量发展的重要保障。然而，传统的农业生产方式下生产力水平有限，无法发挥规模优势，市场竞争力不强。农产品深加工已取得实质性进展，但并未明显促进农民增收。④ 乡村旅游、特色农庄、农村电商等乡村新兴产业还未寻

---

① 数据来源：四川省统计局。

② 王凯，朱芳书，甘畅，等．区域产业结构转型升级水平与旅游扶贫效率耦合关系——以武陵山片区为例［J］．自然资源学报，2020，35（7）：1617-1632.

③ 李益敏，张丽香，王金花．资源环境约束下的怒江州农业产业结构调整研究［J］．生态经济，2015，31（2）：117-120.

④ 刘永焕．农村三产融合与农民增收互动机制研究［J］．农业经济，2020（3）：108-110.

找到与当地自然资源、历史文化传统紧密结合的新发展模式，产业融合程度不够，新业态的当地特色不明显。[①] 尽管处于资源优势地位的制造业试图通过不断改进生产方式，转换经济发展模式，但距离产业链全面转型升级还有较长的路要走。[②] 科技创新水平仍待提高，企业推动创新的意识和能力都不足，生产的产品缺少核心竞争力。第三产业发展态势良好，但服务业结构有待优化，存在新兴服务业所占比重不高、新旧动能转换程度不够的问题。综合来看，四川省的产业发展质量有较大的提升空间，产业结构的优化、产业内部的发展质量提升成为影响共同富裕高质量发展的主要因素。

三　政策与制度的支持力度

我国正处于并将长期处于社会主义初级阶段，也处于社会主义现代化建设的新时代。[③] 我国始终秉持建设社会主义的根本原则，扎实推进共同富裕，在消除绝对贫困、全面建成小康社会的道路上取得了突破性的进展，但贫富差距拉大、利益分配长期不平衡等问题日益凸显，已成为共同富裕道路上不得不解决的难题。[④] 中国共产党通过实现全体人民共同富裕巩固执政基础。[⑤] 实现共同富裕需要在地区基础设施、公共服务、医疗就业、教育住房等多方面均进行布局改进，而良好的政策保障是保障政策目标平稳运行、促进政策建议落地转化的重要机制手段。推进共同富裕的政策质量成为共同富裕高质量发展的重要影响因素，推进共同富裕的政策包括产业帮扶政策、财政政策、社会帮扶政策、消费帮

① 苏锦旗，潘婷，董长宏. 中国农业数字化发展及区域差异评价 [J]. 西北农林科技大学学报（社会科学版），2023，23（4）：135-144.
② 刘文敏. 共同富裕目标下郴州产业结构优化升级研究 [J]. 中国集体经济，2023（14）：40-43.
③ 刘伟. 习近平新时代中国特色社会主义经济思想的内在逻辑 [J]. 经济研究，2018，53（5）：4-13.
④ 裴长洪，胡家勇，蒋永穆，等. "中国经济学"建设笔谈 [J]. 中国经济问题，2022，3（3）：1.
⑤ 顾海良，张凯. 马克思主义政治经济学与中国特色社会主义政治经济学 [J]. 政治经济学评论，2023，14（4）：29-70.

扶政策等，政策的重心与内容应根据当地实际发展状况与经济发展基础水平来确定。

四川省地处西部，是多民族聚居的大省，省情独特，必须根据地方发展情况因地制宜地制定政策规划，合适的政策保障体系是一个地方保障民生、发展经济的重要基础。随着脱贫攻坚战的全面胜利和乡村振兴战略的深入实施，四川省面临一系列新的难题与挑战，包括如何让全体人民共享经济发展成果，如何促进人的全面发展，如何推进实现全民共有、全民共建、全民共享。① 然而，在脱贫攻坚与乡村振兴衔接的过渡时期，各项帮扶政策是否作出改变以及怎样改变，对于四川省来说意义重大。不同时期的目标不同，现实情况也发生了变化，符合时宜的政策对于关键时期的发展具有重要的导向作用。在脱贫攻坚与乡村振兴衔接的关键时期，只有因地制宜的政策内容、强有力的政策保障以及较大的政策执行力度，才能推动巩固拓展脱贫攻坚成果同乡村振兴有效衔接，促进四川全省朝着共同富裕高质量发展目标前进。

四　自然环境承载能力的可持续

绿水青山就是金山银山，自然环境的可持续是农业发展的基础条件，农业农村的持续发展与振兴是农村居民实现共同富裕的基本保障。习近平总书记在党的二十大报告中强调："中国式现代化是人与自然和谐共生的现代化。"随着国家对生态环境的重视程度越来越高，只重经济发展而忽略自然生态环境的粗放型发展模式已经被时代所抛弃。环境承载能力成为一个地区发展经济不可或缺的重要资本。一个地区的自然环境承载能力大小是共同富裕发展质量高低的重要指标。在生态环境脆弱的地区，自然环境承载能力较低，经济生产活动所带来的破坏会对当地生态环境造成不可修复的损害，这在推进共同富裕的过程中就严重制约了当地经济发展。同时，超出自然环境承载能力的经济生产活动带来

---

① 范晓婷，王小娟．新时代财政支持共同富裕的问题和策略分析［J］．时代经贸，2023，20（2）：57-61.

环境的低效率，不符合共同富裕高质量发展的目标要求。因此，一个地区自然环境承载能力的大小影响着经济生产活动的范围，从而对共同富裕高质量发展产生影响。特殊的地理位置赋予四川特殊的自然环境与十分脆弱的生态系统。提高四川省自然环境承载能力对于生产生活的可持续发展、环境友好型社会的建设至关重要。若一味追求经济效益，污染导致环境承载能力下降将成为四川省共同富裕高质量发展的重要制约因素。

第三节　四川促进共同富裕发展质量升级的路径

一　提升人口素质与推动高质量就业

提升人口素质，促进就业质量升级，实现人民充分就业，是保障共同富裕微观主体生活水平的重要措施。加强高质量就业体制机制建设是促进四川共同富裕发展质量升级的重要路径。为了更好地促进人口素质提升与高质量就业，可以从以下几个方面展开行动。

第一，完善顶层设计，打造新就业形态，提升就业市场承载能力。加大就业体制机制改革力度，精准识别现行有关就业政策法规、社会保障制度、劳动者合法权益与新型就业市场需求不匹配的问题。结合本省"十四五"产业发展目标，针对新兴产业，制订专项行动计划，全面布局高新技术产业，为人工智能、数字经济等新就业形态发展提供发展空间。

第二，统筹协调多层次群体，促进劳动力多元就业。提高就业质量的关键在于破解"招工难"与"就业难"并存的结构性矛盾，解决劳动力技能知识不能适应就业市场需要的问题。[①] 针对就业市场，不仅要全方位多渠道开源拓岗，增加高质量岗位供给，也要鼓励支持自主创业

---

① 张丙宣，李爽，赵陆蓉，等.共富工坊、政企社协同与共同富裕的实现路径［J］.上海城市管理，2023，32（4）：53-61；彭叮咛.深入落实就业优先战略 扎实推进共同富裕［N］.湘声报，2022-10-28（04）.

和灵活就业，搭建多方平台，畅通就业创业渠道。针对就业群体，通过搭建就业公共服务、产教融合等就业帮扶相关平台，向不同人群提供针对性的就业服务，为残疾人士、孤儿、烈属等就业困难人员开展精准就业帮扶。

第三，深化产教融合，推动教育供给侧结构性改革，提高和增强人才供给对就业市场需求的匹配度和适配性。加强劳动力职业技能培训，为新就业形态职业树立良好形象。加快构建贯穿就业群体从技能学习到实际劳动各阶段，适应劳动者多样化、差异化需求的职业培训体系。呼吁社会各界以包容、宽松、扶持的态度对待新就业形态，支持企业根据需求自主灵活用工，为各类共享就业保障平台提供社会支持。

二　优化产业结构与提升产业发展质量

产业结构优化促进产业发展水平整体提高，从而带动区域产业经济质量提升，推动产业形态创新，为共同富裕发展质量升级提供产业资金池。与此同时，产业结构优化使新兴产业蓬勃发展，能够提供更多高质量的就业岗位，倒逼社会加强对高素质产业工人的培育，同时吸引更多高素质、高技能的产业人才，为共同富裕发展质量升级提供源源不断的人力资源。

四川省立足科技和产业基础，大力发展战略性新兴产业，与国际接轨，引进先进的产业发展模式并进行本土化运用。推动产业集约化发展，促进企业兼并重组，淘汰落后生产能力，促进产业优化升级。为共同富裕发展质量升级提供良好的产业发展环境，增强产业可持续发展能力。除此之外，四川省自然环境优越、历史文化厚重，拥有丰富的旅游资源，如九寨沟—黄龙、峨眉山—乐山大佛、都江堰—青城山等世界自然与文化遗产旅游风景。因此，应当充分开发利用旅游资源，发展旅游产业，提升旅游服务管理水平，发展旅游经济，带动周边商业集群发展，建成高水平、高质量的旅游业大省。除此之外，对旅游业的合理开发能够拓宽人民增收渠道，提升人民生活质量，保护生态环境，采用可持续的产业发展模式，推动本省共同富裕发展质量升级。

三 创新政策与保障机制

在国家推进共同富裕的各类政策、制度支持之上，四川省根据各地市发展情况因地制宜，在省级、市级、县级层面，以提升人民群众生活质量、创造更多就业机会、创造更多社会财富为目标，采取适当宽松的社会、经济等领域的政策措施，激发大众就业、创业热情。在工商、税务等领域给予便利，保障企业、个人能够创造更多财富，起到推进共同富裕的带头示范作用。

建立高质量发展建设共同富裕示范区，引进发达地区发展经济、促进就业以及带动人民共同富裕的先进经验，结合本地实际情况，将之内化到自身独特的发展模式当中。一方面，实施优惠的产业政策，激发产业活力，优化产业结构，推动农工商融合发展。另一方面，制定地方人才引进政策，优化落户政策和落户后的就业、生活政策，放低政府创业支持资金申请门槛，激发基层民众创业热情，保障合法所得。减免中小企业税费，保持市场创新活力。

在民生方面，持续扩大就业增加收入，加快推进教育现代化，深入推进健康四川建设，兜紧兜牢民生保障底线。[①] 除此之外，还应当防止"一刀切"和懒政现象出现，完善自上而下的监管制度，构建自下而上的政府监督体系，促进民生社会事业全面进步，积极探索共同富裕实现路径，在政策带领下勠力同心，向共同富裕高质量发展的目标迈进。

四 保护生态环境与可持续利用自然资源

生态环境和自然资源是所有经济社会活动的基础，只有这两者可持续发展，才可能有共同富裕的实现。[②] 首先，发挥政府在环境保护中的

---

① 中国共产党四川省第十二次代表大会关于中共四川省第十一届委员会报告的决议 [J].民主法制建设，2022（5）：10-12.

② 李怡凤，王继军，马理辉，等."进则全胜"的生态经济学基础及其与水土保持的关系 [J].水土保持研究，2023，30（3）：470-476.

主体地位。健全的环境立法对于规范和控制可能破坏生态环境和消耗自然资源的活动至关重要。应树立尊重自然、顺应自然、保护自然的理念。制定和执行严格的法律法规，以防止污染、森林砍伐、非法采矿和过度开发自然资源。在一系列环保规章制度的约束与引导下，因地制宜，细化完善本地政府关于生态环境保护执行、督查、惩戒等措施，明确各部门、各岗位的环境保护与监管职责。其次，在发展产业的过程中，必须在生态环境保护与自然资源的可持续利用方面作出努力。加快产业结构转化和技术变革，通过推广可再生能源、实施绿色技术和采用可持续生产方法逐步淘汰落后生产力，大力发展循环经济。最后，发挥广大人民群众的力量，加强生态文明思想认识，深化环境教育，培养人民的环境责任感。倡导绿色消费，倒逼绿色生产。从法律约束、道德警示、政策激励、思想认同、行为倡导五大层面建立起促进全社会各领域进行生态环境保护和走可持续发展道路的有效机制，从而实现共同富裕发展质量升级。

第八章 四川共同富裕的发展能力 提升

坚持在发展中保障和改善民生，努力增强发展能力的平衡性和可达性，稳步推动共同富裕的进程。当前，四川省经济社会发展中还存在不少突出问题。在全国范围内观察，四川的发展尚显不足，观察整个省份，可以发现省内各个地方的发展存在明显的不均衡性。虽然已经取得了脱贫攻坚战的胜利和全面建成小康社会的实现，但某些地区依然存在返贫的风险，其发展基础还需要进一步巩固。在省内多个区域实现高质量的发展，进一步缩小区域差距、城乡差距和收入差距，必须把促进共同富裕发展能力提升放到更加突出的位置，脚踏实地，向着长远的共同富裕目标前进。

第一节 四川共同富裕发展能力提升与发展 不平衡不充分的矛盾

实现共同富裕是一个长期的历史进程，必须凝聚人心提升共同富裕发展能力，进一步促进区域协同发展，打破城乡要素流动壁垒，提升人口发展能力，为共同富裕长远目标的实现持续提供重要支撑。

一 乡村地区要素吸附与整合能力不足

城乡协调发展对于四川而言既是短板也是潜力。推进乡村振兴、发展县域经济，是促进城乡经济发展能力提升的重要举措，是缩小"三大差距"、逐步实现共同富裕必须紧握的战略抓手。现代化建设进程必然伴随着城乡区域结构的深刻调整，这是释放巨大需求、创造巨大供给的过程。

（一）对优质劳动力的吸附能力不足

优质劳动力是地区经济发展的重要前提。人才的培育和引进可以为农村经济的发展提供新思维，为农村现代化技术的突破和发展注入新力量，对促进共同富裕发展能力提升有重要作用。但四川农村地区老龄化与空心化现象仍然突出。

农业产业方面，相比于城镇地区，四川农村地区的产业发展层次较低，经济附加值较低，难以吸附优质劳动力。四川农村地区的产业配套设施不完善，产品制造深度和综合利用程度不高，相关的农村现代化技术发展也较慢，造成农村地区对优质劳动力的吸附能力较低，无法提供相应的岗位和工作环境，导致出现农村吸附优质劳动力的结构性困难。这对促进四川共同富裕发展能力提升提出了产业发展的要求。

基本公共服务方面，四川农村地区的基本公共服务还有待完善，相应的居住、医疗、卫生、教育等发展都还不足。基础条件的缺乏造成农村地区对优质劳动力的吸附能力不足，使优质劳动力在农村地区的留存和引进出现困难。

（二）农业资本积累相对较少

共同富裕目标下，新时代的农业发展要求逐步建立农业产业体系，推动农业生产规模化、专业化、机械化，促进农业经营多元化、数字化、科技化，助推现代化农业经济的发展。这些目标的实现离不开农业资本积累，四川农村地区农业资本积累相对较差，农业资本积累进程较慢，不利于农村地区的发展能力提高。

首先，农业生产的高风险性是农业资本积累较少的重要原因。农业资本积累是在一定的资本存量的基础上形成的，提高产出和掌握更多的物质生产手段可以有效地增加资本存量从而促进资本积累。农业生产受到地形、气候、土壤和水源等各方面自然因素的影响，不确定性因素过多，导致农业生产风险大。四川主要地形是盆地和丘陵，少数地方是山地和高原（如甘孜、阿坝、凉山），适宜种植的地区散落，无法形成大规模有效种植，科技化生产无法有效推进，风险抵抗力较低。另外，四川处于亚热带季风气候区，且位于多条地震带上，天气复杂多变加之自然灾害较多，导致农业生产面临的风险较大。除生产风险外，农业生产还面临较高的市场风险。四川农村地区的农业生产资本存量较低，导致资本积累较少。

其次，四川农村金融的支持度较低，导致资本积累不够。金融资本追求利润的行为与农业的脆弱性和农民的弱势地位之间存在明显的冲突。在现代经济中，金融已成为推动生产力发展的主要动力之一。但目前四川农业仍以粗放型为主，生产规模小，抵御市场风险的能力差，难以适应市场经济条件下对现代农业的要求。农业投资活动通常具有长周期、高成本、高风险和低收益等特点。资本追求利润的倾向使得资金更倾向于流向高收益的领域，这自然导致金融资本具有离农的倾向，从而减缓农业资本的积累速度，导致农村地区金融资本的发展不稳定。

（三）土地资源整合能力不足

由于地形、生产生活习惯以及历史因素，四川农村土地在丘陵地区的空间布局无序，出现"处处有耕地，处处不连片"的状况，土地规模化经营程度较低，土地的利用效率低下，农村自然资源的利用与流转不易。尽管近年来，四川的土地规模化经营不断发展，相关的新型农业经营主体范围也在不断扩大，但四川土地规模化经营的进程仍然受到各方面的因素制约。四川土地规模化经营的长久持续发展离不开土地流转服务平台和土地流转监测体系的建立与完善，以及金融市场对"两权"抵押贷款等相关信贷产品的创新。目前而言，这些体制机制都还有待完善。

二 脱贫地区内生发展动力有待增强

脱贫地区的发展需要发挥它们自身的主体作用，增强当地脱贫群众自我发展的动机和积极性。在川内贫困地区，内生发展动力的缺失主要体现为缺乏脱贫致富的自主性和能动性，以及乡村振兴的参与意识和能力不足。

（一）脱贫地区发展的主体意识不够

脱贫致富的自主性和能动性还需进一步增强。在偏远和贫困的地区，人们的思想和文化相对保守，部分贫困人群对新事物和先进思想的接受度和学习积极性相对较低和较弱。同时，长期恶劣的生存环境和小农意识致使他们创新意识不强、主观能动性不强，喜欢安于现状，等、靠、要的思想严重，过分依赖政府和社会的支持，导致乡村振兴缺少创新和创业的动力。这限制了乡村走向富裕的可能性。

参与乡村振兴的主观能动性还需增强。作为乡村振兴和新型城镇化的主体，农民在乡村振兴和乡村治理中，由于文化水平所限，主体意识、平等意识、自主意识缺乏，依赖性强，往往对基层民主自治、扶贫开发项目等不关心、不支持。长此以往，他们行使民主政治权利和表达意愿的能力低下，对自我观点表达的积极性不足，参与基层社会治理的交流讨论和公共决策的能力不足。这些不利于其主体作用的激发，不利于参与式扶贫开发的深入开展。

（二）脱贫人口的发展能力需进一步提升

从四川范围来看，脱贫地区的脱贫群众受教育程度普遍较低，接受新知识新技术的能力较弱。目前，脱贫地区的教育质量还有待提高，脱贫地区坚持教育优先发展的政策的推广进程也较为缓慢，脱贫地区的社会文明程度、脱贫群众的智力和能力还有待提高。应加大对脱贫地区脱贫群众的教育引导力度，在脱贫地区的范围内形成良好的向文风气。脱贫群众的技术能力有待提高。随着人口素质的提升，人口红利逐步向人才红利转变。要将人们的思想观念从之前"浅薄的谋生出路"逐渐转变为"成为有追求、有本领、懂技术、肯实干的劳动者"。这样才能更好解决脱贫地区发展一线人才匮乏的难题。

（三）脱贫产业发展的可持续性需加强

产业扶贫是稳定脱贫的根本之策，产业发展目标需要从短期向长期转换。短期目标重在解决绝对贫困问题，满足贫困户的产业参与需要。一些地区倾向于选择短平快的产业扶贫项目，在一定程度上造成扶贫产业同质化严重，可持续性较差；或者盲目地将成功的外部产业纳入，导致与已有的基础设施和发展环境产生断裂。尽管新的产业规模很大，但其效果并不显著，行业部门在制订产业扶贫计划时缺乏整体规划，从而影响产业的长期发展和布局效益。

脱贫地区基础设施的缺乏影响其后期产业发展的可持续性。目前，大部分脱贫地区借助帮扶政策大力发展产业，为产业的兴盛提供了便利，但是对产业发展所需配套设施的建设有所缺乏，特别是县乡一级的政府对产业配套设施的完备建立不够重视，导致县乡一级的产业发展以及自营经济发展困难。

三 经济极化明显，协调发展能力需加强

提升区域发展能力是共同富裕发展能力提升的重大板块。现阶段，四川省的区域发展不平衡不充分问题仍然突出。为了更好地适应中国社会主要矛盾的变迁，并更好地满足人民不断增长的美好生活需求，我们必须更加重视区域经济发展的平衡性、系统性和可持续性，在构建优势互补的高质量区域发展格局的基础上，推动全体人民共同富裕。

（一）全省经济发展极化明显

四川省的经济发展极化明显，各地区之间发展不平衡。与其他区域相比，成都平原经济区的 8 市占全省面积的 17.8%，承载了全省 40% 以上的人口，贡献了 60% 以上的经济总量。成都以不到四川省 18% 的人口，占据四川省近 40% 的经济总量。从 2023 年第一季度四川各市州的地区生产总值来看，成都市以 5266.82 亿元占全省总量的 39.36%，增量 371.83 亿元，名义增速为 7.6%。[①] 四川省 3/4 的市州 2023 年第一季度经济增速低于全国平均水平，巴中、南充、自贡、眉山、资阳五市更

---

① 数据来源：四川省统计局。

是呈现经济负增长状况。泸州、广元、广安三市面临经济增长压力，它们 2023 年第一季度的经济增速分别只有 0.1%、0.6%、0.8%。[①]

（二）加强成都经济圈的辐射作用

作为四川的中心城市，成都的地位还有进一步提升的潜力。不管是在成都都市圈，还是在成渝地区的双城经济圈内，成都作为一个核心城市都拥有无与伦比的优势，但这些优势还没有完全展现出来。随着成都的持续发展，这种优势地位有望得到进一步加强。

同时，作为多元化、开放型、有特色、有规模的区域经济发展新格局，成都经济圈内部其他城市，如德阳、绵阳、眉山、资阳等的经济发展受到了成都经济发展的辐射作用，这种辐射作用促进了成都经济圈内部的区域均衡发展。然而，由于自然地理、文化等禀赋限制，成都经济圈对四川省内其他区域的辐射带动作用未能完全发挥，区域发展的极化效应大于辐射效应，不利于四川全省的区域均衡发展，也不利于川内其他地区共同富裕的发展能力提升。

四　人民自我发展能力需进一步提升

提高人口发展能力是实现可持续共富的关键举措之一，将教育赋能农民融入共同富裕事业中，有助于打破长期禁锢农民的束缚，让农民在学会挖掘并善用内外部优势中实现自力创富与长远发展。最大限度地满足农民的教育期盼，链接多元主体资源，完善基础服务和外部创业环境，是推动农民全面发展与可持续发展、共建美好生活与富裕生活的创新路径。

（一）就业问题突出

就业的结构性矛盾问题突出，就业市场存在供给与需求不能有效匹配的情况。一是地域上的矛盾。在四川的五个经济区，成都平原经济区、川南经济区、川东北经济区、攀西经济区和川西北生态示范区中，

[①] 一季度 5 市经济负增长，分化的四川何日迎来"百花齐放"？[EB/OL].澎湃网，2023-05-19. https://www.thepaper.cn/newsDetail_forward_23150324.

地区之间经济发展不平衡、资源分布不合理，导致了经济发展较好区域的"就业难"与经济条件较为落后区域的"招贤难"之间的鲜明对比。经济条件较为落后地区人民的自我发展能力不足，达不到预期的人才需求目标，出现人才的供需结构差。二是岗位匹配矛盾。四川经济正逐步向高质量产业转变，科技型中小企业成长迅速，但是四川的科技型人才缺乏，高素质人才外流，导致人才供需对接问题较大，就业问题突出。随着智能化发展，大部分的基础重复工作将被智能机械替代，工厂更多地需要高素质工人以及技术化、专业化工人。目前的教育培训缺乏相应的实践指导，工人的技术能力得不到提升，面对日新月异的产业技术发展，不能适应经济需求的变化，导致新技术岗位空缺而招不到专业的技术人才，老技术人员过剩而无法找到合适的工作岗位。

（二）受教育年限增加，但分化较大

教育均等是实现共同富裕的前提之一，尽管目前四川教育整体水平在稳步提高，但是城乡之间的教育差距仍然较大。第七次全国人口普查数据显示，四川省的常住人口 8367.5 万人中，拥有大学（指大专及以上）文化程度的人口约 1110 万人，平均每 8 个常住人口中就有 1 个大学生。与第六次全国人口普查相比，15 岁及以上人口的平均受教育年限由 8.35 年提高至 9.24 年。四川人力资本逐步发展，为四川带来的经济增长效益显著。但目前四川的教育分化较大，不同地区的教育水平各有差异，教育资源分布不均。在 15 岁及以上人口中，仅有成都市和攀枝花市的平均受教育年限超过全省平均水平，其中成都市平均受教育年限最长，为 10.85 年，但"三州"地区均不足 8 年，最短的甘孜藏族自治州仅为 6.89 年。[①] 教育分化导致的阶层固化和人口素质的发展落后不利于经济社会的长期发展。共同富裕迈上新台阶，教育的进一步发展不容忽视。

（三）再教育质量需提高

农民是农村发展的关键，也是促进共同富裕发展能力提升的关键。

---

① 数据来源：四川省统计局。

近年来，四川的再教育不断发展，职业教育兴办较为成功。截至 2021 年底，四川省职业学校共 564 所（其中高等职业学校 82 所、中等职业学校 383 所、技工学校 99 所），在校生 192.42 万人（其中高等职业学校 88.65 万人、中等职业学校 87.23 万人、技工学校 16.54 万人），办学规模居全国第七，西部第一。全省职业学校围绕现代农业产业体系设置相关专业点 237 个，加快培养适应农业农村现代化建设的乡村人才队伍。6 所学校入选全国乡村振兴人才培养优质校，数量居全国第二。全省职业学校开设专业 723 种，覆盖全部 19 个专业大类的 89 个专业类；围绕现代农业、现代服务业广泛开展技能培训和就业创业培训等各类培训 50 万人次。[①] 农业职业教育有了较大发展，但与全面推进乡村振兴的需要相比，还存在一定差距。在宏观上，尚未建立起完整的现代农业职业教育体系，农业职业教育存在脱节、断层或重复现象。尤其是本科及以上的农业职业教育成为明显短板，限制了各类农业技术技能人才的成长空间，制约了农业高层次创新型人才的培养。

第二节　四川共同富裕发展能力提升的影响因素及其作用机制

一　农产品市场价值较低，要素配置微观机制不畅

（一）农业生产投入产出比较低

四川是农业大省，推动农业经济的发展是四川省提升共同富裕发展能力的重要部分。近年来，随着乡村振兴和精准脱贫政策的实施，四川农业农村经济发展已经有了很大的进步，四川粮食及其他主要农产品的产量大幅增加，但农民收入并没有因产量的增加而增长，农产品的投入产出比较低，出现了增产不增收的现象。

---

① 数说四川职业教育：办学规模居西部第一 这些数据也冲进全国前列 [EB/OL]. 四川在线，2022-11-22 日. https://sichuan.scol.com.cn/ggxw/202211/58768512.html.

四川省地形复杂，气候条件多变，因此农产品的生产成本较高。四川农业生产成本持续上涨，部分农产品虽然盈利，但利润空间减少。除了农产品生产成本不断提高导致农业经济发展较为困难外，农产品的附加值较低、农产品产业链不完善也是农业农村经济发展的阻力之一。

目前，四川在农产品的加工、储藏、运输以及销售各个环节的发展都相对滞后，大多数仍然处于初级农产品销售的初级阶段，农产品的销售还没有形成完整的产业链，产业链后段的深加工技术较为薄弱，规模较小，因此农产品的附加值不高。

随着乡村振兴的深入，农村涉农企业、合作社和农户之间进行了农产品的生产和销售合作，但是其产业整合中的利益联结机制尚存在不足。在合作经济组织中，农民与其他成员间也存在一定程度的利益关系，但其作用有限。在企业、合作社与农户之间，主要的利益联结方式是土地的流转、提供租赁服务以及进行单向的销售活动。农民的主要收入来源是单向的销售和土地的流转，无法获取到产品加工后端和产业链条延伸后的收入。这样的利益联结机制并不完善，不利于提高农民收益。

四川是农业大省，特色农产品也较多，但是真正能够走出省份、走出国门，发挥品牌效力的农产品较少。品牌打造是农产品经营者和消费者沟通的桥梁，但目前大部分的经营主体缺乏标准化、品牌化发展的意识观念。目前，四川农产品区域公用品牌有资中血橙、安岳柠檬、会理石榴、泸州桂圆等；农业企业品牌有鹃城牌郫县豆瓣、张飞牛肉、青城茶叶、保宁醋等；农产品品牌有竹叶青牌绿茶、锐华攀枝花杞果、青川黑木耳、青峪猪肉等。四川大部分农产品仍未形成品牌或者品牌影响力较低，农产品附加值的提高效果有限。

（二）农业经营风险高，金融支持不够

四川的农业发展和农产品生产区域较为广泛，各地区之间农业生产也有很大的差异，面临的经营风险各不相同，经营管理的风险也较大。农业经营除了要面临农产品种植风险，防范天灾外，还要时刻注意市场风险，避免信息不对称所带来的利益损失。除了自然风险和市场风险

外，四川农业经营风险高还主要体现在以下几个方面。

一是四川农业产业结构不完善，导致农业经营的风险较高。地方政府对农业产业结构的调整缺乏宏观支撑体系和市场引导，各地区的农产品趋同性很强，许多地方出现了"你种什么我也种什么"的重复建设现象，导致农产品不能有效进入市场，销售不畅，价格低迷，农业经营和生产与市场需求变化脱节、错位。

二是四川农业种植零散，无法统一进行风险管理。四川土地散落，大部分区域很难形成规模化种植、专业化生产，农业的生产经营很难形成规模效应，小规模农业的抗风险能力较弱。

面对农业经营风险，金融赋能需要进一步加强。根据国家金融监督管理总局四川管理局的数据，截至 2023 年 6 月末，全省涉农贷款余额2.74 万亿元，连续 34 个季度实现正增长，全省县域平均存贷比同比提升 4.08 个百分点。按照"1 家银行＋1 家保险公司＋1 个重点帮扶县"的结对帮扶方式，"点对点"组织开展乡村振兴重点帮扶县金融帮扶工作，但目前金融对农业产业发展的支持力度还远远不够。一是信贷条件较高，产品不丰富，在审批过程中对农村居民的生产经营条件、还款能力等要求较高，导致许多农村居民难以申请到贷款。这些情况对于农村企业、农业产业的融资需求造成了影响，不利于农业产业的发展。二是农村金融机构主体较单一。涉农信贷的主力主要是农村信用社和农业银行，市场主体单一，竞争不充分，服务能力较弱。这样的市场结构满足不了乡村振兴的金融需求。

四川农业保险对农业生产经营的保障还不够健全，农业保险总体保障水平不高。主要体现在以下几个方面。第一，所提供的保险金额并不能全面涵盖农业的生产成本。现阶段，四川的农业保险主要还是依赖于直接的物质化成本，但随着土地、科技和劳动力成本的增加，保险金额与农户的成本投入之间的差距正在逐步扩大，这使得农业保险对农业经营实体的吸引力变得不足。特别是一些产粮大县、合作社和养殖专业户急需投保完全成本或收入成本农业保险。第二，地方特色农业保险未能有效推广。随着地方对特色农业发展的支持力度加大，特色种养殖业在不断扩大，农户的保险需求也日趋迫切，但由于市县基层财力有限，不能有效补贴，上级财政又不能覆盖，农户参保积极性不强，导致惠民政策很难落到实处。第三，农业保险的高质量发展与各个保险公司的服务水平并不匹配。不同保险公司农业保险的条款和标准存在差异，众多的专业词汇难以理解，这增加了农户和基层员工对农业保险的准确把握难度。由于保险公司服务能力的不足，农民无法真正体验到参与保险所带来的好处，从而导致农户投保的积极性减弱和农业保险的推广面临更大的困难。

四川利用期货市场助力农业体系建设还处于初级阶段，还存在许多问题。在此以"保险+期货"模式为例，分析四川部分地区利用期货工具存在的问题。首先，财政部门对"保险+期货"助农策略的支持与政策性农业保险之间的合作不足，这限制了"保险+期货"模式的广泛应用。在实施"保险+期货"模式试点的区域，项目的保费主要由期货交易所、地方政府和农户三方共同出资，其中期货交易所出资占主导地位，而地方政府在保费较重的情况下补贴比例相对较低，与国外期货农业保险的财政支持相比，存在明显的差距，这说明国内的期货农业保险还有很大的提升空间。其次，某些地方政府和农户在对模式的理解上存在一定的偏见。按照"保险+期货"模式的操作准则，仅当投保的农户真正遭受价格损失时，他们才可能获得相应的赔偿。然而，某些地方政府可能会对"保险+期货"模式的操作进行干预，强行要求在保险合同中加入"保底赔付"条款，即便没有触发赔付的条件，也要求赔偿农户。这不利于模式的推广，也不利于期货工具为农业生产经营提供助力。

（三）土地流转动力机制需完善

土地流转是影响当前农村经济发展的一个突出问题，自从有了农业生产，土地流转问题就存在。在市场经济的背景下，农户、农业企业和工商企业作为市场经济的核心参与者，是土地流转的关键力量。市场的运作机制驱使他们持续追求土地的更高经济回报，这也构成了土地流转的核心驱动力。四川省土地流转的内在动力不足，主要体现在以下方面。

第一，农户主动参与土地流转的意愿不强。四川地区作为人口流动大省，每年都有大量的农民选择外出打工，因此就会有大量的农田闲置，这就给土地流转提供了大量的土地资源。但是由于四川各地区的土地产权保护机制不完善、土地流转机制不健全、土地流转成本较高、人为操作因素过重等原因，许多从事非农工作的农户宁愿将土地抛荒，也不愿意将自己的闲置土地流转出去。

第二，新型经营主体较少，土地流转动力不足。新型经营主体掌握了一定的生产技术，租入土地进行规模经营，可以降低生产成本，提高生产效益，增加农业收入。在新型经营主体培育方面需要持续提升工作强度。截至2021年底，四川新型农业经营主体数量为1352家，其中500强农业企业24家，家庭农场691家，农民专业合作社637家。截至2022年底，四川拥有的500强农业企业增长到26家，但相比其他省份如山东（76家）、广东（62家）、黑龙江（44家）、江苏（41家），四川的新型经营主体数量仍然较少，不利于土地流转规模的扩大。①

第三，土地流转市场不健全，服务水平有待提高。土地流转市场不健全，土地的经济功能、商用价值并未完全开发，土地不能像商品一样自由、公开、透明地流通，土地流转大多是在农户之间进行。土地流转的价格信息不公开、不透明，且不同区域土地流转价格不同，信息不对称和交易费用高导致土地流转困难，难以形成真正的市场化交易。线上土地流转的平台很少，大部分土地流转需要通过政府、中介完成，服务水平有待提高。

二　脱贫地区经济基础较差，市场经济意识较薄弱

（一）脱贫地区自然条件恶劣

四川西部为高原、山地，海拔多在3000米以上，四川脱贫地区多

①　2021年中国新型农业经营主体发展分析报告（二）——基于中国农业企业的调查[N].农民日报，2021-12-20；2023年新型农业经营主体发展分析报告（二）——基于中国农业企业500强的调查[N].农民日报，2021-12-27.

位于西部，地形条件恶劣，高原、山地不适宜大部分农作物的种植。川西南山地河谷地区分布红壤以及黄红壤，该种土壤呈微酸性、黏性强，质地较硬，严重缺磷，肥力低；川西北高山地区由于海拔较高，岩石以受物理风化为主，成土作用弱，常为多棱角状碎石，土地资源比较少，土壤条件不适宜大部分农作物的种植。

由于西部脱贫地区多为高原、山地且海拔高，交通不畅，基础设施建设也较为落后，不利于经济的发展。脱贫地区的气候条件恶劣，气象灾害种类多，发生频率高、范围大，干旱、暴雨、洪涝和低温冻害经常发生。

（二）脱贫地区产业基础较差

四川大部分脱贫地区的产业基础较差，主要体现在以下方面。第一，脱贫地区交通优势不明显，虽然目前四川大多数的县区开通了高速公路，但是山高路远，交通相比其他区域没有优势，甚至处于劣势状态。因此，产业发展受到交通的影响，较为缓慢。第二，脱贫地区人力资源优势不突出，脱贫地区外出务工人员数量大，多数人不愿意在本地企业就业，导致本地企业特别是劳动密集型企业招工比较难。除了一般的工人以外，脱贫地区的高技能人才外流也比较严重，因此产业的创新发展受限。第三，基础原料资源优势不突出，大部分脱贫地区缺乏工业原料，因此无法支撑产业的长期发展，加之本地居民购买力不强，导致部分产业会出现原料和市场都不在本地区的窘境，因此产业不愿意在脱贫地区投资建设。第四，土地资源紧缺。四川大部分脱贫地区山多地少，多山少平原，因此不利于产业的建设，厂房建设困难。工业用地较少，所以即使有适宜发展的项目，工厂建设也会出现问题。第五，经济实力和基础技术不强，无法吸引工业建设。脱贫地区本身的经济发展就比较困难，基础产业不完善，加之工人技术培养不到位，导致产业发展潜力不大，对优质工业产业的吸引力不强。

（三）脱贫地区市场意识不够

第一，四川脱贫地区市场参与意识不够。部分脱贫区域处于封闭半封闭的经营状态，且由于该部分区域交通不便、信息闭塞，农民的传统观念转变缓慢，部分贫困农民只当生产者不当经营者，难以摆脱自然资源的约束和政策的帮扶。应当增强脱贫地区农民的市场参与意识，帮助贫困农民走向市场，主动适应市场发展，树立自力更生、艰苦奋斗的精神，增强脱贫地区农民的市场竞争力和可持续发展能力。

第二，四川脱贫地区市场竞争意识培养不够。脱贫地区长期以来以自给自足的自然经济为主，农民的社会分工和市场竞争意识较弱，难以形成专业化、规模化的生产，竞争力较弱，严重影响农村商品经济和市场经济的发展。另外，脱贫地区的教育不够，农民无法了解市场经济知识，成年农民的再教育培训基本还处于空白状态，缺乏知识和技能的农民与日益变化的市场之间差距过大，竞争力不足，导致了农民对生产的盲目性和对市场的排斥性。

第三，四川脱贫地区市场风险管理意识不够。由于脱贫地区的农民基本上是以传统农业为主，不少农民只能依靠当地的自然资源和自己的传统生产经验组织自己的生产，对先进的农业技术和科学文化知识的学习不够，同时由于农业本身的生产周期较长，农民生产所面临的自然风险和市场风险都较大。贫困农民由于市场参与较少，市场风险意识也就缺乏。因此，在引导农民进入市场的同时，对农民市场风险管理意识的培养也必不可少。

三　产业集聚优势明显，经济外溢性不够

（一）产业集聚增强成都经济在全国的竞争力

推进产业高质量发展的核心任务是实行产业建圈强链的策略，这也是成都产业持续发展的中心任务。在共建"一带一路"的背景下，加快推进国际物流中心建设成为成都的当前重要任务之一。目前，成都的产业集中度有了明显的提升，以国内外产业链的主要企业为代表的集群正加速在成都的集聚过程。依据成都有关部门的统计，2022 年，全市成功签约了 378 个重大和高能级的项目，总投资额达到 7237.59 亿元。

其中，超过 30 亿元的项目有 131 个，总投资额为 6103.78 亿元；成功吸引了 278 个产业链的关键配套项目，这些项目的总投资额为 268.49 亿元，而产业化的项目实际吸引了 3358.03 亿元的内资。这些项目主要集中在高端装备制造、电子信息等领域，涉及生物医药、新材料、新能源汽车、节能环保及航空航天等高新技术行业。到 2021 年底为止，成都的世界 500 强公司数量已经增长到 315 家。凭借在招商引资方面的创新措施，2022 年底，成都的经营主体总数已经达到 364 万户，位列副省级城市的第 2 名。①

具体而言，以成都高新区产业集聚为代表，在新型显示产业方面，围绕京东方等龙头企业，梳理上下游产业链，制定招商作战图。2021年，成都高新区共落地上下游配套项目 12 个，总投资 205.6 亿元。其中，100 亿元项目 1 个、30 亿元项目 1 个、10 亿元项目 2 个。② 该区通过"强链稳链补链"思路招引项目，围绕京东方、天马、莱宝高科、路维光电、中光电、出光兴产等新型显示龙头企业，初步形成了由上游原材料和零部件、中游显示面板和模组、下游显示应用组成的产业生态圈，推动产业生态圈打造，推动产业高端化、集群化发展。

在成都市的产业生态圈中，除了正在建设的强链外，成都都市圈和成渝地区双城经济圈也是关键的锚定对象，这些为成都的产业生态圈注入了更多的活力。其中，《成德眉资同城化发展暨成都都市圈建设成长期三年行动计划（2023~2025 年)》显示，目标是到 2025 年，培育形成 2 个万亿元级优势产业集群和若干千亿元级特色产业集群。

（二）区域产业链协同水平需提升

根据《成都市"十四五"制造业高质量发展规划》，成都经济的产业支柱是电子信息、汽车制造、食品饮料、装备制造、生物医药五大产业。近年来，成都的数字娱乐产业、第三产业、金融产业、旅游产业、

① 2022 年中国最具投资吸引力城市 成都获第一名［EB/OL］.中国新闻网，2023-04-03.https://www.chinanews.com.cn/cj/2023/04-03/9983178.shtml.
② 提前 50 天封顶！京东方成都车载显示基地项目预计今年 12 月实现投产［EB/OL］.澎湃网，2022-06-30.https://www.thepaper.cn/newsDetail_forward_18809711.

电子信息产业、生物医药产业、化学化工产业、家具和鞋类制造产业、动漫和传媒产业、航空航天产业也得到了较大的发展。但与省内其他地市的产业协同水平还需提升。

第一，中心城市的产业向邻近城市的迁移是效率低下且分散的。伴随着经济的迅猛增长，各种要素的成本持续上升，再加上成都的产业布局调整，部分成都之前的传统主导产业正在逐渐向邻近的市州迁移。如纺织服装等传统产业向周边市县进行集中布局，而其他的劳动密集型产业则主要向外迁移。然而，在产业转移的实际操作中，并没有形成一个统一的转移模式，而是分散地转移到多个市州，从而失去了原有的产业集群优势。产业在转移到周边市州后没有产生规模效益。因此，当产业迁移到附近的市州时，它们无法充分发挥集中效应，也不可能产生更高的经济回报。

第二，省会城市与邻近的城市在产业结构上有很多相似之处，产业之间的联系并不紧密，这导致它们难以形成一个完整的产业链来共同进步。从经济效应来看，在省会城市带动周边地区的同时，周边地区也对它产生了一定程度的影响，尤其是在承接产业转移方面作用巨大。产业链的协同合作被视为推动区域产业协同增长的关键方式之一。成都与邻近的市州在产业结构上有很强的相似性。例如，《绵阳市工业"十三五"发展规划》中确定的电子信息、汽车、新材料、节能环保、高端装备制造、生物、食品和化工八大核心产业，与《成都制造2025规划》中的主要发展产业有着显著的一致性。这种情况使得中心城市与其邻近城市在产业链的上游和下游之间的协同发展变得困难，甚至可能出现省会城市与其邻近城市争夺资源的情况。

（三）区域互补性需加强

在经济全球化和市场竞争日益激烈的背景下，资源整合成为经济实现可持续发展的重要战略选择。四川是一个资源丰富的省份，资源整合对于四川经济发展具有重大意义。在四川全省范围内进行资源整合可以实现产业结构升级，推动区域经济发展，提高产业的竞争力和资源的利用效率。

目前，四川区域的互补性需要加强，成都平原经济区、川南经济区、川东北经济区、攀西经济区和川西北生态示范区之间的发展差距仍然较大，五个地区之间的要素跨区域流动、基础设施衔接和产业配套协作都还不成熟，各地区之间的比较优势都无法得到充分发挥，因此无法形成优势互补格局。

四 产业结构升级加快，自我发展能力不足

（一）新经济来临，产业结构升级加快

随着科技的不断发展和全球化的加速推进，各个国家和地区的经济竞争越来越激烈。产业结构升级已成为许多国家和地区的重要战略之一。技术的进步是推动产业结构转型升级的因素，随着科技的不断发展，新的技术和产品不断涌现，这些新的技术和产品往往会对原有的产业造成冲击，压缩原产业的生存空间。如果地区不能跟上技术变革的步伐，就会面临市场淘汰。

另外，经济社会不断发展，人们的生活水平提高，消费观念也向着追求产品的高质量和良好的服务态度转变。因此，市场对企业提出了新的要求，迫使企业及时调整自己的产品和服务，提高产品质量和服务水平，从而在市场上获得更强的竞争优势。

产业结构升级能够推动经济的转型升级，提高产业的核心竞争力和创新能力，促进经济的长期可持续发展。新兴产业具有更高的技术含量和更大的市场需求，更能适应当前经济形势和社会发展需求，因此产业结构的升级是不可避免的发展趋势。

（二）主动适应经济变化的能力需提升

脱贫地区人民的自我认知能力和学习能力较弱，在接受外来知识和经验方面缺乏应有的自觉性和能力。由于长时间的封闭和半封闭状态，脱贫地区的人民逐渐形成了相对固定的、保守的、落后的、非理性的经济观念。他们本能地不愿意接受新的环境、新的生活方式和新的生产方

式，从而导致地方政府在推广经济发展项目时受到排斥，各种促进经济发展的项目实施困难重重。受地理条件和社会发展程度制约，脱贫地区人民的自我发展意识、创新意识、当家理财能力等较弱，素质型贫困问题突出。脱贫地区经济发展方式转型困难，产业结构调整难度较大，普遍缺乏稳定的增收项目和支柱产业，农业产业发展尚未转化为经济优势，仍未摆脱靠天吃饭的局面，因灾返贫现象严重。

第三节　四川促进共同富裕发展能力提升的路径

一　增强乡村地区发展能力

（一）健全城乡产业互促机制，加快推进农村产业融合发展

健全城乡产业互促机制，为城市企业总部和乡村生产加工基地打造一个产业空间布局，明确城市周边乡村的发展定位，使之承接城市的外溢产业，形成产业链上下游协同发展格局，利用产业链的协同发展，将产业链中的相关企业集中到乡村和城市，从而形成具有特色的产业集聚区和城乡产业集群示范区等。这样可以更好地发挥产业融合发展的集聚效应，进而带动城乡居民增加收入，实现致富。

同时，加快推进农村产业融合发展，依托悠久的农耕文化、良好的自然环境、丰富的农业资源，推进农村三产融合发展，统筹推进农业产业全链条升级，完善农业生产供应链、精深加工链、品牌价值链"三链"同构。开展农产品精深加工提升活动，培育引进龙头企业，着力做大做强农产品加工业。创新销售渠道，完善流通体系，拓展农产品销售市场，打造农产品品牌。依托国家农村产业融合发展示范园，拓展农业多种功能，深化农文旅融合发展，深化农业供给侧结构性改革，构建现代农业产业体系，不断提升农村产业发展能力。

以先进要素渗透促进农村产业融合发展。将互联网、云计算等现代信息技术，遥感、卫星导航等技术设备，应用于农业生产、加工和销售等环节，促进农业产业融合，催生农村电商、智慧农业等新兴业态，助

力产地直销、农商直供等个性化农业经营模式的诞生。深入推进农业科学技术与农村产业融合，发挥先进技术在从种植生产到加工销售、产品对接、服务衔接等方面的积极作用，实现节本、增产和增效，促进数字农业产业发展，提升乡村产业发展能力。

（二）完善基础设施和公共服务，构建现代化基础设施和公共服务体系

提高四川乡村地区的自主发展能力，加速农村的公共基础设施建设是至关重要的。乡村的脱贫区域主要是山地和丘陵地形，其基础设施相对落后。为了推动乡村地区的进一步发展，有必要进一步完善和构建现代化的基础设施体系。因此，需要加大对农田水利工程和农业生产用水项目的建设力度，推动城乡一体化进程，为农民群众带来更多实惠。需要加大交通基础设施的建设力度，推动交通运输高质量发展的试点项目，加强城乡公路和铁路的建设，优化航运系统，并提升机场的运输效率；加大水利设施建设力度，改善农业生产条件和生态环境。还需要加强乡村地区的民生基础设施建设，确保区域内的教育、医疗、文化等与民生息息相关的设施得到进一步完善，从而优化该区域的居住环境，增进人民的幸福感，并为他们创造一个有利的发展氛围。

持续推进城乡基本公共服务均等化，丰富多层次多样化生活服务供给，构建优质均衡的公共服务体系，是推动共同富裕发展能力提升的重要举措。加快优质公共服务向乡村、经济薄弱地区延伸，着力推进基础教育优质均衡发展，优先保障教育投入，优化学校建设布局，加大教师补充力度，完善城乡一体化的义务教育发展机制。着力实施卫生强基工程，积极发展医疗事业集团和医联体，多渠道破解基层公共卫生服务机构发展难点，全面提高基层医疗卫生服务水平。着力增强社会保障功能，持续提升城乡基本养老保险参保率，实现城乡低保标准统一并轨。在公共服务体系建设方面，要坚持问题导向，着力补短强弱，用优质均衡的公共服务普惠于民，实现公共服务保障与经济社会发展"同频共振"，为乡村发展能力提升提供保障。

同时，为了加强交通、教育、医疗、社保和养老等领域的城乡基本公共服务，需要进一步深化数字技术在基础设施和公共服务中的应用，确保提供精确、高效和智能的服务，从而构建一个现代化的基础设施和公共服务体系。加大基础设施建设投入力度，完善乡村地区功能建设，扎实推进乡村空间治理、农村人居环境整治、农民住房条件改善，健全基本公共服务标准体系。针对幼儿教育、劳动收入、医疗需求以及老年生活保障等多个方面，根据实际情况制定覆盖城乡的基本公共服务的具体执行标准，开展基本服务达标行动，以确保人民群众的基本公共服务权益得到有效保障。注重推动"硬设施"与"优服务""软服务"相结合，优化人才队伍及发展软环境，确保硬件设施与服务水平相得益彰，发挥促进共同富裕发展能力提升的重要作用。

（三）培育发展特色优势产业，全面提升产业竞争能力

发展特色优势产业、提高产业竞争能力是乡村地区发展的直接动力。有选择地扶持和培育特色优势产业。在发展粮油、果蔬、畜牧、药材等传统特色农业的同时，推动科技创新和产品开发，促进产业和产品结构的换代升级，推进农业产业化，增强农产品的比较优势和竞争能力。特色农产品产业化发展，特色农产品产业带和优质农产品生产区域性布局的形成能够带来效率增进。以特色农产品产业带为基础进行布局，能够促进仓储、冷链等物流基础设施建设，加工转化，区域品牌培育和农业产业技术体系建立，能够带来农业产业效率的提高和规模效应的增强。

调整农业种植结构，依托地方资源禀赋，因地制宜发展特色农产品种植，鼓励、支持农户种植特色农产品，调动农民种植特色农产品的积极性，通过"合作社+村级集体经济+农户"的模式引导、带动农户进行特色农产品种植，发展乡村特色优势产业，推进特色农产品规范化种植和产业化发展，拓宽农民增收致富渠道，促进农业增收、农民增收。同时，打造特色农产品加工业，提高特色农产品产业的竞争能力。通过精加工提高农产品附加值，提升"土特产"效益，全链条推进乡村特色优势产业的发展，促进农产品加工业规模化发展，提高农产品加工转化率。

推进乡村特色产业数字化发展，借助电商平台发展特色农产品产业新业态。边远地区流通能力有限，面临距消费市场远、获取市场信息成本高、议价能力弱等问题，易出现好产品卖不出、卖不好等情况。引进电商平台模式可以扩大地方特色农产品的市场半径，以低投入的优势拓展销售渠道，降低消费者的信息搜寻成本，助力特色农产品的品质增信和品牌溢价。借助电商平台发展乡村特色农产品产业，发挥电商在特色产业产销对接、品牌打造、附加值提升等环节的重要作用，共同推动特色优质高效农业的发展。

（四）突出县域经济发展，增强城乡融合桥头堡功能

县域作为我国经济社会发展的基本单元，在推动城乡融合发展中具有重要作用。对于四川这样一个拥有183个县域并在全国县域数量上位居首位的地区来说，推动县域经济的发展不只是实现城乡经济融合的关键途径，也是实现共同富裕发展能力提升的重要手段。

全力发展县域内的优势和特色产业不仅是推动县域经济增长的关键途径，也是加强城乡一体化发展的核心支柱。搭建产业平台，突出新型工业化，推进特色产业集群发展，坚持"一县一主业"，实施县域百亿元主导产业培育行动，梯度培育县域产业集群，推进产业园区特色化、专业化、集约化发展。同时，延伸农业产业链，促进种植与养殖的结合，大幅推进农产品加工行业发展，培育和壮大休闲农业、乡村旅游和农村电商等新兴业态，以引导农村的第一、第二和第三产业实现更好的融合发展。

促进县域公共服务资源配置均衡高效，大力增强县域经济的辐射带动能力和衔接互补能力。通过发挥市场在资源配置中的决定性作用，畅通城乡要素双向流动，形成人才、土地、资金汇聚的良性循环；努力将县城的基础设施扩展到乡村，强化乡村道路网络与主要交通干线之间的连接。同时，开展县级的商业建设活动，确立并完善城乡基础设施的一体化建设和管理机制；完善县域教育体系，加快乡镇中小学布局规划编制工作。执行县级普通高中的发展和提升计划，建立县级医疗卫生次级中心，并尝试推进县乡公共服务的一体化示范建设，促进县域公共服务资源配置更加均衡高效，增强县域的辐射带动能力，促进城乡功能衔接互补。

支持有条件的镇发展成为县域副中心，聚力推进小城镇差异化发展，增强县域经济发展的节点作用。通过分类培育，进一步促进中心镇差异化发展，做大做强中心镇的布局，培育建设实力强劲的省级百强中心镇，引领带动小城镇高质量发展。中心镇不仅是连接城乡资源流动的关键节点，也是农业转移人口实现就近和就地城镇化的主要途径。同时，它也是消除城乡二元体制障碍和促进城乡融合发展的重要支撑点。支持有条件的镇发展成为县域副中心，可以更有效地发挥县域的城乡融合桥头堡功能。

二　增强相对落后区域的发展能力

（一）推动成渝地区双城经济圈建设，优化区域生产力布局

推动成渝地区双城经济圈建设走向纵深发展，集中精力优化主要的生产力布局。促进区域协调发展，增强相对落后区域的发展能力。让生产力布局更合理，是重要经济命题也是重大民生课题，直接影响整个社会生产系统的功能发挥和资源配置效率，间接影响生产关系尤其是就业结构及机会分配。

充分利用成渝地区的资源优势和自然特点，发挥它们在全国甚至全球的物流和交通枢纽作用，构建"两纵四横"现代综合立体交通网络。依托西部陆海新通道、中欧班列、长江黄金水道，构建西南地区的物流枢纽，通过全球资源配置，将成渝地区发展成为确保国家重要初级产品供应的战略基地。同时，积极引导中央企业和国内领先企业在成渝地区进行重大生产力的布局，以培养成渝地区具有国际竞争力的先进制造业集群，并努力使成渝地区成为我国制造业产业链和供应链战略的重要组

成部分。

扩大成渝两地自由贸易试验区的卫生健康领域实验内容，将之建设成为医药科技创新中心，推动成渝地区打造全国高质量发展的重要增长极。发挥地区产业发展优势，推进生物医药企业自主创新能力提升，促进医药工业转型升级。支持成渝地区规划布局智能应急产业园，进一步推动成渝地区双城经济圈建设，建设川渝地区新的动力源。把成渝地区培育为平急转换产业的先行区，推动成渝经济区创新发展，提高区域高质量发展能力。

（二）促进成都经济中心的辐射带动，引领"五区共兴"

"五区共兴"不仅是解决发展不均衡问题的实际需求，也是提高共同富裕发展能力的不可或缺的条件。促进成都经济中心的辐射带动，引领"五区共兴"，培育"各有优势、各具特色、相互促进"的发展格局，能促进全省区域经济协同联动。

提高成都经济中心的辐射带动能力，着力壮大次级增长极、培育新兴增长极。明确着力建强现代化成都都市圈，不断增强其核心功能和对周边地区的辐射和带动效应。与此同时，努力促进其他城市与成都之间的交流与合作，深入推进同城化发展、产业协作一盘棋、政策设计一体化。具体而言，鼓励其他的市州进一步加强与成都的交流与合作，提升川南经济区作为南向开放门户的功能，以塑造全省经济增长的第二极；加速川陕革命老区的振兴和发展，积极推进川东北经济区的创新资源开发和本地资源转化，旨在快速构建川陕革命老区的振兴发展示范区和绿色产业示范基地；努力推进川西生态示范区在长江和黄河上游建立稳固的生态屏障，以确保它在全国民族团结进步示范州中的领先地位。

依据省内各个区域的发展状况和产业特性，采取有针对性的政策措施，以实现产业之间的高效协同发展。深化"一极"打造，围绕增强成都极核和主干功能，做强成都发展主轴，推进周边城市产业协同，促进周边城市优先承接成都的功能疏解和产业外溢，发挥成都都市圈的辐射作用，促进成都平原经济区内制造业的协同和联动发展。加速"两翼"的建设进程，进一步加强成渝地区双城经济圈南翼地区的产业联动和集聚，以及成渝地区双城经济圈北翼地区之间的产业合作。促进川南地区制造业的飞跃式增长，并推动与渝西地区制造业的深度融合与共同发展。促进"三带"完善，发挥沿线、沿江优势，优化产业布局，打造以创新驱动、绿色转型、集聚发展为特点的产业基地和制造业集群。

在交通运输领域，发挥交通运输的基础性、先导性、服务性功能，提升成都平原经济区联动"四区"的能力，为"五区共兴"提供交通支撑。增强成都天府国际机场、双流国际机场的枢纽转换和集散功能，以建设联动大通道促进要素高效流动。确保区域间的微循环畅通，重视相邻地区的融合发展，并加速普通公路瓶颈路段的建设。

（三）巩固拓展脱贫地区扶贫成果，增强内生发展动力

持续巩固和拓展脱贫地区的扶贫成果，并持续推进这些地区的发展。要坚持精准识别、分类施策，着力解决贫困人口增收困难问题。持续加强对那些经济发展条件相对落后、在脱贫攻坚中成果尤为重要的地区的支持。通过综合运用财政、金融、土地、人才、基础设施建设和公共服务提升等多方面的政策和措施，进一步加强对国家和省级乡村振兴重点帮扶县的援助，以提升这些县的区域发展能力。强化对贫困村的"输血"功能，引导贫困户主动融入产业开发体系。支持大小凉山彝区，优化扶持政策，确保凉山州能够按照既定规定，将脱贫攻坚的成果与乡村振兴的示范工作有效地结合起来。建立一个持续监测机制，加强对已经脱贫的村庄的监控，同时也要考虑到那些尚未脱贫的村庄的发展。特别是要重点关注涉及重点生态功能区、重大工程项目、传统历史文化的村庄以及边缘地区的村庄，并根据实际情况，迅速弥补这些村庄在脱贫方面的不足。

致力于发展和壮大贫困地区的乡村特色产业，以增强其内在的发展动力，并重视产业的长期和持续培育。因地制宜地制定政策引导和扶持产业集聚发展。尊重市场和产业的发展规律，以增强产业在市场上的竞争力和对风险的抵抗力。坚持因地制宜、分类指导原则，以市场需求为导向，突出地方优势与特色，加快推进农业产业结构调整和转型升级。按照县级单位进行乡村特色产业的规划和发展，开展特色种养产业的提升活动，完善生产、加工、销售和消费的全产业链支持措施，加强创新导向，集聚各种资源要素，以扩大产业的增值和增效空间。加大政策引导力度，建立多元化投入体系，推进精准扶贫工作落实到位。支持和培养如龙头企业、致富领袖、新型职业农民以及农民专业合作社等新兴的经营实体，以促进贫困人口和边缘可能脱贫的人群更好地融入产业链的利益链条，并进一步完善利益的联结机制。

努力促进贫困地区新型业态的整合发展，并使之积极参与到经济的全产业链中。发挥特色产业优势，加快推进特色产业扶贫工程，引导贫困户通过种植养殖、加工制造、旅游休闲等多种方式实现脱贫致富。推动生态产业的发展，鼓励贫困地区深度挖掘农业和农村的生态涵养、康养度假等新的价值，建设具有生态旅游特色的村镇和具有少数民族特色的村寨，以形成脱贫地区的乡村绿色产业链；发挥互联网在脱贫攻坚中的作用，推进"互联网+"精准扶贫，实现贫困地区生产生活方式的数字化转型，带动贫困户脱贫致富。为了促进脱贫地区特色农产品的销售和增加脱贫人口的收入，实施消费支持措施，完善销售体系，并建立线上线下的销售平台。

三 增强贫困人口的发展能力

（一）强化核心价值观引领，加强精神文明建设

着力破除部分贫困群众"等靠要"的思想，强化核心价值观引领，提升脱贫人口的道德水准和文明程度是持续巩固拓展脱贫攻坚成果、防止返贫致贫任务的重要环节。善于运用榜样的带动作用，引导贫困群众见贤思齐、向上向善，实现贫困群众由"要我脱贫"到"我要脱贫"的思想转变，激发贫困群众感恩奋进、夺取全胜的内生动力。倡导不等不靠、自强不息的价值取向，大力弘扬自力更生、勤劳致富的思想，持续推进感恩奋进等核心价值观主题教育，引导贫困地区群众树立脱贫奔

康志向，促进脱贫群众积极主动地学政策、学法律、学文化、学技术，用勤劳的双手创造幸福美好的生活。

移风易俗，打破贫困地区的思想桎梏，大力实施精神文明建设，不断激发它们脱贫的内生动力。加强农村精神文明建设，改善农民精神风貌，培育文明乡风、良好家风、淳朴民风，不断焕发乡风文明新风尚。结合村规民约培育行动和自治组织建设行动，推动将移风易俗要求纳入现行村规民约。同时，长期开展文化活动，不断弘扬中华优秀传统文化和良好家风，因地制宜开展乡土文化特别是民族文化活动，推进贫困村综合文化服务中心建设，以丰富多彩的文化活动凝聚人心，激发贫困群众脱贫攻坚的斗志，为脱贫攻坚汇聚强大精神动力。

（二）强化公共服务建设，增强群众人力资本积累

强化公共服务建设，促进基本公共服务均等化，是落实以人民为中心的发展思想，也是推动共同富裕发展能力提升的重要举措。

强化公共服务建设，消除城乡之间的要素流动障碍，确保农业转移的人口能够真正地融入城镇生活中。根据地方财政能力推动公共服务产品不断向高标准、高品质方向转变，关注重点地区、重点领域和困难群体，编织民生保障网。合理引导社会预期，优先保障基本公共服务供给，逐步扩大供给范围，实现公共服务保障与地区经济发展相适应。提高县级公共服务的供给质量，持续改进县城的教育、医疗和养老设施，并将这些服务扩展到乡村地区，以吸引更多的人才在县城工作和定居，从而更好地服务乡村发展，为乡村产业的复兴奠定坚实的人才基础。

促进公共服务普惠性建设，用优质均衡的公共服务普惠于民。针对公共服务建设不平衡不充分问题，聚焦群众急难愁盼问题，加快公共服务延伸。着力推进基础教育发展，优先保障教育投入，继续实施特殊教育提升计划，加强寄宿制学校建设，增强优质学位供给，优化学校建设布局；执行针对家庭经济困难学生的资助政策以及民族地区的教育援助政策，落实农村义务教育学生的营养改善方案，并加强对农村儿童的教育和关爱工作。着力实施卫生强基工程，完善公立医院医师多点执业制度，加快构建基层医疗卫生服务机构，提升农村医疗保障待遇水平，完善城乡居民基本医疗保险分类资助参保政策，全面提升医疗卫生服务水平。着力健全住房保障供应体系和提高基本住房安全保障水平，针对低收入家庭、城镇新市民等重点群体，加大保障性租赁住房供给力度，加快建成多主体供应、多渠道保障、租购并举的住房制度体系，保障低收入人口的基本住房。

健全多元参与共建共享投入机制，强化政府对基本公共服务供给的主体责任，建立稳定的财政资金保障机制；鼓励支持各类经济主体和社会组织参与基本公共服务补充供给，放宽市场准入，建立健全政府引导、市场运作、社会参与的基本公共服务多元化资金投入机制。同时，健全基本公共服务标准体系，结合实际制定具体实施标准，开展基本公共服务达标行动，建立健全科学可行的监测评估制度和绩效考核方法，及时发现新问题、解决新问题，促进基本公共服务保障水平均衡且稳步提升。

（三）强化财政金融政策倾斜，创造良好就业环境

加大财政政策的支持力度，增加对稳定就业地区的财政补贴，确保脱贫人口能够有补贴、有途径、有组织地外出务工。在产业端，实施精准扶贫和对口支援，推动贫困地区加快发展。通过实施如求职和创业补贴、跨省就业交通补贴等多种激励措施，激发贫困人口外出务工的积极性，并激励他们自力更生。加强职业技能培训和技能鉴定工作，提高劳动力的市场竞争力，为脱贫人口提供更多就业机会。在企业方面，对于那些为脱贫人口提供就业机会的企业，都应按照相关规定执行社会保险补助、创业担保补助以及贴息等相关政策。对于那些为脱贫人群提供有组织的劳务输出的人力资源服务机构和劳务经纪人，给予就业创业的服务补贴。

深化财政政策的作用，支持以工代赈，拓宽脱贫人口就业渠道。激励脱贫地区更广泛地实施以工代赈的策略，增加财政对地方以工代赈计划的资金支持，从而帮助农村的脱贫居民和低收入人群等关键群体实现

稳定的就业和增加收入。通过农村基础设施建设、生态农田维护整治等涉农项目，充分发挥以工代赈促进就业的作用。同时，积极引导金融资本倾斜，通过金融资金支持产业发展，发展壮大就业帮扶车间，给予返乡入乡创业农民创业担保贷款及贴息扶持政策，鼓励优秀农民工返乡创业，推动以创业带动就业。

加大财政金融支持力度，增加普惠性人力资本投入，支持脱贫地区、乡村振兴重点帮扶县建设培训基地和技工院校，打造职业教育培训链条。加大脱贫人口、农村低收入人口职业技能培训力度，扩大技工院校招生和职业培训规模，支持脱贫农民、农村低收入人口就读技工院校，按规定享受生活补贴、学费减免和奖助学金政策。为农民提供更加普惠包容的教育基本公共服务，使之能够更好地接受教育从而获得自我发展的能力。

第九章　四川推进共同富裕的政策体系创新

　　政策是党和国家为实现特定目标而制定的行动准则，直接关系实践活动的成效。党的十八大以来，习近平总书记尤其重视政策的科学性和有效性，强调："出台政策措施要深入调查研究，摸清底数，广泛听取意见，兼顾各方利益。政策实施后要跟踪反馈，发现问题及时调整完善。要加大政策公开力度，让群众知晓政策、理解政策、配合执行好政策。"① 习近平总书记关于政策的重要论述为四川完善推进共同富裕的政策体系提供了根本遵循。立足四川推进共同富裕的发展态势，四川推进共同富裕的政策体系创新，应以缩小城乡差距、区域差距、收入差距为主攻方向，以完善欠发达地区优先发展政策、民生改善城乡互融政策，以及"扩中""提低"行动政策为抓手，不断促进四川共同富裕发展水平均衡、发展质量升级和发展能力提升，走出一条把握时代大势、符合发展规律、体现四川特色的推进共同富裕政策体系高质量建设之路。

第一节　四川推进共同富裕政策体系的内涵与框架

一　关于推进共同富裕政策体系的一般概念界定

　　实现共同富裕是一个"等不得，也急不得"的长远目标。要实现

---

① 以新发展理念闯出发展新路［N］.南方日报，2016-05-27（01）.

这一宏伟目标，既需全党全民族的勠力同心，也需构建科学高效的政策体系，以高质量的推进共同富裕政策体系服务全面建设社会主义现代化国家、实现第二个百年奋斗目标，服务中华民族伟大复兴历史进程。①

在正式回答构建一个什么样的推进共同富裕政策体系之前，首先需要厘清概念，即回答什么是推进共同富裕的政策体系。毛泽东曾指出："政策是革命政党一切实际行动的出发点，并且表现于行动的过程和归宿。一个革命政党的任何行动都是实行政策。"② 毛泽东的经典论述反映了政策是某个特定团体为了实现某个既定目标而开展的有计划的活动全过程。因此，本章所讨论的推进共同富裕政策体系，是指为了实现共同富裕，由各级党政部门制定的有助于缩小城乡、地域与人群的发展差距，提高人民生活品质、促进人的全面发展的各类政策措施总和，是一个包括政策目标、政策设计、政策实践等一系列要素的有机整体。③

首先，从政策目标来看，推进共同富裕的政策体系不仅强调物质富裕，也注重物质与精神文化的协调共生；不仅强调经济社会发展，也注重城乡、区域和人群之间的均衡发展；不仅关注个体生活品质的提升，也注重个体的内生发展动力增强和社会的内部互助能力提升。其次，从政策设计来看，政策的客体对象和理论分析框架决定了政策设计的具体内涵与外延。例如，有学者针对困难群体减贫现状，指出促进困难群体共同富裕的政策体系应包括纾困政策、发展政策和普惠政策三类。④ 有学者从共同富裕的本质出发，认为可从社会保障政策、社会赋能政策、社会凝聚政策、社会共享政策、社会发展政策五个方面设计推进共同富裕的政策体系框架。⑤ 最后，从政策实践来看，推进共同富裕的政策体

① 陈龙，吴春玲．促进农民农村共同富裕的主要原则和有效路径［J］．中共山西省委党校学报，2023，46（1）：50-56.
② 毛泽东选集（第四卷）［M］．北京：人民出版社，1991：1286.
③ 王枫云、韦梅主编．城市治理概论［M］．广州中山大学出版社，2021：60-61.
④ 杨文圣．促进困难群体共同富裕的社会政策体系建构［J］．甘肃社会科学，2023（4）：159-167.
⑤ 贾玉娇．共同富裕型社会政策：理论内涵、政策体系与实践路径［J］．社会科学文摘，2023（3）：93-95.

系是一个动态变化的过程，包含政策制定、发布、实施、评估、反馈、修正等多个环节。因此，想要通过政策内容达到政策目标，真正发挥出政策的激励、引导、规范等功能，还必须建立事前事后评估反馈政策，事前精准制定、事后灵活调整相应政策内容，在发展中不断完善推进共同富裕的政策体系。

二 四川推进共同富裕政策体系的分析框架

根据上述对推进共同富裕政策体系的界定，本章从政策目标、政策设计、政策实践三个维度来把握四川推进共同富裕政策体系的内涵本质。

就政策目标而言，根据四川发展实际，围绕到2035年"人的全面发展、全体人民共同富裕取得更为明显的实质性进展"这一中长期目标，本章把四川推进共同富裕的政策体系细分为乡村振兴与扎实推进共同富裕并存期和共同富裕全面推进期两个阶段。现阶段正处于乡村振兴与扎实推进共同富裕并存期，此时政策体系的核心目标是发展水平均衡、发展质量升级、发展能力提升，以为下阶段全面推进共同富裕奠定扎实基础。

政策目标决定了四川推进共同富裕政策体系的内容设计。基于"发展水平均衡-发展质量升级-发展能力提升"分析框架，四川推进共同富裕的政策体系可由三大类构成：一是欠发达地区优先发展政策，具体包括强农富农政策、脱贫地区帮扶政策以及革命老区、民族地区与盆周山区扶持政策等，以促进四川共同富裕发展水平均衡；二是民生改善城乡互融政策，具体包括社会保障政策、城乡要素平等互通政策和人民精神普遍富足政策等，以促进四川共同富裕发展质量升级；三是"扩中""提低"行动政策，具体包括收入公平分配政策、就业创业帮扶政策、营商发展支持政策等，以促进共同富裕发展能力提升。

政策设计指导政策实践，政策实践结果反过来制约政策设计。因此，完善的政策体系离不开科学有效的事前事后评估反馈政策。在共同富裕型社会，人民群众是社会实践的主体，政策是否有效，必须经受民众检验，以是否满足人的美好生活向往、是否实现人的全面发展为依据。具体包括两个方面内容。一是完善的政策试点试验和总结扩散制度,增强政策的有效性、可行性和适应性。二是科学的政策跟踪反馈和评估办法,在广泛实践中随时验证政策质量,以保证各级党政部门能够根据实践反馈结果和主客观矛盾变化,及时修缮政策设计,使之更好地贴合政策目标。

第二节　四川推进共同富裕政策体系的基本发展态势

一　四川推进共同富裕政策体系的形成发展历程

四川推进共同富裕政策体系的形成发展历程与新中国成立后党中央领导的共同富裕道路探索同向同行,是全国一盘棋推进共同富裕政策体系建设进程的生动缩影。

(一)　早期探索期(1949~1978年)

共同富裕是在社会主义过渡时期提出的一个重要历史概念。1953年,中共中央在《关于发展农业生产合作社的决议》中正式使用"共同富裕"一词,指出"使农民能够逐步完全摆脱贫困的状况而取得共同富裕和普遍繁荣的生活"。回溯当时的历史情境,可以看出,在社会主义革命和建设时期,"共同富裕"的概念内涵有其特定历史意蕴,主要用意在于以通俗易懂的方式让农民理解农业合作化运动的重大意义,"稳下心来走互助合作、共同富裕的大路"①。由此可见,这一时期的"共同富裕"主要起到农业合作化政策的宣传辅助作用,以充分调动农民参与合作化的积极性。

遵循中央指示,四川在推进农业合作化之时,采取多种形式,如放映电影等,发动农民自诉,帮助农民群众初步树立起共同富裕的理想信念,认识到"只有发展互助合作才是使全体农民共同富裕的正确道路"②。

---

① 既要做好粮食收购工作 又要达到农业增产的目的 [N].人民日报,1953-12-02(01).
② 全国农村普遍宣传总路线 推动了互助合作运动和生产、购粮工作 [N].人民日报,1954 01 04 (01).

在共同富裕目标的指引下，四川省农民群众积极地组织农业生产合作社和互助组，双流县团结村濒临"垮台"的互助社得到巩固，它还准备建立农业生产合作社。①

总的来看，在社会主义革命和建设时期，共同富裕作为中国共产党执政所遵循的根本道路和远景目标业已被提出，其主要历史作用是引导激励四川省农业合作化运动，推进共同富裕尚未作为独立的政策体系呈现。

（二）开拓起步期（1978～2012年）

1978年以后，伴随着城乡经济体制改革的深入和以邓小平为主要代表的中共中央对"什么是社会主义，怎样建设社会主义"这一重大问题的科学回答，推进共同富裕实践步入新台阶。② 邓小平同志于1992年指出社会主义的本质是"解放生产力，发展生产力，消灭剥削，消除两极分化，最终达到共同富裕"。随后，以江泽民、胡锦涛为代表的党中央领导集体进一步回答了如何走共同富裕之路，强调以共同富裕为目标，就必须扩大中等收入者比重，提高低收入者收入水平，着力保障和改善民生，"使全体人民朝着共同富裕的方向稳步前进"。

改革开放初期，党中央领导集体关于共同富裕的重要论述为四川推进共同富裕的政策体系建设提供了根本遵循。在党的坚强领导下，这一时期四川在着力发展全省经济的同时，逐步加大对欠发达地区、群体的支持力度，实施了包括贴息贷款、以工代赈和财政发展资金在内的一系列扶贫计划和扶贫政策，推动过去单纯依靠政府的救济扶贫转向开发扶贫。③ 党的十六大以后，四川把社会公平摆在更加重要的位置，打出政策组合拳，加快社会保障体系建设步伐，一个以社会保险为主体，由医疗卫生、公共福利、优抚救济组成的多层次社会保障体系在四川初步形

---

① 中南、西南和华东各地 广泛向农民宣传国家总路线 有效地推动了农村各项工作的开展［N］.人民日报，1953-12-15（03）.

② 韩振峰.中国共产党探索共同富裕的历程及经验启示［J］.党课参考，2022（7）：98-104.

③ 牛若峰主编.农业与发展［M］.杭州：浙江人民出版社，2000：198.

成，对缩小四川不同地区、不同群体之间的差距，维护社会稳定发展发挥了重要作用。总而言之，进入改革开放新时期，在共同富裕理论的指导下，四川通过制定扶贫开发政策、完善社会保障政策等，有力地开拓了探索共同富裕之路。但这一时期的政策颁布呈"单兵独斗"之势，政策与政策之间的协同性有待增强，尚未形成"1+1>2"的政策体系局面。

（三）初步构建期（2012～2021 年）

党的十八大以来，以习近平同志为核心的党中央接续探索共同富裕，更加关注全体人民共同富裕目标的实现问题，站在历史新高度深入地阐发了共同富裕的内涵本质，阐明实现共同富裕的阶段性目标与实践要求，促进共同富裕理论实现时代飞跃。新时代共同富裕理论发展为新时代推进共同富裕的政策体系构建提供了根本指导。在政策体系建设路径上，习近平总书记尤其强调系统观念，要求各级党政部门增强系统思维，加强顶层设计、整体谋划，突出系统性、整体性、协同性，使各项政策举措相互配合、相互促进、相得益彰。

习近平总书记关于什么是共同富裕、如何实现共同富裕的深刻回答，促使四川推进共同富裕的政策逐步凝聚，向体系纵深发展。四川一是聚焦脱贫攻坚硬骨头，对秦巴山区、乌蒙山区、大小凉山彝区、高原藏区"四大片区"分别编制"区域发展与扶贫攻坚实施规划"，精准脱贫，兜住共同富裕的"底线"。① 二是推出更加有效的区域协调发展政策，以成渝地区双城经济圈建设引领推动"一干多支、五区协同""四向拓展、全域开放"②，共同富裕的基础更加牢固。三是采取有力措施保障和改善民生，强化就业优先政策，深入实施高校毕业生就业促进计划和基层成长计划；在全国范围内，率先统一城乡居民基本养老保险制度，出台《四川省工伤保险条例》等，将超龄人员、农民工等群体纳

---

① 刘维嘉介绍我省针对"四大片区"脱贫攻坚制定的政策举措［EB/OL］.四川省人民政府网站，2016－03－15. https://www.sc.gov.cn/10462/10910/13664/13666/2016/3/15/10373422.shtml.

② 车文斌.区域协调发展与西部双城使命［J］.当代县域经济，2020（7）：28－33.

入参保范围，全面落实全民参保计划。① 在多维政策合力之下，四川同步全面建成小康社会，为新阶段扎实推进共同富裕奠定了坚实基础。

（四）系统发展期（2021年至今）

2021年8月17日，习近平总书记在中央财经委员会第十次会议上，立足国内外发展大势，高屋建瓴地指出"现在，已经到了扎实推动共同富裕的历史阶段""我国必须坚决防止两极分化，促进共同富裕，实现社会和谐安定"。② 党的二十大报告中，习近平总书记进一步阐释了实现共同富裕的重大历史意义，指出共同富裕是中国特色社会主义的本质要求，并从完善分配制度、实施就业优先战略、健全社会保障体系、推进健康中国建设四个方面对扎实推进共同富裕作出重要战略部署。习近平总书记关于扎实推进共同富裕的重要论述为四川推进共同富裕的理论与实践指明了前进方向。

为了积极探索共同富裕四川路径，2022年12月，四川省委省政府印发《关于支持攀枝花高质量发展建设共同富裕试验区的意见》，要求攀枝花围绕推进共同富裕和促进人的全面发展，以缩小地区差距、城乡差距、收入差距为主攻方向，为全省实现共同富裕积累经验、提供样本。该意见出台后不久，2023年1月，攀枝花市委审议通过《攀枝花高质量发展建设共同富裕试验区实施方案（2022～2025年）》，从"工业强市、精明增长、城乡融合"着手，进一步搭建攀枝花推进共同富裕的政策体系框架。攀枝花高质量发展建设共同富裕试验区政策体系初步形成，标志着四川省推进共同富裕的政策体系进入系统发展的新阶段。③

在攀枝花的探路先行带动下，2023年8月四川出台《关于加快推进革命老区脱贫地区民族地区盆周山区振兴发展的意见》，以加快促进高水平区域协调发展，深入贯彻落实"五区共兴"战略。为了更大力

---

① 四川人社这十年：保障民生助推就业 推动治蜀兴川再上新台阶［EB/OL］.人民网，2022-10-14. http://sc.people.com.cn/n2/2022/1014/c345509-40160478.html.
② 习近平. 扎实推动共同富裕［J］.求是，2021（20）：4-8.
③ 探索共同富裕，四川这一地率先发力［EB/OL］.百度百家号（四川发布），2023-01-30. https://baijiahao.baidu.com/s? id=1756457987694387927&wfr=spider&for=pc.

度地促进农村农民共同富裕，四川还出台了巩固拓展再贷款等定向支持政策。截至 2023 年 5 月底，四川省支农再贷款余额 435.78 亿元，同比增长 22.37%，支持带动 22.94 万户脱贫农户和产业主体，共同富裕步伐更加坚实。①

综上所述，历经四个阶段的发展，四川推进共同富裕的政策体系已初具规模，政策的引导、激励、规范作用逐步显现，四川在高质量发展中推进共同富裕的探索之路行稳致远。

二　当前四川推进共同富裕政策体系的发展特点

近年来，四川省委省政府和相关部门围绕共同富裕高密度地推出一系列政策举措，四川推进共同富裕的政策体系初具规模，取得一批制度成果和发展创新成果。梳理总结四川推进共同富裕政策体系的形成发展历程，其特点表现在如下几个方面。

第一，政策出台力度逐渐加大。四川推进共同富裕的政策经历了从无到有、从少到多的发展过程。特别是在如期打赢脱贫攻坚战、全面建成小康社会后，四川持续发力，立足城乡区域发展和收入分配差距仍较大的实际，直面人民群众在就业、教育、医疗、养老、住房等民生领域存在的难点和痛点，一系列有助于实现全体人民共同富裕的政策落地生根。坚持农业农村优先发展，逐步健全乡村振兴战略配套政策，农业大省的金字招牌擦得更亮，城乡深度融合的趋势更加彰显；政策支持更加明显地向革命老区、脱贫地区、民族地区、盆周山区等欠发达区域倾斜，"四类地区"发展速度加快，"五区共兴"的步伐走得更坚定；民生保障政策更加完备，办好人民满意的教育取得积极进展，健康四川建设扎实推进，覆盖城乡的社会保障网更加完善，住房保障体系逐步建立，人民

---

① 四川金融全力支持建设更高水平"天府粮仓"，5 月末全省涉农贷款余额达 2.69 万亿 [EB/OL]. 百度百家号（每日经济新闻），2023-06-28. https://baijiahao.baidu.com/s?id=1769923562455619346&wfr=spider&for=pc.

群众的获得感、幸福感和安全感不断提升。[①]

第二，政策内容更加凸显精准性。帮扶措施精准到位、实现精准扶贫是新时代打赢脱贫攻坚战的宝贵经验之一，增强精准性也是四川在制定推进共同富裕的政策时所遵循的重要原则之一。近年来，四川推进共同富裕的政策更加注意因地施政，围绕施政对象量身打造，精准发力。四川地域广阔，各地区地理差异明显，经济发展水平不一，面临的发展困境不同。基于此，四川将全省划分为五个区域经济板块，即成都平原经济区、川南经济区、川东北经济区、攀西经济区和川西北生态示范区，坚持"一区一策"，为不同经济区域量身打造发展方案，完善配套支持政策，精准发力，推动实现多中心、组团式发展，加快实现省内区域协调发展。此外，四川在推进共同富裕的政策制定时更加重视因人施策，真正地回到群众中，设身处地精准剖析人民群众实现全面发展的诉求和难题，精准地推出各项惠民政策。例如，为了激活本省共同富裕发展动能，引导更多个体工商户和小微企业加入实现共同富裕的伟大事业，四川税务部门"一对一"定向精准推送适用不同主体情况的税惠政策，持续升级"政策找人"，让符合条件的主体应享尽享、应享快享。[②]

第三，重视政策的落实监管。好的政策更需要好的执行，确保政策不走样变形，才能实现政策目标。因此，四川在加快制定出台推进共同富裕的相关政策之时，把落实和监管摆在更加突出的位置。首先，更加科学地制定事关共同富裕大业的宏观、中观政策实施意见，相继出台《关于坚持农业农村优先发展推动实施乡村振兴战略落地落实的意见》《关于创新投融资体制机制加大水利投入的实施意见》。其次，在监管方面，四川省政府办公厅发布《关于深入推进跨部门综合监管的通

① 王晓晖.高举习近平新时代中国特色社会主义思想伟大旗帜 团结奋进全面建设社会主义现代化四川新征程——在中国共产党四川省第十二次代表大会上的报告［EB/OL］.四川省人民政府网站，2022-06-22. https://www.sc.gov.cn/10462/10464/10797/2022/6/2/603464fbddfb4d44ae7820a5f8c69fdc.shtml.
② 四川税务部门持续优化税费服务举措 "政策找人"升级 税费优惠精准落袋［N］.四川日报，2023-08-30.

知》，要求建立全省统一的跨部门综合监管信息化体系。四川省纪委监委就各项惠民富民、推进共同富裕政策措施落实情况持续加强监督检查，如在与民生福祉密切相关的人力资源和社会保障领域，重点整治了包括审批单位与承训机构亲清不分、岗位职责不清、承训机构暗箱操作、虚报冒领补贴资金等职业技能培训方面的突出问题，确保职业技能培训惠及到位，激发实现共同富裕的内生动力。[1]

三 基于共同富裕型社会政策理论评价四川推进共同富裕的政策体系

（一）共同富裕型社会政策理论的核心价值理念

20世纪90年代以来，强调社会政策与经济政策相互融合、相互促进的发展型社会政策理论走向成熟，并逐渐为我国学者所认同，被吸收借鉴入我国的社会政策设计之中。值得注意的是，源起于西方的发展型社会政策并未形成严丝合缝的理论体系，在具体的政策实践中，过分强调发展的一面，往往会带来忽视共享互惠、城乡区域发展差距拉大以及贫富差距扩大的偏向，这与我国实现全体人民共同富裕的根本目标相背离。学者们提出，在中国式现代化新征程中，超越发展型社会政策理论，"形成扎实推进共同富裕的新社会政策范式，显然已是当务之急"。[2] 在这种背景下，以习近平总书记关于共同富裕的重要论述为根本遵循，扎根本土实践的共同富裕型社会政策理论逐渐生成，其核心价值理念有三。

其一，突出整体性。从结构来看，习近平总书记指出，共同富裕是一个总体概念，"不要分成城市一块、农村一块，或者东部、中部、西部地区各一块"[3]。因此，共同富裕型社会政策的设计出发点是打破"先富"地区和群体形成的利益壁垒，促进城乡、区域共富。从内容来看，共同富裕既包括物质层面富裕，也包括精神层面富足，需要同时满

① 张琪彬. 四川深化重点领域系统治理 [N].中国纪检监察报，2021-03-23.
② 李迎生，罗宏伟，林淑仪. 发展型社会政策：一个全球视野 [J].社会政策研究，2023（1）：3-20.
③ 习近平. 扎实推动共同富裕 [J].求是，2021（20）：4-8.

足人民群众多样化的经济社会发展以及精神文化需求。因此，共同富裕型社会政策是一套内在关联更加精密复杂的政策工具，既强调经济发展，也注意民生保障的改善；既强调美好物质生活的实现，也注意精神文化需求的满足。

其二，强调内生性。毫无疑义，国家政府供给社会资源责无旁贷，但国家政府绝对不应是供给的唯一源头。在脱贫攻坚阶段，国家主导对贫困地区进行全面的外源赋能，具有积极而重大的意义，但这并不可持续。进入扎实推进共同富裕的新阶段，运用政策工具激发欠发达地区和群体的内生发展动力被摆在更加重要的位置。理想的共同富裕社会，绝对不是所谓国家把人民"从出生到摇篮"包下来的养懒汉式福利社会。西方国家在 20 世纪 70~80 年代遭遇的福利危机已经证明了这是一条行不通的路。在中国式现代化背景下，共同富裕社会是一个能够充分调动和发挥个体及社会组织主动性和积极性的社会，其中每个人既是共同富裕的享受者，也是共同富裕的创造者与提供者，因而它具有生生不息的内生活力。

其三，重视实践性。实践是检验真理的唯一标准。中国共产党自成立以来，在实践的基础上提出实现共同富裕的重要命题，又在推进共同富裕政策实践当中不断地丰富和发展共同富裕思想，实践是中国特色社会主义公共政策理论的根基。因此，共同富裕型社会政策理论绝不是纸上谈兵的花架子，而是更加强调政策的执行，因地施策、因人定策，关注具体执行情境、过程与效果反馈。通过试点和试验，提前预测政策扩散可能的过程，并针对不同实际考量可供选择的政策工具及预估政策效果。政策推广中，采取科学的办法及时跟踪反馈政策效果，根据出现的新问题新现象，展开深入分析，既慎重，也灵活地调整政策，以平衡和缓解不同矛盾的利益相关方之间的关系及其目标的冲突，顺利完成政策既定目标。[①] 实践性贯穿共同富裕型社会政策事

---

① 贾玉娇. 共同富裕型社会政策：理论内涵、政策体系与实践路径 [J]. 社会科学文摘，2023（3）：93-95.

前、事中、事后全过程。

（二）共同富裕型社会政策理论视域下四川推进共同富裕政策体系的评价

根据对共同富裕型社会政策理论价值取向的分析，评价当前四川推进共同富裕的政策体系可发现，尽管四川推进共同富裕的政策体系已初具规模，有了较大进展，但仍存在一定发展空间，体现在如下几个方面。

第一，四川推进共同富裕政策体系的整体性有待强化。共同富裕是一个宏大发展命题，既涉及经济发展，又涉及民生事业；既关切城乡融合，又重视区域协调发展；等等。因此，推进共同富裕要求建立健全全党总揽全局、协调各方以及上下联动的工作体系。近年来，四川省政府及其有关部门出台了不少有助于推进共同富裕的政策措施，但是由于省级层面尚未组建共同富裕领导小组，不同领域管理部门之间存在职责不清、职能交叉的问题，缺乏对四川推进共同富裕当前面临的主要问题及次要问题的深入研究与系统梳理，以致政策与政策之间有重复或矛盾之处，政策与政策之间的相互联系不明不清，从而削弱了政策的宣传及扩散，影响了政策的有效性。

第二，四川推进共同富裕政策体系的内生性有待激发。推进共同富裕不应只有党政部门冲锋在前，必须坚持人民主体，发挥政策的激励作用，旗帜鲜明地鼓励人民群众勤劳致富、争先致富，鼓励人民群众先富带后富、先富帮后富，充分发挥人大、政协以及各民主党派、无党派人士的积极作用，激活全省推进共同富裕的内生动力，凝聚全省力量为实现共同富裕目标不懈奋斗。梳理当前四川推进共同富裕的政策主体，总体以各级党政部门为主，以加大财政支持力度为导向，其他主体或存在集体经营性资产权属不明、经营收益不清的问题，或信心不足以致投资增速和占整体投资的比重有所下降。种种事实表明，四川推进共同富裕政策体系的内生性还不强，未能形成多元主体共同奋进的局面，尚未有效激活推进共同富裕的内生发展动力。

第三，四川推进共同富裕政策体系的实践性有待增强。一是事前的政策制定机制有待优化。增强政策实践性的关键在于调研充分、交流深入，既要求有关党政部门广泛组织开展调研，也需要有合理畅通的与施政区域、施政对象及相关管理部门沟通交流的渠道，以充分听取多方意见，真正让出台的政策措施可操作、能落地、见实效。目前，四川在因地施策、因人施策方面取得了一定进展，但在相关部门间的政策互通方面还需改进。二是事中的政策落实监管机制有待健全。政策出台后，还需配套上下联动、高效协同的抓落实机制，层层压实责任，确保政策不流于表面、不走样变形。目前，四川比较重视中微观领域的落实监管，但在宏观上对推进共同富裕工作的把控程度还有待提高。三是事后的政策反馈调整机制有待补全。四川系统推进共同富裕正处于起步加速阶段，尚未建立推进共同富裕政策的实现度测度标准和方法，以加强对政策实施的监测分析和动态调整。

第三节　四川完善推进共同富裕政策体系的总体思路

一　四川完善推进共同富裕政策体系的阶段性目标

"十四五"时期是四川实现高质量发展、促进共同富裕的关键期，四川完善推进共同富裕的政策体系可以分"两步走"：第一步，到2025年，推动高质量发展建设共同富裕试验区迈出坚实步伐；第二步，到2035年，共同富裕取得更为明显的实质性进展。

具体而言，在第一步，首先，着眼于提高富裕度，实现经济发展质量效益的显著提高，特色优势产业全面提升，人均地区生产总值和城乡居民收入持续增长。其次，重点在缩小差距，不断缩小城乡发展和居民收入的差距，稳步提升农村发展水平，扩大中等收入群体规模，推进更加均衡的收入分配。在提高基本公共服务均等化水平、加强生态文明建设、推动社会治理现代化方面也要取得新的进展，以提升人民生活水平。最后，要构建推进共同富裕的体制机制，汇聚一批可推广的四川特色经验。①

在第二步，推动人均地区生产总值和城乡居民收入进一步提升，实现城乡和区域协调发展，确保农村基本实现现代化生活条件，大幅扩大中等收入群体规模，进一步优化收入和财富分配，让基本公共服务得到更广泛的优质供给。同时，确保社会治理体系和治理能力基本实现现代化，人民享有更高质量的文化生活和更美好的生态环境。最终目标是基本实现美丽四川建设目标，推进共同富裕的制度体系更加健全。①

二　四川完善推进共同富裕政策体系的阶段性思路

实现共同富裕是一项系统工程，具有长期性、艰巨性、复杂性。四川现阶段正处于乡村振兴与扎实推进共同富裕并存期，农业现代化面临提质增效的任务，城乡发展面临深度融合的任务，区域发展面临协同优化的任务，是实现全体人民共同富裕的关键时期。

聚焦 2025 年共同富裕迈出坚实步伐的短期目标，面向 2035 年共同富裕取得更为明显实质性进展的中长期目标，四川应深入贯彻党中央关于共同富裕的战略谋划和重大部署，从战略上进行系统谋划推动，坚持党的全面领导，坚持以人民为中心，以改革创新为根本动力，以解决城乡差距、收入差距为主攻方向，以城乡融合发展、区域协调发展为抓手，完善欠发达地区优先发展政策，促进共同富裕发展水平均衡；完善民生改善城乡互融政策，正确处理好效率和公平之间的关系，构建更加协调配套的基础性分配制度安排，加大通过税收、社保、转移支付等手段对再分配的调节力度并增强精准性，促进共同富裕发展质量升级；完善"扩中""提低"行动政策，不断扩大中等收入群体所占比重，促进低收入群体收入提高，对高收入群体收入进行合理调节，并对非法收入进行取缔处理，加速形成以"中间大、两头小"为特征的橄榄型分配结构，促进社会公平正义，促进人的全面发展，促进共同富裕发展能力

·　① 中共四川省委 四川省人民政府关于支持攀枝花高质量发展建设共同富裕试验区的意见 [N].攀枝花日报，2022-12-31.

提升，使全省人民更有底气、更有信心朝着共同富裕目标扎实迈进，努力走出一条把握时代大势、符合发展规律、体现四川特色的共同富裕之路。①

第四节　四川推进共同富裕政策体系的创新发展

一　完善欠发达地区优先发展政策，促进共同富裕发展水平均衡

扎实推进共同富裕的前提基础是做大发展"蛋糕"，让全省人民，尤其是让农村地区、脱贫地区、革命老区、民族地区及盆周山区等欠发达地区的人民尽可能地增加物质财富，共享更多的经济社会发展成果。因此，四川加快推进共同富裕的步伐，必须完善欠发达地区优先发展政策，促进共同富裕发展水平均衡。

（一）加大支农投入力度，优化强农富农政策

一是完善促进现代农业提质增效政策，加快建设新时代更高水平"天府粮仓"。深入实施"天府良田"建设攻坚提质十年行动计划，加快推进高标准农田新建和改造提升。以因地制宜为原则，推动农村产业融合发展，使得三产相互衔接、互相促进，进而提高农产品的附加值和市场竞争力；做足做好特色农产品精深加工文章，延长产业链，提高产品附加值。同时，培育特色优势产业园区，建设一批现代农业产业园，打造农业农村现代化高地，培育和壮大农业产业化龙头企业，促进农业产业化。做大做强农业特色优势产业，擦亮"土特产"的金字品牌，支持秦巴山区肉牛、高原牦牛、会理石榴、安岳柠檬、攀枝花杧果、苍溪红心猕猴桃等特色产业发展。深入实施乡村产业振兴带头人培育"头雁"项目，全面提升新型农业经营主体的综合素养。强化农业科技和装备支撑激励政策。完善农业科技创新体系，建设一批农业领域国家和部省重点实验室，重点支持涉农高校、科研院所共建四川省农业科技创新

---

① 曹普.以人民为中心推动共同富裕［N］.经济日报，2021-11-15.

园和国家现代农业产业科技创新中心。完善线上线下相结合的农村科技服务体系，深入实施四川省衔接推进乡村振兴科技项目，支持有条件的地区创建国家农业高新技术产业示范区。①

完善农业科技和农机装备产业发展配套资金，重点支持开展薄弱环节农业机械化技术创新研究和农机装备研发攻关。加强"农机企业+高校+科研院校+农机合作社"产学研合作，组建农机装备制造产业联盟，加强协同创新平台建设，建立农机装备产业发展项目库。加快现代化农业新装备新技术的应用推广。推动农田宜机化改造，打造一批农业机械化先行县和先导区样板。完善农业组织化经营服务管理政策。支持农村集体经济组织牵头提供农业生产性服务。深入开展新型农业经营主体提升行动，加快培育一批家庭农场，重点打造一批农民专业合作社（联合社），培育一批重点农业社会化服务组织。深化家庭农场和农民专业合作社带头人职业化试点。引导土地经营权规范有序流转，发展农业适度规模经营。推进供销合作社、农村集体经济组织、农民专业合作社联合发展，支持供销合作社建设为农业服务综合平台。支持发展直播电商等新业态新模式，持续扩大农村电商覆盖面。

二是健全新型农村集体经济发展配套政策，释放集体经济制度潜力。构建政策支持新格局。一方面，加大财政对新型农村集体经济的倾斜力度，灵活用好财政直接补助、先建后补、以奖代补等措施；完善集体经济组织税惠政策，对农村集体经济组织生产销售的自产农产品免征增值税；创新金融扶持体系，支持金融机构针对村级集体经济创新金融产品和服务，积极拓展有效担保物范围，对符合条件的农村集体单位及时给予贷款补贴。另一方面，做好村级建设规划，深化土地制度改革，加强村级集体经济发展项目的用地指标保障，鼓励和规范集体经营性建设用地入市的探索，加快建设用地招商及产业导入。加大企业对农村集体经济组织的帮扶力度，通过一对一、项目化的扶持方式促进农村集体

---

① 关于全面实施乡村振兴战略 开启农业农村现代化建设新征程的意见 [N]．四川日报，
2021-03-24．

经济健康发展。

全面贯彻落实《四川省农村集体经济组织条例》《关于加强村级集体经济发展基金使用管理的指导意见》等，加快对进一步促进农村集体经济高质量发展实施意见的研制。深入实施"村级集体经济攻坚行动计划"，把联系集体经济"空壳村""薄弱村"的任务落实到市县党政部门，实施对口帮扶，精准制定村级集体经济高质量发展思路和方案，落实"一村一策""四个一"扶持机制，探索"企业+集体"协同发展模式，寻找除土地租赁以外的增收渠道，支持探索物业经济、股权投资等多元化方式，发挥各类资源要素的集聚效应。加快修订《四川省农村集体资产管理办法》，加强农村集体资产监督管理服务体系建设，构建完善省级全面指导、市级督促指导、县级组织实施以及乡镇和村具体落实的工作体系，建立同纪检监察机关和组织、财政、审计等有关部门的研判协商制度。结合科技、数字化等综合手段，不断加强农村集体资产监督管理。通过摸清家底，完善集体资产台账，强化经营管理，及时发现和堵塞监管漏洞。

三是完善"美丽四川·宜居乡村"建设方案，建设宜居宜业和美乡村。持续开展农村人居环境整治重点县和农村"厕所革命"整村推进示范村建设，分类有序新（改）建农村无害化卫生厕所，基本普及卫生厕所。健全农村生活垃圾收集、转运和处置体系，力争实现行政村生活垃圾收集设施全覆盖、村民小组专职保洁员全覆盖。梯次推进农村生活污水治理，有序开展农村黑臭水体整治，加快推进农村河湖库"清四乱"工作。持续推进水美新村建设，常态化推进村庄清洁行动①，全面完成农村危旧房屋改造任务。加大地质灾害避险搬迁政策支持力度，推进"四好农村路"示范创建提质扩面。有序推进较大人口规模自然村组通硬化路，实施撤并建制村畅通工程和乡村振兴产业路旅游路工程。全面实施"路长制"，强化农村道路安全监管，实施乡村运输"金

---

① 关于全面实施乡村振兴战略 开启农业农村现代化建设新征程的意见［N］.四川日报，2021-03-24.

通工程"和"平安渡运"工程。加强农村集中式饮用水水源保护管理，实施农村供水保障工程，有条件的地区推进城乡供水一体化。深化农业水价综合改革，实施乡村电网巩固提升工程。持续推动天然气供气设施延伸至农村，推进农村能源高质量发展。

实施数字乡村建设工程，推动农村光纤宽带和 4G 网络全面覆盖，5G 网络拓展至农村地区，提升乡村基础设施数字化水平，推进"智慧广电"网络乡村全面覆盖。实施"一镇（村）一屏"智慧广电助农工程，打造"政务+商务+服务"综合化平台。推进基层应急广播体系的构建，向城乡居民提供灾害预警、应急广播以及政务信息发布和政策宣讲等服务。[①] 探索建立城乡公共资源均衡配置机制，加强乡村基本公共服务供给的县乡村统筹。优化基础教育学校布局，推动实施义务教育教师"县管校聘"管理改革，建立健全县域内义务教育教师和校长交流轮岗机制，引导优秀校长和骨干教师到农村学校工作。职称评定向乡村教师倾斜，促进他们专业发展。同时，推进城乡教育联合体和医疗卫生共同体的建设，加强城乡间教育和医疗资源的联合与共享。完成乡村两级医疗卫生机构布局调整，建设一批乡镇级农村社区健身中心。推行基层公共文化服务设施补充工程，致力于补齐短板。完善气象防灾减灾的综合服务。[②] 促进公共就业服务机构向乡村地区延伸，扩展其服务范围。

（二）细化过渡时期脱贫地区帮扶政策

一是健全脱贫地区防止返贫动态监测政策。完善防止返贫大数据监测平台，合理调整监测标准，充分利用"互联网+"行动计划和入户走访调查等，对于脱贫不稳定户、边缘易致贫户等易返贫致贫人口，定期监测收入支出状况、"两不愁三保障"及饮水安全状况[③]，强化风险意识，及时排查

---

① 唐锋．区县主流传媒融合发展路径探究——以重庆市铜梁区融媒体中心改革发展为例 [N]．记者观察，2020-09-15.
② 关于全面实施乡村振兴战略 开启农业农村现代化建设新征程的意见 [N]．四川日报，2021-03-24.
③ 关于实现巩固拓展脱贫攻坚成果同乡村振兴有效衔接的实施意见 [N]．四川日报，2021-08-09.

消除产业项目失败、规模性失业和就业不稳定等各类规模性、系统性返贫致贫风险隐患。加强动态监测数据分享平台建设，加强不同部门间的数据核查和信息共享，利用全省脱贫攻坚成果巩固拓展平台进行定期筛查。充分发挥乡村基层组织、工会、共青团、妇联等群团组织和社会组织的作用，迅速识别易返贫致贫人口和风险点。拓展农户主动申请渠道，完善线上自主申报流程，并依据审核程序及时将之纳入帮扶范围。②

二是完善针对脱贫地区低收入人口的常态化帮扶政策。将着力预防和事后帮扶相结合，深入分析返贫致贫原因，实施有针对性的帮扶措施。针对无劳动力但面临特殊困难的脱贫家庭，全面启用基本保障政策；针对有劳动能力且愿意参与劳动的监测对象，要实施开发式的帮扶措施，确保每一个需要帮扶的人都得到关注和支持。同时，要加大以工代赈的支持力度，鼓励有劳动能力的低保对象参与就业。此外，需要优化低保家庭收入的核算方法，在计算家庭收入时合理扣除与就业相关的成本，并实施对帮扶对象的动态管理。强化定期走访，完善回访调查清单，以确保已消除风险的对象不会再次陷入困境。用好社会救助统筹资源，全面落实符合条件的低收入人口参保缴费资助政策，在提升城乡居民养老保险缴费标准时，针对参保人群中的低保户、特困人员、因重度残疾等原因导致返贫致贫的人口，以及其他已经脱贫的群体，保持现有最低缴费标准，以便更好地帮助这些困难群体获得社会保障权益。①

三是加强对脱贫地区乡村振兴重点帮扶县以及重点帮扶村的政策支持。在保持现有主要帮扶政策总体稳定的基础上，对于经济发展条件相对薄弱、脱贫攻坚任务较为艰巨的深度贫困地区，持续加大支持力度。综合运用财政、金融、土地、人才、基础设施和公共服务等多项政策措施，强化对国家和省级乡村振兴重点帮扶县的支持，以提升其区域发展能力。② 同时，加强对这些地区的工作指导。在监测脱贫村的同时，也

---

① 关于实现巩固拓展脱贫攻坚成果同乡村振兴有效衔接的实施意见［N］.四川日报，2021-08-09.

② 关于实现巩固拓展脱贫攻坚成果同乡村振兴有效衔接的实施意见［N］.四川日报，2021-08-09.

要考虑非脱贫村的发展，特别关注重点生态功能区、重大工程项目区、传统历史文化村以及偏远边缘地区的村庄。根据各地实际情况，科学确定一批重点帮扶村。严格按照"缺啥补啥"的原则，适时出台政策措施，在资金项目安排上予以倾斜，补齐重点帮扶村的发展短板。优化财政、金融、土地以及人才等政策的衔接，抓紧出台、完善政策并调整政策的具体措施，合理把握调整的节奏、力度和时限。审慎推进并逐步实现由巩固拓展脱贫攻坚成果向乡村全面振兴的平稳过渡。

（三）完善革命老区、民族地区与盆周山区扶持政策

一是完善革命老区、民族地区和盆周山区等欠发达县域结对共富政策。首先，加快制定省内先富带后富的实施意见，在欠发达县域的区划上进行科学划定，帮扶地需编制详尽的帮扶规划和年度实施方案，明确帮扶目标、关键任务、建设项目和财政资助方案。重点聚焦于支持受援地的产业发展和飞地园区建设，加大援助力度。在此基础上，着力深化"组团式"帮扶，形成教育、医疗、科技人才三个方面的帮扶协同。此外，统筹安排援川干部到欠发达县域挂职，实现干部资源优先支持欠发达地区。其次，国有企业要充分发挥示范引领作用，积极参与欠发达县域的振兴和发展，推进重大基础设施、产业培育和特色资源开发等项目的投资和规划布局。支持国有企业与欠发达县域以市场化方式合作，共同设立振兴产业发展基金，并建立完善的利益联结机制，推进市场化方式的项目合作。最后，鼓励民营企业参与欠发达县域的振兴与发展，深化"万企兴万村"行动，积极探索新的发展模式，尤其是针对参与优势产业培育的民营企业提供金融支持并执行相关税费优惠政策。利用民营企业的优势，促进商贸流通和产业融合，以促进欠发达县域更好地融入全国统一大市场。同时，建立民营企业面向"四类地区"的专项招聘和定向招工平台，助力当地居民就业。

二是完善实施特色文旅融合发展行动配套政策。首先，擦亮革命老区的红色文化品牌，赓续党的红色血脉。加快建设红色文化传承保护资源数据库，加大革命老区历史遗迹、纪念设施等的保护修缮和抢救力度，针对文化遗产保护和纪念设施提升，实施一系列工程，包括革命文物保护利用和烈士纪念设施提升工程，并且建设一批具有红色文化传承标志性意义的工程和爱国主义教育基地。同时，快速推进长征国家文化公园（四川段）、川陕片区红军文化公园的建设，打造一系列红色旅游精品线路和川陕革命老区的红色文旅走廊。其次，深度挖掘和宣传特色鲜明的民族文化，加大对四川民族文化的宣传推广力度。在文化传承方面，深入实施中华优秀传统文化的传承发展工程，并支持符合条件的民族地区申报历史文化名城、名镇、名村以及历史文化街区。针对民族地区的非物质文化遗产，应加大保护传承力度，积极建设一系列非遗保护传承基地，以培养和支持一批非物质文化遗产的传承人。同时，鼓励民族手工业创新发展，整合现代元素、促进融合发展。在文化领域，需深入实施中华民族视觉形象工程和旅游促进各民族交往、交流、交融的计划，以促进文化的多元交流与共融。最后，推动立法保护红色资源和民族特色文化的传承，确保这些宝贵的文化资源得到有效保护和传承。健全完善革命文物保护的法规规章制度，深入实施《四川省红色资源保护传承条例》《四川省非物质文化遗产条例》等，为红色资源和民族特色资源的保护利用提供法治保障。

三是加强生态治理和环境保护。加强对革命老区、民族地区和盆周山区国家重点生态功能区县域的生态保护和修复工作，特别关注天然林、退化林、退耕还林还草地区、退化草原、湿地以及石漠化地区的保护和修复。重点支持相关生态工程项目，如天然林保护、林地恢复、草原和湿地的保护与修复，以及石漠化地区的整治等。同时，支持盆周山区开展针对山地生物多样性的保护和生态修复，推动建立以国家公园为主体的自然保护地体系。此外，促进绿色矿山的建设，加速处理历史遗留矿山对生态环境的影响，并实施相应的生态修复措施。加大生态补偿力度，针对革命老区、民族地区和盆周山区的森林、耕地、水流、草原、湿地等重点领域建立完善的生态补偿机制。深入实施《四川省流域横向生态保护补偿激励政策实施方案》，优化省级财政引导资金和专项奖励资金，坚持资金分配与生态环境保护成效挂钩，在革命老区、民族地区和盆周山区生态受益地区与保护地区之间、流域上下游之间构建横向生态保护补偿机制，加大生态补偿力度，稳步改善流域生态环境质量。"美丽四川·宜居乡村"建设资金适度向革命老区、民族地区和盆周山区等基本公共服务薄弱地区倾斜，加大补助力度，统筹推进农村垃圾处置、污水处理和厕所改造等项目建设进程。

二 完善民生改善城乡互融政策，促进共同富裕发展质量升级

在做大共同富裕"蛋糕"后，把"蛋糕"分好同样至关重要。社会保障体系完善、城乡要素平等自由交换以及人民精神富足是衡量共同富裕发展质量的重要标准，因此必须不断完善民生改善城乡互融政策，确保社会保障网络扎紧织密，城乡持续深度融合，精神文明水平不断提升，以充分满足人民对美好生活的向往。

（一）完善多层次的社会保障体系，扎紧织密社会保障网络

一是深入实施全民参保计划，确保应保尽保。完善省内全民参保登记数据信息平台，针对新经济从业人员、灵活就业人员等重点人群开展基本养老保险、医疗保险扩面参保专项行动，打破户籍限制，优化简化参保流程，采取识别对象、筛查信息、核实底数、建立台账、上门服务等政策措施，实现应参尽参。巩固完善基本医疗保险，持续推进基本医保实现省级统筹，建立健全职工基本医保门诊共济保障机制，逐步将多发病、常见病的普通门诊费用纳入统筹基金支付范围，加强对政策的正面宣传和深入解读。完善个人养老金制度试点工作方案，深入落实配套税惠政策，根据试点情况在省内逐步推广建立个人养老金。探索优化生育保险政策，重点改进生育保险费筹资制度，推进"用人单位+职工+政府"三方共担生育保险费的筹资改革，支持扩大生育保险覆盖面，将灵活就业人员纳入保障范围。适时引入商业保险作为工伤保险的有益补充，支持社会养老服务机构参与照护，构建基本工伤保险、补充工伤保险与长期伤养服务相结合的新型工伤保障制度。

二是健全分层分类的社会救助体系，确保应扶尽扶。健全基本生活救助政策，着重完善最低生活保障制度，对符合特定条件的老年人、残疾人和未成年人，依规定提供特困人员救助供养。针对特困人员的不同情况，分级确定其照料护理标准，并着手研究制定全省范围内的特困人员照料护理最低指导标准。① 对基本生活陷入暂时困难的群众加强临时救助，探索并建立以市（州）为主、以县（市、区）为辅的生活无着流浪乞讨人员救助管理体系，以促进长期滞留人员的落户安置，创设畅通的渠道。做到凡困必帮、有难必救。加强教育、住房、就业等社会救助资源统筹，及时有针对性地给予专项救助，采取社会救助与鼓励就业创业相结合的联动措施，针对已就业的低保对象，在核算其家庭收入时，应合理扣除必要的就业成本。② 健全规范医疗救助制度。完善儿童关爱和残疾人帮扶服务。落实残疾儿童康复救助制度，提高救助服务质量。加大对孤儿、事实无人抚养儿童等特殊困难儿童的保障和保护力度，完善未成年人保护工作的体制机制和服务网络。进一步健全残疾人的两项补贴制度，加强残疾人的托养、照护和康复服务。③

三是完善多主体供给、多渠道保障的特色住房保障政策。加快预售制度改革，有计划有步骤地在省内推进现房销售试点工作。加快发展保障性租赁住房，合理确定住房和租金标准，合理用好土地支持政策，支持探索利用集体经营性建设用地建设保障性租赁住房，简化保障性租赁住房项目审批流程，加强对保障性租赁住房建设布局的科学引导。对符合规定的保障性租赁住房建设任务予以财政资金支持，落实保障性住房有关税费政策，对保障性住房项目建设用地免征城镇土地使用税，免征保障性住房经营管理单位与保障性住房相关的印花税，以及保障性住房购买人涉及的印花税，支持银行业金融机构按照依法合规、风险可控、商业可持续原则，运用市场手段向提供保障性租赁住房的主体提供长期

---

① 关于改革完善社会救助制度的实施意见［N］.四川日报，2021-01-16.
② 关于改革完善社会救助制度的实施意见［N］.四川日报，2021-01-16.
③ 关于实现巩固拓展脱贫攻坚成果同乡村振兴有效衔接的实施意见［N］.四川日报，2021-08-09.

贷款支持。① 探索住房公积金支持政策，争取国家利用住房公积金支持保障性租赁住房建设试点。聚焦保障性租赁住房，探索并完善运营管理办法，搭建服务平台，建立统一的公共租赁住房"两张清单"——房源清单和保障对象清单，加强覆盖建设、出租和运营管理的全覆盖全过程监督，并指导相关方案制定，严格规范管理流程，严禁以保障性租赁住房为名违规经营或骗取优惠政策。②

（二）健全城乡要素平等互通政策，加快城乡深度融合

一是加快城市要素入乡的制度创新。深化户籍制度改革，全面落实取消县城落户限制政策，确保农业转移人口与县城居民享有同等公共保障服务。构建城乡统一的户口登记制度，尊重城乡居民自主定居意愿，支持符合迁移条件的居民可以在城乡之间迁移，鼓励返乡就业创业的城镇人员在原籍或就业创业地落户。推进数字技术与农业农村发展深度融合，充分发挥信息技术赋能城乡要素合理配置的积极作用，加快城乡数据要素流动。加快农村传统基础设施数字化改造，推动数字乡村与智慧城市统筹建设试点的规划与实施，构建城乡数字资源新格局。建立统一的城乡大数据平台，实现涉农数据深度共享，拓展城乡要素融合新渠道。提升涉农主体的数字素养，强化数字乡村智力支撑，发展数字经济业态，催生城乡产业融合新动能。

加强"下乡"群体用地保障、财产权益保护。对于返乡入乡创业用地项目，在规划布局中提前预留空间，对于符合土地利用总体规划及土地成片征收开发方案的项目地块，及时组织材料进行农用地转建设用地报批，充分满足"下乡"群体创业的用地需求。发挥财政资金的引导作用，加大对返乡创业的财政支持力度，为返乡创业提供资金保障。针对返乡农民工等人员创办的新型农业经营主体，如果符合农业补贴政

① 《德阳市人民政府办公室关于印发〈德阳市关于加快发展保障性租赁住房的实施方案〉的通知》（《德阳市人民政府公报》2022 年 11 月 4 日）。
② 《德阳市人民政府办公室关于印发〈德阳市关于加快发展保障性租赁住房的实施方案〉的通知》（《德阳市人民政府公报》2022 年 11 月 4 日）。

策支持条件，应当依规提供相应的政策支持。另外，鼓励大型科研院所建立开放式的创新创业服务平台，以吸引返乡创业农民工等创业者围绕科技创新成果进行创业。这有助于加速科技成果的商业化和产业化进程。同时，鼓励社会资本，尤其是龙头企业，加大投资力度，促进创新创意与企业发展、市场需求以及社会资本的有效对接。这一系列政策将有助于支持和促进"下乡"群体的创业活动。

二是完善城乡要素平等交换的政策法规。建立健全与要素市场化配置综合改革试点相配套的法律法规与政策调整机制。规范要素市场化交易平台建设，持续推进公共资源交易平台整合共享，拓展公共资源交易平台功能，逐步覆盖适合以市场化方式配置的自然资源、资产股权等公共资源。支持企业参与要素交易平台建设，规范要素交易平台运行。支持要素交易平台与金融机构、中介机构合作，形成涵盖产权界定、价格评估、流转交易、担保、保险等业务的综合服务体系。完善城乡要素交易规则和服务，健全要素交易信息披露制度，加强要素市场信用体系建设，打造市场化法治化国际化营商环境。强化反垄断和反不正当竞争执法，规范交易行为，将交易主体的违法违规行为纳入信用记录管理，对严重失信行为实行追责和惩戒。开展要素市场交易大数据分析，建立健全要素交易风险分析、预警防范和分类处置机制。

三是抓好县域内城乡融合发展综合试点。建立县域专业人才统筹使用的制度，其中包括开展乡镇编制资源统筹使用的试点，以此为探索方向，赋予乡镇更灵活的用人权，鼓励实行跨层级调剂行政事业编制，推动资源服务管理向基层倾斜。同时，深化人才评价机制改革，建立以创新价值、能力、贡献和示范带动为导向的评价体系。特别是针对乡村发展迫切需要的人才，可以考虑设立特殊岗位，不受常规岗位总量和结构比例的限制。旨在更好地调动专业人才的力量，促进他们更有效地服务于县域发展，特别是乡村振兴进程。鼓励探索盘活利用农村闲置土地资源的多种形式，适度放宽金融服务业的市场准入门槛，用好供应链票据平台、动产融资统一登记公示系统、应收账款融资服务平台，鼓励金融机构开发与中小微企业需求相匹配的信用产品。探索银行机构与外部股权投资机构深化合作，开发多样化的科技金融产品。支持在零售交易、生活缴费、政务服务等场景试点使用数字人民币。支持完善中小银行和农村信用社治理结构，增强金融普惠性，规范金融资本对农业农村发展的投入。

（三）构建人民精神普遍富足政策，促进人的全面发展

一是健全现代公共文化服务体系，满足人民群众对多元文化的需求。要在生产、传播、消费三个环节持续发力，以创新为引领发展的动力，以高质量文化供给更好地满足人民群众的精神文化需求。同时，深入推进文化体制改革，推动文化事业和文化产业全面繁荣、高质量发展，健全现代文化产业体系和市场体系，壮大和优化各类文化市场主体，培育新型文化业态，扩大文化产品供给，创新文化消费模式，促进公共文化服务提质增效。① 持续推进城乡公共文化服务体系一体建设，加快推动公共文化服务均衡化。全面落实国家基本公共服务标准，进一步明确现阶段基本公共文化服务的范围和标准。发挥标准引领作用，进一步完善公共文化机构建设和服务标准，深入推进城乡公共文化服务标准体系建设，实现基本公共文化服务标准化、均等化。完善基层公共文化服务网络，提升县级公共图书馆、文化馆的统筹协调、组织指导、服务援助能力，推进城乡"结对子、种文化"，加强城镇对农村文化建设的对口帮扶，形成常态化工作，以更好地满足人民日益增长的精神文化需求。创新实施文化惠民工程，引导优质文化资源和文化服务更多地向农村倾斜。支持以"流动图书馆""流动文化馆""流动大舞台"等流动文化服务平台为载体开展流动文化服务，把慰问演出、文艺辅导、展览、讲座等文化活动内容送到百姓身边。

二是加强农村精神文明建设，传承弘扬优秀传统农耕文化。坚持和加强党对农村精神文明建设的全面领导，充分发挥基层党组织引领农村

---

① 尹俊. 深入理解人民精神生活共同富裕［J］.理论导报，2023（8）：57+61.

精神文明建设的战斗堡垒作用，坚持把习近平总书记关于"三农"工作的重要论述贯彻到农村精神文明建设全过程。加大对古镇、古村落、古建筑、民族村寨、文物古迹以及农业遗迹的保护力度。着重挖掘、创新利用并激活非物质文化遗产资源，促使农耕文明的优秀遗产与现代文明要素深度融合，让历史悠久的农耕文化在新时代焕发新风采，展现独特魅力，绽放时代光彩。用党的创新理论筑牢农村意识形态阵地。坚持农民的主体性作用，一方面通过思想政治教育对农民群众进行正确的世界观、人生观和价值观教育，培养爱国主义、集体主义观念。在全社会弘扬劳动精神、奋斗精神、奉献精神、创造精神、勤俭节约精神，调动广大农民群众的积极性、主动性、创造性，提高农民群众的思想道德素质，让农民群众在奋斗实干中创造价值，在乡村振兴中建设美好家园，不断增强勤劳致富的信心。另一方面提升农民群众的实干本领，通过完善农村劳动力培训就业体系，实施农村职业教育，培育有知识、懂技术、会经营的新时代实干型农民。要从现代化、信息化、网络化着手改进教育手段，让农民对数字经济有深刻的认识并切实应用，从而使农民群众能够适应新形势，在推动农村集体经济发展、实现农业现代化升级、促进三大产业融合的过程中作出积极贡献。[1]

三是鼓励群众文艺创作活动，促进文艺创新和文化繁荣。以文化馆为载体，繁荣文艺创作。坚持以人民为中心的创作导向，深入群众生活，扎根人民。同时，坚持社会主义核心价值观的引领地位，将提高作品质量作为创作的生命线，推进群众文艺作品的创作，以丰富群众的精神世界。[2] 精准把握群众文艺的特点和规律，围绕重要主题组织开展创作，力图展现百姓的生活、表达人民的心声，抒写伟大时代篇章。[3] 设立省级奖励，充分发挥示范引领作用。积极开展群众文艺创作展演展示

---

① 乐三.中国共产党推进农村精神文明建设的历程回瞻、经验寻绎及当代优化［J］.太原理工大学学报（社会科学版），2023，41（2）：1-9.

② 张莉珠.济南市文化馆：群众文艺精品创作［J］.中国航班，2021（18）：17-18.

③ 《自治区人民政府办公厅关于印发宁夏回族自治区文化和旅游发展"十四五"规划的通知》（《宁夏回族自治区人民政府公报》2021年12月15日）。

活动。将时代精神和人文内涵融入中华传统节日，围绕传统民俗文化活动展开创新尝试。[①] 以群众文化艺术引导群众文化活动，实现与时俱进，推动群众文化活动在内容和形式上实现深度创新。开展百姓大舞台、市民文化节等群众喜闻乐见的文化活动，打造一批有影响力的"群众文化活动品牌"，创新实施全民艺术普及工程，深入推进全民艺术普及。[②] 扎根时代生活，遵循美育特点，深入开展全民艺术普及工作。将全民艺术普及作为公共文化服务的重要品牌，推动各地设立全民艺术普及周、举办全民艺术节，增强社会影响力。坚持引导和满足群众的基本文化艺术需求，推动全民艺术知识、欣赏水平、技能以及参与文艺活动的普及化，致力于让文化馆成为城乡居民终身美育的学校，为人民群众提供持续的学习与交流平台。[③] 各级文化馆（站）要将全民艺术普及作为免费开放的重要内容，常年举办公益性文化艺术讲座、展演、展览、展示和培训活动。

三 完善"扩中""提低"行动政策，促进共同富裕发展能力提升

做大做强共同富裕"蛋糕"、切好分好共同富裕"蛋糕"绝对不是政府单方面的职责，还应调动多元主体力量，共同参与到这项伟大事业中。四川增强推进共同富裕政策体系内生性的关键在于完善城乡居民收入公平分配政策、优化对重点群体的就业创业帮扶政策以及完善促进中小微企业主和个体工商户健康发展的支持政策，加快形成"橄榄型"收入分配结构，缩小城乡收入差距，促进共同富裕的发展能力提升。

（一）完善有助于促进城乡居民收入公平分配的政策

一是健全科学有效的工资制度，拓展城乡居民致富增收渠道。健全

---

① 《自治区人民政府办公厅关于印发宁夏回族自治区文化和旅游发展"十四五"规划的通知》（《宁夏回族自治区人民政府公报》2021 年 12 月 15 日）。

② 刘晓亚．让文明之花开遍古城天水［N］．天水日报，2021-09-03．

③ 刘晓亚．让文明之花开遍古城天水［N］．天水日报，2021-09-03．

工资合理增长机制，着重保护劳动所得，增加劳动者特别是一线劳动者的劳动报酬。完善最低工资标准与经济增长、社会平均工资增长联动机制。深化事业单位收入分配制度改革，建立健全符合事业单位特点、体现单位整体绩效和岗位绩效、分类分行业管理的薪酬制度。制定差别化收入分配激励政策，一方面，瞄准增收潜力大、带动能力强的"扩中"重点群体，完善符合技术工人特点的工资制度，加强技能价值导向，优化工资分配结构。鼓励企业在薪酬体系中设立反映技术技能价值的组成部分，建立针对产业工人的额外津贴机制，以提升其薪资水平，促进产业工人融入中等收入群体。另一方面，要特别关注收入水平低、发展能力弱的"提低"重点群体，如进城农民工、低收入农户、困难群体等，坚持开发式帮扶，稳步提升他们的生活补贴标准，构建可持续的社会救助、社会福利、优抚安置制度体系，发展公益慈善事业，探索第三次分配，推动更多低收入群体跨入中等收入行列，确保共富路上"一个也不掉队"。

二是创新完善有利于收入调节的财税政策制度。加强个人所得税对资本所得的调节，减少对股息红利所得的税收优惠，将股息红利所得和财产转让所得等资本所得的税率调整为累进税率。将经营所得纳入综合所得范围，适度提高经营所得的最高边际税率，缩小核定征收范围，提升核定率。进一步巩固和拓展减税降费成效，落实落细各项政策措施，推动减税降费政策持续发挥效应。全面落实个人所得税专项附加扣除、小微企业"六税两费"减免政策、大规模增值税留抵退税政策等"组合式"减税降费政策措施。及时对阶段性小微企业税收减免政策开展评估，推动有效政策制度化，稳定市场主体的预期和信心。加大对民生支出的财政保障力度，完善民生支出财政保障机制。

三是推动完善转移支付法律制度，进一步推进省以下转移支付制度改革。进一步优化省以下转移支付结构。使省以下各级政府事权和支出责任划分相适应，规范转移支付分类设置，厘清边界和功能定位，优化各级政府转移支付结构。进一步规范转移支付制度。一方面，下级政府对上级政府下达的一般性转移支付，应采取有效措施以确保统筹用于相关重点支出；另一方面，下级政府对上级政府下达的专项转移支付，应发挥贴近基层的优势，基于资金用途不变的前提，调整用于同一类级科目下的其他项目。[①] 进一步加强专项转移支付管理。省级部门清理整合专项转移支付，严控新设专项转移支付项目。优化专项转移支付管理机制，确立定期评估和退出机制，强化对专项资金的整合和清理，对目标相似、方向一致、管理方式相似的专项进行整合，并严格控制同一领域的专项数量。[②] 规范专项资金管理办法，确保每项专项转移支付与相应的资金管理办法一一匹配。

（二）持续优化对重点群体的就业创业帮扶政策

一是强化创新创业平台打造。聚焦科技研发、成果转化和产业培育，坚持"弱的强、缺的补、散的合"原则，优化各类创新创业平台布局。培育升级一批省级创新创业平台，加强分类管理和服务评估，完善支持政策，进一步提升服务能级，为高校毕业生等重点群体开展创新活动和孵化创业项目提供载体。建设四川大学生就业创业大平台，实现信息服务、教育改革、精准指导、技术培训、机动实习、实践课题、联合研发、成果转化、产品推荐、企业孵化"十上平台"。拓展众创空间覆盖范围。鼓励市州、产业园区和企业将空置商务楼宇、工业厂房、仓储用房等存量房产，改建为众创空间。支持省内龙头企业、高校、科研院所发挥技术、人才、场地、资金等优势，在细分领域建设一批低成本、开放式的众创空间。引导更多众创空间"品牌化、专业化、功能化"升级，提升众创空间的整体发展水平。鼓励众创空间等创新创业平台向大学生免费开放。

二是加快创新创业主体培育。优化高校毕业生创新创业服务。积极为大学生对接创业引导基金等投资机构，支持高校毕业生创办企业。打响大学生创新创业大赛品牌，充分利用特色小镇、共富产业园、众创空

---

① 《北京市人民政府关于改革和完善市对区转移支付制度的实施意见》（《北京市人民政府公报》2016 年 3 月 15 日）。
② 《湖北省第十二届人民代表大会第四次会议关于湖北省 2015 年预算执行情况和 2016 年预算的决议》（《湖北省人民代表大会常务委员会公报》2016 年 3 月 15 日）。

间、创业孵化基地等平台，为高校毕业生提供低成本、便利化、全要素、开放式服务。对高校毕业生到农村创业并带动低收入农户增收的，设立帮扶支持政策。全面落实高校毕业生创业担保贷款政策，放宽高校毕业生申请创业担保贷款条件。对于政府投资性孵化基地，建立高校毕业生场地使用的优惠或免费长效机制。实施新乡贤带富工程，加快开展"百贤百企兴百村"活动，完善新乡贤人才库，建立乡村振兴和新乡贤回归重大项目库，有效带动农民就业创业。加快构建新型农民教育培训体系，组建县乡村振兴农民学院（校）一主多元培训体系。深化农民素质提升工程，深入推进"千家主体培育工程"，开展家庭农场、农民专业合作社、农业龙头企业等新型农业经营主体带头人轮训，提升农民的创业发展能力。

三是营造创新创业良好环境。降低创新创业门槛，加快实施准入准营"一件事"改革，提升注册登记便利化程度。深化"无证明"改革，全面推进证明事项告知承诺制。完善企业注销制度，探索建立歇业登记制度。全面推进企业信用风险分类管理，加大对新兴产业、重点领域、关键核心技术的知识产权保护力度。加快农村物流基础设施补短板，以实施省级物流示范县综合改革创新试点为抓手，推进客货邮一体化。梳理重点群体就业创业政策清单和服务事项清单，编制发布重点群体就业创业手册。整合相关资源，持续开展品牌创业专项活动。鼓励高校结合自身特点创新服务方式，形成"一校一品"服务模式。稳定扩大政策性岗位规模，组织实施好"特岗计划"、"三支一扶"计划等国家基层服务项目。高校要精准组织"访企拓岗促就业"专项行动，拓展更多就业需求匹配度高的岗位。持续开展优化营商环境行动，为就业创业营造良好的政务环境、市场环境和法治环境。

（三）完善促进中小微企业主和个体工商户发展的支持政策

一是完善高质量发展政策，支持特色经营。深入实施小微企业三年成长计划，持续优化中小微企业和个体工商户发展环境，围绕"质量标准品牌赋值中小微企业"专项行动，开展可靠性"筑基"和"倍增"工程，深入推进"计量服务中小企业行""小微企业质量管理体系认证提升行动"等活动。① 引导小微企业"树品牌创名牌",推动建设一批有影响力的川字号品牌。开展扎根四川"名特优新"个体工商户培育行动,打造更多小而美、小而精、小而专、小而优的知名小店和"网红店铺"。深入落实进一步支持中小微企业和个体工商户发展有关税费政策,持续改进办税缴费服务,落实落细纾困惠企的各项减税降费优惠政策,减轻中小微企业主和个体工商户的税费负担。加强行政事业性收费和行业协会商会等重点领域收费的监督检查,降低小微创业者和个体工商户的日常运营成本。

二是加强要素保障,降低经营融资成本。推动市场主体之间的信息共享,减轻信息不对称的影响。运用中小微企业和个体工商户的交易流水、经营用房租赁信息以及有关部门掌握的信用信息等数据,加大信用贷款发放力度。支持金融机构用好用足交通物流专项再贷款,加大交通物流领域个体工商户和小微企业贷款投放力度。支持金融机构持续优化贷款审批流程,合理确定贷款额度,扩大信贷支持范围,为符合条件的小微企业提供续贷支持。② 引导银行机构扩大对个体工商户的信用贷款发放,鼓励开发"续贷""随借随还""快贷快还"等贷款产品,提高对个体工商户的金融服务效率。③ 开展首贷户拓展三年行动和首贷户培育计划,深化小微企业金融服务差异化细分工作,加大对个体工商户的金融支持力度,持续扩大小微企业首贷、信用贷、无还本续贷规模,推广随借随还模式。

三是完善服务监管,畅通政企沟通联络渠道。更新省内个体工商户和小微企业创业服务手册,提供"一对一"创业政策解读、创业服务。开展多层次职业技能培训,建设一批高技能人才培训基地。加大对个体

① 王有军.吉林出台支持个体工商户和小微企业高质量发展21条措施［N］.中国经济时报,2023-06-15（03）.
② 王有军.吉林出台支持个体工商户和小微企业高质量发展21条措施［N］.中国经济时报,2023-06-15.
③ 《深圳市人民政府办公厅关于印发深圳市扶持个体工商户高质量发展若干措施的通知》（《深圳市人民政府公报》2023年6月12日）。

工商户从事"六新产业"的技能培训力度，提升就业、创业能力，对于符合条件的按规定给予职业技能培训补贴。加强反垄断和反不正当竞争执法，依法严厉打击不正当竞争行为，如损害竞争对手商业信誉、商品声誉；此外，依法严厉打击以"打假"为幌子的敲诈勒索行为，保障个体工商户和小微企业的合法权益。开展合规改革试点，对于违反市场监管秩序并符合合规改革适用条件的个体工商户和小微企业，在引导它们合规整改后，从轻、减轻或者不予处罚。严厉查处强制摊派、征收过头税费、截留减税降费红利、违规设置罚款项目、擅自提高罚款标准等行为。开展涉企违规收费专项整治，查处落实个体工商户和小微企业降费减负政策不到位、不按要求执行惠企收费政策等行为。①

四　建立事前事后评估反馈政策，促进四川共同富裕发展效率提高

当前，四川推进共同富裕的政策体系已经进入系统发展阶段。在加紧完善政策内容的同时，必须同步建立健全政策评估反馈政策，以科学的方法检验推进共同富裕政策的实施效果，为增强政策的实践性提供重要依据，以提高共同富裕发展效率。

（一）加快完善推进共同富裕政策的试点试验和总结扩散制度

2022 年 12 月，《关于支持攀枝花高质量发展建设共同富裕试验区的意见》印发，攀枝花被选为四川省高质量发展建设共同富裕试验区（以下简称"攀枝花试验区"），该意见支持攀枝花围绕促进全体人民共同富裕展开政策制度的全面创新和系统探索，以为全省实现共同富裕提供样本。攀枝花试验区的政策体系建设是省级党政部门出台关于推进共同富裕统一正式政策的先声和前奏，属于政策设计的测试和检验环节。② 概言之，攀枝花的推进共同富裕政策创新是省级党政部门政策学

① 关于进一步优化营商环境降低市场主体制度性交易成本的意见［J］.中小企业管理与科技，2022（17）：1-5.
② 刘伟作.政策扩散的理论实践与发展［M］.北京：科学技术文献出版社，2020：2.

习的来源，为省级党政部门乃至中央推进共同富裕政策的制定提供了可选择的具体方案，而来自中央、省级党政部门自上而下的指导规范则是攀枝试验区政策创新的重要保证。因此，四川完善推进共同富裕的政策体系必须加快建立推进共同富裕政策的试点试验和总结扩散制度。

一是完善共同富裕试验区的顶层设计。省级层面由省发展和改革委员会牵头，联合农业农村厅、人力资源和社会保障厅、民政厅等省直有关部门，加快建立共同富裕试验区领导小组，加强对攀枝花试验区建设各项工作的统筹指导，完善试验区的规划设计，根据攀枝花的实践反馈不断调整省委省政府关于支持高质量发展建设共同富裕试验区的意见，完善区域协同共富、强村富民、"消底、提低、扩中"、公共服务提质、精神文化提升、高效能市域社会治理六大行动的实施方案，并以此为实践基础，加快制定出台四川推进共同富裕行动纲要，进一步明确由攀枝花试验区到全省人民共同富裕的时间表、任务图，深入谋划好扎实推进共同富裕的顶层设计。省委改革办应将共同富裕试验区建设任务纳入工作台账。省直相关部门应围绕"六大行动"有针对性地制定专项领域政策，督促攀枝花切实履行主体责任，制定符合地方实际的具体实施方案，落实各项任务责任。

二是鼓励共同富裕试验区的政策创新。首先，助力攀枝花试验区营造良好的政策创新环境。针对中央出台的关于共同富裕的新政策新举措，优先选择攀枝花试验区作为本省改革试点和示范区，支持攀枝花积极争取国家级试点项目，如采煤沉陷区综合治理等，推动审批权限下放、要素市场化配置、全域土地整治等省级改革试点。鼓励营商环境创新对标、农民就业创业增收等改革探索，积极开展多项政策集成创新实践。其次，加强对攀枝花试验区政策创新的要素保障。强化重大项目支撑，聚焦攀枝花特色产业，按照程序，优先推荐那些条件合适、成熟度较高的项目列入省级重点项目名单，加速推进相关工作。加大财政和金融领域的支持力度，深入推进财政与金融的相互协调政策，促进金融服务实体经济的发展。全面贯彻落实针对科技创新、基础设施建设、环保节能等方面的税费优惠政策。加强对创新人才的支持，着力创建更加有利于创新发展的环境，支持攀枝花试验区建设省级人力资源服务产业园，鼓励政府与重点用人单位设立重大人才引育专项，并给予政策资金支持。最后，进一步健全攀枝花试验区推进共同富裕的容错纠错办法，针对共同富裕试验区政策创新及时修订完善覆盖容错纠错活动全周期、全过程的办法，激励试验区党政干部勇于改革创新与干事创业，增强党政干部履职尽责的积极性和主动性。

三是畅通推进共同富裕政策的扩散渠道。攀枝花试验区及时总结推进共同富裕的经验做法，省级相关领导部门注意发挥推动作用，成熟一批、推广一批，并将试验区推进共同富裕政策的核心内容纳入省级层面的统一政策中，进一步增强试验区的共同富裕示范效应。通过数字技术构建共享互通的政策评估平台，让非试验区地方党政部门、专家学者、企业单位、社会民众等多元主体通过线上线下相结合的方式参与到评估工作中，推动信息共享、培育共同理念，加快形成关于推进共同富裕的政策认同，减少政策扩散的梗阻。建立健全推进共同富裕政策成果的交流推广机制，支持设立由党政部门、科研院所、企业等组成的推进共同富裕典型经验交流推广小组，对攀枝花试验区出台的推进共同富裕政策文件进行充分解读，鼓励其他地方结合本地现实发展情境制定契合当地特色的推进共同富裕政策，支持地方特色经验与政策的再度融合创新。

（二）科学制定推进共同富裕政策的跟踪反馈和评估办法

科学的政策跟踪反馈和评估办法不仅是检验四川推进共同富裕政策制定与实施的效果如何的重要工具，还是四川积累推进共同富裕政策经验、增强推进共同富裕政策适应性的重要途径。在此以共同富裕型社会政策理论为出发点，基于整体性、内生性、实践性原则，从"政策主体效能—政策实施效果—政策客体评价"三个维度构建四川推进共同富裕政策体系实施效果评价指标体系（见表9-1）。

表 9-1　四川推进共同富裕政策体系实施效果评价指标体系

一级指标	二级指标	三级指标
政策主体效能	机构设置情况	是否建立省级推进共同富裕机构 是否实现省级相关部门信息互通
	要素保障政策	相关金融支持政策数量 相关人才支持政策数量 相关财政税收政策数量
	规划编制审批	共同富裕行动纲要制定 共同富裕试验区扩大规划
共同富裕发展水平	高质量建设农业强省	高能级富民乡村产业兴旺发达 农村新型集体经济多样化发展 宜居宜业和美乡村建设的推进
	巩固拓展脱贫攻坚成果	防止返贫监测和精准帮扶机制 持续巩固"两不愁"成果 全面巩固"三保障"成果
	"四类地区"协调发展	县域人均地区生产总值最高最低倍差 县域农民人均可支配收入最高最低倍差 县域人均基本公共服务支出差异系数
共同富裕发展质量	社会保障体系完善	社会保障公共财政支出强度 城乡居民基本养老/医疗保险覆盖率 紧密型县域医共体覆盖率 普惠性托育覆盖率
	城乡要素平等互通	人口要素融合 土地要素融合 资金要素融合 数据要素融合
	人民精神普遍富足	普惠性文化设施覆盖率 人均教育文化娱乐消费支出占比 文化产业增加值占地区生产总值的比重
共同富裕发展能力	城乡居民收入公平分配	城乡居民收入倍差 农民劳动报酬占地区生产总值的比重 城乡居民税费倍差 省内转移支付比例
	重点群体就业创业能力	创新创业工作建设与保障 创新创业活动建设与推进 创新创业教育教学的人数
	营商环境的优化与改善	新增品牌数目 产品市场占有率 税惠政策落实情况

续表

一级指标	二级指标	三级指标
政策客体评价	企业满意度	对推进共同富裕政策体系的满意度 对政府职能履行的满意度
	城乡居民满意度	对推进共同富裕政策体系的满意度 对政府职能履行的满意度

在上述评价指标体系中，"政策主体效能"主要用以衡量省级党政部门制定推进共同富裕政策职能的履行情况，包括三个方面的内容：一是四川推进共同富裕工作的机构设置情况，二是四川推进共同富裕要素保障政策的制定情况，三是四川推进共同富裕的规划编制审批情况。"政策实施效果"主要评估欠发达地区优先发展政策、民生改善城乡互融政策以及"扩中""提低"行动政策的推出对于四川共同富裕发展水平、发展质量以及发展能力的作用。"政策客体评价"侧重衡量企业、城乡居民等施政对象的满意度，重点包括两个方面的满意度：一是对推进共同富裕政策体系的满意度，二是对党政部门政策制定、执行、调整等职能履行的满意度。应该看到，鉴于四川推进共同富裕实践正处于综合试验阶段，此评价指标体系的构建只是基础性、框架式的设计，还需随着实践的深入，继续思考指标的选择，充分利用质性元分析法、夏普利值分解法等，为接下来制定科学、全面的推进共同富裕政策体系实施效果评价指标体系提供更具说服力的依据。

第三篇

农村共富探索

本篇旨在揭示四川农村共同富裕的成效，首先定量分析农民合作社供应链信贷的共富效应，其次案例展示成都农村和革命老区如何推进共同富裕，从而总结经验，为其他地方推进共同富裕提供借鉴。

第十章 四川农民合作社供应链信贷的共富效应

随着全面小康社会的建成和乡村振兴的全面推进，区域、城乡、人群间的收入差距对经济高质量发展和社会稳定造成了不同程度的负面影响。[①] 2021年农业农村部发布的《关于加快农业全产业链培育发展的指导意见》指出，支持开展农业供应链金融，为小农户和新型农业经营主体提供担保和增信服务。习近平总书记在党的二十大报告中提出，着力解决好人民群众急难愁盼问题，促进机会公平，增加低收入者收入，规范收入分配秩序，扎实推进共同富裕。随着新型农业经营主体的不断壮大，我国农业产业链供应链的融合发展逐步加强与竞争力逐步提升，为积极开展农业供应链信贷提供了有利条件。加快农业供应链金融的发展逐步成为探索实现农业产业融合发展与扎实推进农村农民共同富裕的重要途径，特别是为破解信贷融资约束和助力产业振兴、促进金融信贷机会均等化创造了有利条件。

构建有效的联农带农机制，已成为金融赋能乡村产业振兴助力四川农村农民共同富裕的核心。已有研究表明，农民合作社供应链信贷具有较强的脱贫增收效应[②]，并会增加农户的非农就业机会[③]，促进农业产

---

① 董志勇，王也. 新时代背景下共同富裕的特征阐释与实现路径——基于供给侧和需求侧的视角 [J]. 政治经济学评论，2022 (5)：23-42.
② 申云，彭小兵. 链式融资模式与精准扶贫效果——基于准实验研究 [J]. 财经研究，2016 (9)：4-15.
③ 申云，李庆海，杨晶. 农业供应链信贷的减贫效应研究——基于不同主体领办合作社的实证比较 [J]. 经济评论，2019 (4)：94-107.

业转型升级。但目前，农业供应链信贷业务规模和推广范围都较小，发展成效不尽如人意①。在扎实推进共同富裕的背景下，四川农民合作社供应链信贷通过提高脱贫质量、促进农民可持续增收创收、缩小贫富差距来助力农民共同富裕依旧存在诸多困难。一方面，农业供应链信贷缩小农户之间收入差距的作用机制仍然相对模糊。另一方面，农民合作社供应链信贷对不同类型农户的联农带农作用表现出一定的异质性，且农民合作社的领办主体与区域差异也可能带来异质性的作用效果。因此，从农民合作社联农带农的视角揭示农民合作社的利益联结机制，揭示金融赋能农业现代化和农民共同富裕的作用机制具有重大理论和现实意义。

第一节　农民合作社供应链信贷共富效应的理论分析与研究假说

共同富裕是中国特色社会主义的本质要求，也是中国式现代化的重要组成部分。共同富裕是坚持以人民为中心，通过优化收入分配制度，缩小城乡、区域、人群之间的收入差距，让全体人民共享经济发展成果②，强调全体人民共同劳动及共享发展成果的一种富裕状态③。就农民共同富裕的内涵而言，主要包括以下两个层面。一是通过共建富裕来实现农民收入的可持续增长，即提升农民的可持续生计能力和生活富裕水平，不断"做大蛋糕"来增加农民的物质财富，体现了共建富裕的核心内涵，也是实现农民共享富裕的基本前提④。二是通过共享富裕来

① 蒋伯亨，温涛.农业供应链金融（ASCF）研究进展［J］.农业经济问题，2021（2）：84-97.
② 张金林，董小凡，李健.数字普惠金融能否推进共同富裕？基于微观家庭数据的经验研究［J］.财经研究，2022（7）：4-17.
③ 田瑶，赵青，郭立宏.数字普惠金融与共同富裕的实现——基于总体富裕与共享富裕的视角［J］.山西财经大学学报，2022（9）：1-17.
④ 刘培林，钱滔，黄先海，等.共同富裕的内涵、实现路径与测度方法［J］.管理世界，2021（8）：117-129.

缩小农民内部收入差距。随着县域城镇化的不断推进，农民收入分化问题不断凸显，农民内部的收入差距不断扩大成为制约农村农民共同富裕的突出问题，而共享发展成果是缩小农民内部收入差距的重要体现。

一 农业供应链信贷与农民共建富裕

农业供应链金融又称为农业产业链金融，它可以打破传统金融信贷面临的"抵押物"制约难题，赋能农业产业链和供应链来联农带农，有效实现融资从而缓解信贷约束困境[1]，助力农业产业化发展。农业供应链信贷作为农户生产性贷款的重要来源，在产业链发展和供应链不同环节上创造信用增级来实现农户收入增长。[2] 一方面，农民合作社主导的农业供应链有利于缓解信贷约束[3]、增强农户信贷可得性、拓宽农户融资渠道从而实现农户的脱贫增收[4]；另一方面，通过包容性经济发展促进农户收入增长来实现共同富裕[5]。由于传统金融信贷中小农户往往缺失标准抵质押物[6]、信贷供需双方信息不对称[7]，农村金融市场的信贷排斥依然突出[8]。农业供应链信贷能够衔接小农户与农村金融市场[9]，

① 王宏宇，温红梅. 区块链技术在农业供应链金融信息核实中的作用：理论框架与案例分析［J］.农村经济，2021（6）：61-68.
② 李明贤，刘美伶. 扶贫小额信贷对贫困户收入的影响［J］.农村经济，2020（6）：49-56.
③ 李成友，孙涛. 渠道信贷约束、非正规金融与农户福利水平［J］.改革，2018（10）：90-101.
④ 吴本健，郭晶晶，马九杰. 贫困地区农户的风险应对与化解：正规金融和社会资本的组合效应［J］.华南师范大学学报（社会科学版），2019（1）：66-73.
⑤ 叶兴庆. 以提高乡村振兴的包容性促进农民农村共同富裕［J］.中国农村经济，2022（2）：2-14.
⑥ 何广文，何婧，郭沛. 再议农户信贷需求及其信贷可得性［J］.农业经济问题，2018（2）：38-49.
⑦ 朱喜，史清华，盖庆恩. 要素配置扭曲与农业全要素生产率［J］.经济研究，2011（5）：86-98.
⑧ 谭燕芝，彭千芮. 普惠金融发展与贫困减缓：直接影响与空间溢出效应［J］.当代财经，2018（3）：56-67.
⑨ 刘西川，程恩江. 中国农业产业链融资模式——典型案例与理论含义［J］.财贸经济，2013（8）：47-57.

有效缓解农户融资约束①，促进贫困农户实现减贫增收②。同时，农民合作社可以通过农业供应链环节上下游农户之间的道德软约束和同伴监督，提高农户与合作社之间的利益联结程度，进而促进农户实现脱贫增收，但这种作用效果具有较强的异质性。

农民合作社供应链信贷是以农民合作社为核心载体，围绕农业供应链上下游农户、涉农企业、银行等主体而开展的资金融通活动。相比传统抵质押融资而言，农业供应链信贷以信用融资为主，以供应链环节的有效运转和各环节的应收账款作为信贷融资基础，为农户的农业生产资金需求开辟新的融资渠道。农民合作社供应链信贷凭借农业产供销各环节的资金闭环融资优势，实现农民合作社内部信贷的同伴监督，可有效降低供应链各环节之间的信用风险。这种有效的金融信贷模式在一定程度上促进了落后地区农业产业的发展，从而激活了农村区域经济建设的积极性，有效缓解了农业产业融资难、融资慢等难题，为实现普惠金融助力农业产业发展，从而实现共建富裕提供了有力支撑。因此，提出如下研究假说：

H10-1 农民合作社供应链信贷有利于增强农户供应链融资可得性，并发挥农业供应链竞争优势来有效联农带农，从而提升农民共建富裕程度。

二 农民合作社供应链信贷与农民共享富裕

金融本身具有"双刃剑"效应，一方面有利于促进经济发展，另一方面具有一定的反噬效应，扩大居民收入差距。③ 在金融发展初期，金融信贷资本主要流向高收入人群，低收入群体遭受信贷排斥，进而加

① 王乐君，寇广增，王斯烈. 构建新型农业经营主体与小农户利益联结机制 [J]. 中国农业大学学报（社会科学版），2019（2）：89-97.
② 邹建国，李明贤. 农业供应链金融视角的农户信用增进研究 [J]. 财经理论与实践，2019（6）：32-38.
③ 殷剑峰，王增武. 分配差距扩大、信用扩张和金融危机——关于美国次贷危机的理论思考 [J]. 经济研究，2018（2）：50-64.

剧了收入差距的扩张。[1] 随着金融服务的持续深化，低收入群体的信贷可得性增强，他们享受金融信贷发展红利，而这有利于缩小收入差距。[2] 由于城乡二元结构的长期存在，城乡金融要素的流动存在较多的约束条件[3]，使得金融发展对城乡居民收入差距的作用表现出较大的异质性[4]，从而表现出"倒 U 形"的曲线特征[5]。而通过降低金融服务门槛、改善资源分配状况[6]，发展普惠金融能有效缩小城乡收入差距和区域发展差异[7]，促进区域经济的协调发展[8]。

相较于传统普惠金融而言，农民合作社供应链信贷通过增强农户信贷可得性、提高农户与合作社之间的利益联结程度，有利于促进农民共享富裕。一方面，在农业产业链内部交易结构的基础之上，农业供应链信贷既可以将信贷资金引入农业产业链，也可以通过产业链和供应链赋能农户的信用增级[9]，增强农户信贷可得性。而信贷可得性的增强会进一步促进农民增收[10]、强化农民人力资本积累、增加就业机会[11]、改善

[1] Maurer N，Haber S. Related lending and economic performance：Evidence from Mexico [J]. *The Journal of Economic History*，2007，67：551-581.

[2] Galor O，Zeira J. Income distribution and macroeconomics [J]. *Review of Economic Studies*，1993，60（1）：35-52.

[3] 张彤进 . 包容性金融发展的城乡收入分配效应研究——基于产业结构升级的视角 [J]. 山西财经大学学报，2016（6）：28-40.

[4] Madhu S，Giri A K. Panel data analysis of financial development，economic growth and rural-urban income inequality [J]. *International Journal of Social Economics*，2016，43（10）：998-1015.

[5] 李标，王黎，孙煜程 . 农村信贷供给影响城乡收入差距的机制与效应研究 [J]. 农业技术经济，2020（7）：61-78.

[6] 李建伟 . 普惠金融发展与城乡收入分配失衡调整——基于空间计量模型的实证研究 [J]. 国际金融研究，2017（10）：14-23.

[7] 初春，吴福象 . 金融集聚、空间溢出与区域经济增长——基于中国 31 个省域空间面板数据的研究 [J]. 经济问题探索，2018（10）：79-86.

[8] 曹廷求，王文韬 . 金融发展对经济增长的缓释效应及其实现机制 [J]. 改革，2020（5）：94-107.

[9] 胡国晖，郑萌 . 农业供应链金融的运作模式及收益分配探讨 [J]. 农村经济，2013（5）：45-49.

[10] 陈蕾，蔡雪雄，古洋洋 . 正规金融、非正规金融与农户收入增长 [J]. 财贸研究，2022（2）：42-51.

[11] 方观富，许嘉怡 . 数字普惠金融促进居民就业吗——来自中国家庭跟踪调查的证据 [J]. 金融经济学研究，2020（2）：75-86.

收入不平等状况①。另一方面，提高农户与合作社的利益联结程度。农业供应链信贷可以促使农业供应链参与各方建立利益联结机制，有效发挥组织联结、市场联结、信息联结、利益联结等多维联结机制，协同促进和保障小农户进入农业全产业链循环②，激发小农户参与农业供应链协同创新，为农户提供技术培训和就业机会，形成共同面对市场的发展模式，使得农村经济发展从农户个体竞争转向产业链竞争③。高水平的利益联结机制将农户与合作社进行捆绑，对降低农户收入风险、促进农户增收创收及缩小收入差距具有重要作用。因此，提出如下研究假说：

H10-2a　农民合作社供应链信贷通过赋能农业供应链融资增信，增强农户信贷可得性，从而提高农民共享富裕程度。

H10-2b　农民合作社供应链信贷通过提高农户与合作社之间的利益联结程度，优化利益分配，从而提升农民共享富裕程度。

由此，本章的实证分析思路可总结为如图 10-1 所示。

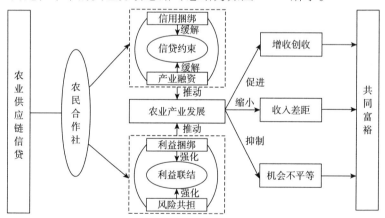

图 10-1　农民合作社供应链信贷促进农户共享富裕的机制

① 杨晶，邓悦．中国农村养老保险制度对农户收入不平等影响研究 [J]．数量经济技术经济研究，2020（10）：83-100.
② 何美章，尤美虹．小农户进入农业全产业链循环的机理——以湖北四家涉农供应链创新与应用试点企业为例 [J]．中国流通经济，2022（2）：23-35.
③ 张倩，牛荣．"小额信贷+产业链"：小农户衔接现代农业的新路径——宁夏"盐池模式"的实践经验 [J]．西安财经大学学报，2021（3）：92-101.

第二节　四川农民合作社供应链信贷共富效应的研究设计

一　数据来源

本章数据来源于课题组 2016 年和 2019 年对四川省国家扶贫重点县仪陇、马边、金阳三县农村金融扶贫的调查数据。在实地调查前，通过预调查对调查问卷进行完善，并对户籍所在地学生进行系统性培训，尽量做到样本农户结构性访谈过程中调查内容的真实有效。首先，针对已经参与或有意愿参与农民合作社供应链信贷的农户进行问卷调查，农户问卷涉及农户的家庭特征、订单农业生产情况、借贷需求和信贷可得性等方面。其次，针对当地推行农业供应链信贷业务的农民合作社进行调查，问卷调查涉及合作社规模、资产状况、盈利能力、财政扶持项目与补助政策、各类奖励以及产业结构、正规金融机构信贷供给状况等方面。此外，还针对开展农业供应链信贷业务的商业银行/小额信贷机构、地方政府扶贫办、金融管理部门（中国人民银行县级支行、金融局）进行访谈与问卷调查。

2016 年在四川省仪陇、马边、金阳三县，分别调查 10 个农民合作社，共调查农民合作社 30 家，在当地已经参与或有意愿参与农业供应链信贷的社员农户中随机抽样 40 户。之后，在调查样本村的选取上，重点选取当地金融机构推行农业供应链信贷业务相对较好的农村，总共发放问卷 1200 份，累计回收有效问卷 1194 份，有效问卷回收率为 99.5%。剔除存在异常值和极端值以及未明确答复的问卷，最终得到经处理的 1180 份问卷。2019 年对第一轮调查农户进行跟踪监测回访调查，由于回访调查的原有贫困户较多已变为脱贫户，在电话回访中重点搜集有意愿或一直参与农业供应链信贷的农户问卷，仅为 750 份，其中有效问卷 731 份，有效问卷回收率为 97.47%。通过对调查问卷进行信度和效度检验发现，问卷的信度系数（Cronbach α）和效度系数（KMO 值）分别为 0.865 和 0.838，问卷信度和效度系数均高于 0.8，且达到了显著性水平（P＝0.0000＜0.001），符合问卷信效度指标的基本要求。

二 变量说明

（1）被解释变量：农民共同富裕程度。从农户收入增长和农户收入差距两个维度来考察农民共同富裕程度。首先，农户收入增长以农户人均纯收入来衡量。促进农民持续增收是推进农民实现物质富裕的重要基础[①]，也是共建富裕、做大经济发展"蛋糕"的重要保障。其次，农户收入差距通过收入距来衡量。推进农民共同富裕的关键在于缩小农民内部收入差距[②]，让发展的成果惠及全体农民，实现共享富裕的目标。在测度方法上，通常采用基尼系数[③]和方差法[④]来测度农村地区收入不平等状况，但在实践层面，基尼系数对不同群体收入差异的解释相对有限，无法全面反映收入不平等的特征。因此，在此借鉴 Foster 等的做法[⑤]，采用 Foster-Greer-Thorbecke（FGT）指数法来构建收入距指标以反映收入差距缩小的相关误差，揭示农户之间的收入不平等状况：

$$P_0 = \sum_{i=1}^{n} \frac{z_i - \bar{z}}{\bar{z}} \qquad (10-1)$$

式中 z_i 为农户人均纯收入；$\bar{z}$ 为样本收入线。P_0 的绝对值越小，说明收入差距越小。长久以来，我国不同农村区域间收入差距较为明显，农民个体间收入差距已超过区域发展整体差距[⑥]，缩小农民群体内部收

① 郑沃林，李尚蒲. 收入、生态与农民共富：来自农户的证据 [J]. 南方经济，2022（5）：29-42.

② 王轶，刘蕾，武青远. 正规信贷供给方式与农村地区共同富裕 [J]. 金融经济学研究，2022（1）：118-134.

③ Xu K. Inference for generalized Gini indices using the iterated-bootstrap method [J]. *Journal of Business & Economic Statistics*，2000，18（2）：223-227.

④ 周广肃，樊纲，申广军. 收入差距、社会资本与健康水平——基于中国家庭追踪调查（CFPS）的实证分析 [J]. 管理世界，2014（7）：12-21.

⑤ 苍玉权. 论基尼系数的局限及调整 [J]. 数量经济技术经济研究，2004（4）：59-66.

⑥ 贺雪峰. 共同富裕与三轮驱动的中国式现代化 [J]. 南京农业大学学报（社会科学版），2022（4）：1-7.

入差距，对于巩固拓展脱贫攻坚成果同乡村振兴有效衔接、实现共同富裕具有重大意义。参照 Rippin 等①的做法，划定样本家庭人均纯收入的70%为样本收入线（1152.42 元），并辅以测量基尼系数进行变量替换以做稳健性检验。

（2）核心解释变量。将农户是否获得农民合作社供应链信贷（是否获得信贷）作为核心解释变量。

（3）中介变量。根据前文理论分析，选取农户信贷可得性和农社利益联结程度作为中介变量。其中，农户信贷可得性通过合作社和农户同时获得供应链信贷的概率来反映，农社利益联结程度通过合作社是否进行统一订单销售来间接反映。农户与其他主体之间在农业生产前签订合约，通过规定农产品生产数量、质量、价格、交易时间等锁定农产品价格风险②，有助于实现农户与合作社之间的利益捆绑。

（4）控制变量。参考已有相关研究，选取性别、年龄、家庭人口规模、受教育程度③、政治面貌④及金融信贷政策了解情况⑤作为控制变量。

主要变量的说明见表 10-1。

表 10-1　变量的描述性统计说明

变量	变量说明	均值	标准差	最大值	最小值
农户收入增长	以 2016 年农户人均纯收入表示	1372.483	1221.38	4645.714	109.2
农户收入差距	基于个体收入距测度	0.757	0.767	3.027	0.053

① Rippin N，Milberg W，Elsner D W. Multidimensional poverty in Germany：A capability approach［J］. *Forum for Social Economics*，2016，45（2-3）：230-255.

② 何秀荣. 公司农场：中国农业微观组织的未来选择？［J］.中国农村经济，2009（11）：4-16.

③ 程名望，史清华，Jin Yanhong，等. 农户收入差距及其根源：模型与实证［J］.管理世界，2015（7）：17-28.

④ 郭清卉，李世平，南灵. 环境素养视角下的农户亲环境行为［J］.资源科学，2020（5）：856-869.

⑤ 高博发，李聪，李树茁. 后续扶持政策、资源禀赋与易地搬迁农户生计风险——来自陕西省的经验证据［J］.经济地理，2022（4）：168-177.

续表

变量	变量说明	均值	标准差	最大值	最小值
农户信贷可得性	用以表示信贷约束	60.723	24.879	98.691	4.348
农社利益联结程度	以农民合作社是否进行统一订单销售间接表示（是=1；否=0）	0.413	0.493	1	0
是否获得信贷	是否获得农民合作社供应链信贷（是=1；否=0）	0.303	0.460	1	0
性别	男=1；女=0	0.263	0.440	1	0
年龄	单位：岁	46.790	9.245	70	22
受教育程度	初中及以下=1；高中/中专=2；大专/本科=3；研究生=4	1.782	0.662	4	1
政治面貌	是否党员（是=1；0=否）	0.559	0.497	1	0
金融信贷政策了解情况	农户是否了解银行信贷政策（是=1；否=0）	0.413	0.493	1	0
家庭人口规模	单位：人	5.408	1.899	16	1

三　模型构建

（1）OLS 模型。根据农民合作社供应链信贷对农户收入增长和收入差距的影响，设定如下基准回归模型：

$$Income_i = \alpha_0 + \beta_0 fc_i + \lambda_0 X_i + \theta_0 + \varepsilon_0 \qquad (10-2)$$

$$GAP_i = \alpha_1 + \beta_1 fc_i + \lambda_1 X_i + \theta_1 + \varepsilon_1 \qquad (10-3)$$

其中，$Income_i$、Gap_i 分别表示农户收入增长与农户收入差距；fc_i 表示农户是否获得农民合作社供应链信贷；X_i 代表控制变量；i 为不同农户个体；α 为常数项；θ 表示地区固定效应；ε 为随机扰动项。

（2）中介效应模型。参考温忠麟等[1]做法，基于中介效应模型分析，以农户信贷可得性、农社利益联结程度作为中介变量，通过检验回归系数从而判断它们是否发挥中介效应。具体模型设计如下：

---

① 温忠麟，张雷，侯杰泰，等．中介效应检验程序及其应用［J］．心理学报，2004（5）：614-620.

$$Y = \alpha_1 fc + X_1 + \theta + \varepsilon \qquad (10-4)$$

$$M = \alpha_2 fc + X_2 + \theta + \varepsilon \qquad (10-5)$$

$$Y = \alpha_3 fc + \gamma M + X_3 + \theta + \varepsilon \qquad (10-6)$$

其中，fc 代表是否获得信贷；Y 表示农户收入增长、农户收入差距；M 表示农户信贷可得性、农社利益联结程度两个中介变量；X_1、X_2、X_3 表示相关控制变量。根据中介效应检验的原理，如果 α_1、α_2、α_3、γ 都显著，则说明中介效应显著；若 α_2、α_3、γ 至少有一个不显著，则需进一步做 Sobel 检验，以检验中介效应的显著性。

第三节　四川农民合作社供应链信贷共富效应的实证分析

一　基准回归

（一）四川农民合作社供应链信贷的增收效应

表 10-2 报告了农民合作社供应链信贷对农户收入增长的作用效果，标准误聚类到县域层面。由第（1）列和第（2）列可知，在未加入控制变量时，是否获得信贷对农户收入增长的影响系数在 1% 的水平上显著为正；加入控制变量后，影响系数在 5% 的水平上显著为正，反映出农民合作社供应链信贷的使用有助于提升农民收入水平，提高农民的共建富裕程度。

表 10-2　农民合作社供应链信贷对农户收入增长的影响

变量	（1） OLS	（2） OLS
是否获得信贷	0.293 *** （0.073）	0.245 ** （0.053）
性别		−0.119 （0.113）
年龄		0.001 （0.005）

续表

变量	（1） OLS	（2） OLS
受教育程度		0.283 *** （0.023）
政治面貌		0.036 （0.079）
金融信贷政策了解情况		−0.023 （0.048）
家庭人口规模		0.193 *** （0.004）
地区固定效应		控制
观测值	1194	1194

注：*、**、*** 分别表示 10%、5%、1% 的显著性水平；括号内为县域层面的聚类稳健标准误。

（二）四川农民合作社供应链信贷对农户收入差距的影响

农民合作社供应链信贷依托农业产业链供应链来实现联农带农促进农户增收，但这种增收效应是否存在农户间的异质性，导致农户内部间收入差距扩散还是收敛尚未可知。为了进一步探究农民合作社供应链信贷对农户内部收入差距的影响，加入地区固定效应。如表 10-3 所示，是否获得信贷对农户收入差距的影响系数均显著为负，表明农民合作社供应链信贷的使用有助于缩小农户内部收入差距。

表 10-3　农民合作社供应链信贷对农户收入差距的影响

变量	OLS 模型	
	（1）	（2）
是否获得信贷	0.766 *** （0.114）	0.722 ** （0.132）
性别		0.029 *** （6.15）
年龄		−0.003 ** （−2.15）

续表

变量	OLS 模型	
	（1）	（2）
受教育程度		-0.053^{***}
		(-6.31)
政治面貌		-0.003^{***}
		(-6.31)
金融信贷政策 了解情况		0.012
		(0.04)
家庭人口规模		0.166^{***}
		(4.18)
地区固定效应	控制	控制
观测值	1194	1194

注：*、**、***分别表示10%、5%、1%的显著性水平；括号内为县域层面的聚类稳健标准误。

（三）稳健性检验

（1）农民合作社供应链信贷影响农户收入增长的回归估计中，采取分位数回归进行再检验。分位数回归结果显示，在任意分位点上（0.1→0.3→0.5→0.7→0.9），农民合作社供应链信贷均正向促进了农户收入增长（0.1→0.073→0.057**→0.062→0.557***）。（2）农民合作社供应链信贷影响农户收入差距的回归估计中，将被解释变量由收入距替换为基尼系数，回归系数的显著性水平与绝对值未发生明显变化。这些说明基准回归结果稳健可靠。

二　异质性分析

（一）农民合作社领办主体异质性分析

在此探究不同类型主体领办下农民合作社供应链信贷在减贫增收、缩小收入差距方面是否存在异质性，回归结果见表10-4。依托不同领办主体而开展的农民合作社供应链信贷下是否获得信贷的系数显著性与大小各异，表明依托不同领办主体而开展的农民合作社供应链信贷对农民增收以及农民内部收入差距缩小的作用不尽相同。从收入增长方面来看，只有村干部领办的农民合作社供应链信贷下是否获得信贷的系数显著为正；从收入差距方面来看，村干部和企业领办的农民合作社供应链信贷下是否获得信贷的系数显著为正。总体而言，村干部领办的农民合作社供应链信贷促进农户收入增长、缩小农户收入差距的作用显著。

表 10-4　异质性检验：农民合作社领办主体（OLS 模型）

变量	被解释变量：农户收入增长			
	种养殖大户	村干部	企业	经销商
是否获得信贷	0.122 （0.082）	0.480 ** （0.105）	0.131 （0.070）	0.208 （0.358）
控制变量	控制	控制	控制	控制
地区固定效应	控制	控制	控制	控制
观测值	180	445	503	66
变量	被解释变量：农户收入差距			
	种养殖大户	村干部	企业	经销商
是否获得信贷	0.005 （0.154）	1.598 ** （0.304）	0.215 ** （0.036）	0.276 （0.267）
控制变量	控制	控制	控制	控制
地区固定效应	控制	控制	控制	控制
观测值	180	445	503	66

注：*、**、*** 分别表示 10%、5%、1% 的显著性水平；括号内为县域层面的聚类稳健标准误。

可能的原因在于，村干部领办型农民合作社的负责人为当地能人或乡贤，他们在联结农户内部利益、农户与合作社利益等方面具有天然优势，以此形成的合理利益分配机制较好地照顾到低收入农户群体，在提升农户收入的同时，也有效地缩小了农户内部收入差距。

（二）农户类型异质性分析

借鉴赵文娟等的研究思路①，将农户分为纯农型、农兼型和兼农型三类。其中，非农收入 ≤ 总收入 10% 的农户界定为纯农型；总收入

---

① 赵文娟，杨世龙，王潇．基于 LOGISTIC 回归模型的生计资本与生计策略研究——以云南新平县干热河谷傣族地区为例 [J].资源科学，2016，38（1）：136-143.

10%<非农收入≤总收入 50%的农户界定为农兼型；总收入 50%<非农收入≤总收入 90%的农户界定为兼农型。如表 10-5 所示，从收入增长方面来看，对于纯农型和农兼型农户，是否获得信贷的回归系数显著为正，且后者大于前者；从收入差距方面来看，对于农兼型和兼农型农户，是否获得信贷的回归系数显著为正，且前者大于后者。总体而言，农民合作社供应链信贷促进农户收入增长、缩小农户收入差距的作用在农兼型农户上体现得最为显著。由此可得，农民合作社供应链信贷应当更加偏向农业收入占比适中的农兼型群体。

表 10-5　异质性检验：农户类型（OLS 模型）

变量	被解释变量：农户收入增长		
	纯农型	农兼型	兼农型
是否获得信贷	0.138** (0.031)	0.419** (0.051)	0.160 (0.100)
控制变量	控制	控制	控制
地区固定效应	控制	控制	控制
观测值	204	519	471

变量	被解释变量：农户收入差距		
	纯农型	农兼型	兼农型
是否获得信贷	−0.050 (0.165)	1.434** (0.189)	0.284* (0.069)
控制变量	控制	控制	控制
地区固定效应	控制	控制	控制
观测值	204	519	471

注：*、**、***分别表示 10%、5%、1%的显著性水平；括号内为县域层面的聚类稳健标准误。

三　作用机制分析

（一）基于信贷约束视角

为了探讨四川农民合作社供应链信贷对农民共同富裕的影响机制，在此以农户信贷可得性作为中介变量对共享富裕进行检验。通常而言，该指标越高代表农户资金可得性越强。从表 10-6 的 Panel A 来看，第

（1）列和第（3）列中是否获得信贷的回归系数显著为正，第（2）列中是否获得信贷的回归系数显著为负，但第（3）列中农户信贷可得性的回归系数不显著，因此需进行 Sobel 检验。Sobel 检验的 Z 值为 -2.31，P 值为 0.020，这表明农户信贷可得性发挥的中介效应显著，故农户信贷可得性在农民合作社供应链信贷促进农户收入增长中发挥中介效应。

表 10-6　作用机制检验：基于信贷约束的中介效应（OLS 模型）

Panel A			
变量	（1） 农户收入增长	（2） 农户信贷可得性	（3） 农户收入增长
是否获得信贷	0.245 ** （0.053）	-0.406 *** （0.004）	0.246 ** （0.052）
农户信贷可得性			0.017 （0.029）
R^2	0.143	0.004	0.042
控制变量	控制	控制	控制
地区固定效应	控制	控制	控制
观测值	1194	1194	1194
Panel B			
变量	（4） 农户收入差距	（5） 农户信贷可得性	（6） 农户收入差距
是否获得信贷	0.722 ** （0.132）	-0.046 *** （0.004）	0.718 ** （0.138）
农户信贷可得性			-0.085 （0.143）
R^2	0.068	0.042	0.068
控制变量	控制	控制	控制
地区固定效应	控制	控制	控制
观测值	1194	1194	1194

注：*、**、*** 分别表示 10%、5%、1% 的显著性水平；括号内为县域层面的聚类稳健标准误。

从 Panel B 来看，第（1）列和第（3）列中是否获得信贷的回归系数显著为正，第（2）列中是否获得信贷的回归系数显著为负，但第（3）中农户信贷可得性的回归系数不显著，因此同样需要进行 Sobel 检验。Sobel 检验的 Z 值为-3.25，P 值为 0.00，这表明农户信贷可得性发挥的中介效应显著，故农户信贷可得性在农民合作社供应链信贷促进农户收入差距缩小中发挥中介效应。

总而言之，无论是从绝对收入水平的提升，还是从相对收入差距的缩小层面来看，四川农民合作社供应链信贷均通过缓解信贷约束的渠道促进了农民共享富裕的实现。

（二）基于利益联结的视角

参与农业订单生产的农户可锁定农产品价格风险，同时与农民合作社进行利益捆绑，实现利益联结。因此，以是否进行统一订单销售作为代理变量，实证检验农民合作社供应链信贷是否能够通过提高农户与合作社之间的利益联结程度来促进农民实现共享富裕。从表 10-7 的 Panel A 来看，第（1）列和第（3）列中是否获得信贷的回归系数显著为正，第（2）列中是否获得信贷的回归系数也显著为正，但第（3）列中农社利益联结程度的回归系数并不显著，因此也需要进行 Sobel 检验。Sobel 检验的 Z 值为-2.63，P 值为 0.018，这表明农社利益联结程度发挥的中介效应显著，故农社利益联结程度在农民合作社供应链信贷促进农户收入增长中发挥中介效应。

表 10-7 作用机制检验：基于利益联结的中介效应（OLS 模型）

Panel A			
变量	（1） 农户收入增长	（2） 农社利益联结程度	（3） 农户收入增长
是否获得信贷	0.245 ** （0.053）	0.089 ** （0.035）	0.245 ** （1.90）
农社利益联结程度			−0.023 （0.048）
R^2	0.143	0.531	0.544
控制变量	控制	控制	控制
地区固定效应	控制	控制	控制
观测值	1194	1194	1194

续表

	Panel B		
变量	（4） 农户收入差距	（5） 农社利益联结程度	（6） 农户收入差距
是否获得信贷	0.722** （0.132）	0.037** （0.018）	-0.008* （0.004）
农社利益联结程度			-0.006* （0.003）
R^2	0.068	0.531	0.337
控制变量	控制	控制	控制
地区固定效应	控制	控制	控制
观测值	1194	1194	1194

注：*、**、***分别表示10%、5%、1%的显著性水平；括号内为县域层面的聚类稳健标准误。

由 Panel B 可知，是否获得信贷的回归系数均显著，且农社利益联结程度的回归系数显著为负，这表明农社利益联结程度发挥的中介效应显著，故农社利益联结程度在农民合作社供应链信贷促进农户收入差距缩小中发挥中介效应。

总的而言，通过农业订单销售，农民合作社供应链信贷显著促进了农户收入增长，缩小了农户收入差距，从而推动了农民共享富裕的实现。

四 内生性检验

鉴于中介效应模型中的中介变量和被解释变量可能存在内生性导致的错误识别，使得中介效应检验结果缺乏说服力①，在此采用2019年的电话回访问卷数据进行验证，发现农户信贷可得性和农社利益联结程度的回归系数显著为正，表明农民合作社供应链信贷的使用显著减弱了农户面临的信贷约束，提高了农户与合作社之间的利益联结程度，进而促

---

① 江艇.因果推断经验研究中的中介效应与调节效应［J］.中国工业经济，2022（5）：100-120.

进农民共同富裕的实现。说明相关结论和机制检验结果仍然是稳健可靠的。

第四节　关于四川农民合作社供应链信贷共富效应的政策启示

本章基于合作社联农带农的视角分析了农民合作社供应链信贷对农民共同富裕的影响效应及其作用机制。根据相关结论，提出如下政策启示。

第一，建立农业全产业链金融服务体系，再造村社农业供应链经济联合体，围绕"产学研、农科教、育繁推"等环节，建立校院地企银保等共建共享共赢合作机制，强化农业全产业链供应链金融服务的集成样板功能，引入股权托管、信托融资等现代金融服务手段，增强农业全产业链的区域金融创新服务能力。

第二，构建以农民合作社为载体的农业供应链金融服务协同机制，打造农业产业链供应链竞争力。优选生产经营稳定的农业产业链经营主体，建立全产业链市场对接的金融创新服务机制，增强新型农业经营主体的资信融资能力。加快农业供应链金融服务风控体系建设，探索农业供应链金融人才培育机制，依托高校资源和众多科研机构对国家级和省级合作社开展合作金融服务协同创新。

第三，强化村社集体"利益联结+共享分配"机制，推动农民合作社等新型农业经营主体助农联农带农机制构建，并开展农民合作社数字化能力提升工程，探索将具有一定规模的县级及以上农业企业或农民合作社纳入农业全产业链金融试点库，引导有条件的农业核心企业直接与金融机构开展数字化全产业链金融业务，并鼓励政府产业引导基金及金融机构参股到全产业链农业企业或农民合作社，做大做强"链主"来联动提高农业供应链上下游经营主体的金融覆盖率和服务效能。

第十一章 成都推进共同富裕的典型案例

本章将通过剖析成都市在推进共同富裕过程中典型案例的主要做法并总结经验，为四川省其他市州推进共同富裕提供有效参考。

第一节 金堂县农业转移人口就业创业促进共同富裕

四川省金堂县位于成都市东北部，全县面积 1157 平方公里，2020 年总人口 90.34 万，其中农村人口 66 万，占 74.7%（第七次全国人口普查），人均耕地面积 0.94 亩。金堂县紧抓乡村振兴战略机遇期，从"打工第一县"到"全国农民工创业就业示范县"，农业转移人口的工资性收入持续增长、创业带动效应十分明显。近年来，随着农业转移人口返乡创业扶持政策的出台，农业转移人口返乡规模不断扩大，金堂县有针对性地引进资本、人才、技术等要素，打造返乡入乡的绿色就业创业模式，促进共同富裕。①

一 金堂县探索共同富裕的主要做法

近年来，金堂县深入贯彻落实中央一号文件精神，坚持以《国务院办公厅关于支持返乡下乡人员创业创新促进农村一二三产业融合发展的

---

① 张克俊主编 . 四川农业农村发展报告（2022）：促进共同富裕 [M]. 北京：社会科学文献出版社，2022.

意见》为指导，按照"政府搭建平台、平台聚集资源、资源服务创业"的要求和"五个一"工作布局，初步探索形成了农村双创"六个一"模式，掀起了农村双创新热潮。先后被评为"全国农村劳动力转移就业工作示范县""西部地区农民创业促进工程试点县"。昔日的"打工大县"正在向"双创强县"转变。与此同时，金堂县在探索共同富裕的道路上取得了显著成效，主要通过农业转移人口就业创业助力共同富裕，在此过程中它的主要做法包含以下五点。

（一）引进技术和品种提高就业创业质量

金堂县始终坚持以"学院与县合作、人才科技共建"为出发点，推动产学研一体化发展。因此，政府先后与中国农业科学院、西班牙科尔多瓦大学等科研机构开展长期稳定的交流合作，陆续建成省级食用菌工程技术研究中心等科技创新载体和国家蛋鸡良种扩繁推广基地等成果转化载体。同时，创建技术服务体系，通过邀请多位专家成立院士专家工作站和工程技术中心，定期问诊产业发展，指导农业转移人口引进优势林业品种，进行农产品研发与精深加工产品开发，为当地农业转移人口的持续增收和农业产业的快速发展提供了技术支持和人才保障。针对部分有能力有技术的农业转移人口，政府和"学院"发挥农业发展技术服务作用，开展创新创业项目。相关科研成果很好地提高了农产品的产量和质量，在吸引农业转移人口再参与农业就业的同时，提升了当地农产品的市场竞争力，提高了在村居民收入水平，进而稳步推进了共同富裕。

（二）建设现代农业产业园区推动就业

近年来，金堂县以当地农业转移人口和优秀企业为主体，按照工业管理发展的理念与要素组合改进等功能，创立了高技术化的农业产业园区和管理专业化的园区管委会，推动创新创业农业转移人口发展"加工厂+农户"等现代农产品加工业。同时，为了激发农业转移人口的积极性，县政府还积极探索农业转移人口参与的新模式，如鼓励农业转移人口自主配置土地，将剩余或闲置的集体建设用地指标以折价方式投入相关工业企业的加工厂，形成了新一类的"农户供地、企业建厂、成果共享"模式。在园区产业初步形成之后，进一步通过回流人群的实践创新带动园区发展，逐步形成了食用菌、油橄榄、柑橘、黑山羊四大重点产业和青脆李等优新产业相互补充的"4+N"现代特色农业产业体系，有效地促进了返乡农业转移人口的就业实现和收入增长，为农业转移人口共同富裕奠定了坚实的基础。以福兴镇为例，它基于石斛产业，建立了相互连接、贯穿始终的全产业链，带动当地百余名困难农业转移人口就地就近转移就业，显著破解了农业转移人口的失业困境和增收难题，稳步推进了共同富裕。

（三）培育生态林业经济带动就业

金堂县将油橄榄产业作为现代林业主导产业之一，通过打造油橄榄公园，采取"先租返包""联产经营""预分红"等生产经营模式，鼓励返乡农业转移人口、有条件的村集体与企业联合经营发展油橄榄林业经济，以生态拉动林业价值，以林业带动地方经济。返乡农业转移人口以土地、劳动、生产资料等形式入股企业，既有效解决了部分农业转移人口就业难、就业远等问题，也加强了他们与企业、村集体经济的利益联结。在此基础上，金堂县政府以经济林 1000 元/亩和生态林 3000 元/亩的标准进行针对性扶持，促进和推动林业生态经济、林产品与旅游业融合等发展。建成了以油橄榄为主的经济林、林下产业区，多个森林旅行休闲基地和绿色创新创业林业经济区。经过一段时间的发展，生态林业经济在最大限度地保障农业转移人口利益的同时，有效地促进了当地农业转移人口稳定就业和收入增长，实现了助农增收。

（四）发掘乡土特色产业促进创业

针对创新创业的农业转移人口群体，金堂县根据地理多样性的区域特征和市场对人才、资金和自然资源等要素的配置效率，突出特色化和差异化发展，整合各部门和行业的政策、资金和项目，支持特色工业村的发展壮大。返乡农业转移人口中的创新创业主体以农业专有技术或传统手工艺品为基础，开展"一村一品"的创新创业，在发掘当地自然资源、传统产业和农业比较优势的基础上，通过村集体经济组织建立了以农民专业合作社和"大家庭+小家庭"模式为代表的村内合作和上下游利益联结机制，集体开发羊肚菌、清脆李等特色种养产业和灯笼、竹编等传统手工业。同时，为了进一步促进乡土特色产业的发展，政府沿金堂大道、中金快速通道等区域打造各式各样的创新创业环境，建成了一体化创业服务中心和农业转移人口返乡创业园，营造了良好的创新创业氛围，大力帮扶农业转移人口创新创业，稳步推进共同富裕。截至2021 年末，已建成以赵家镇平水桥羊肚菌村等为代表的"一村一品"创新创业村 26 个①，形成了以地方先进的农业企业为表率，以农民专业合作社、家庭农场和新型农业转移人口为主要参与者的创新创业格局。

（五）培育电商新业态促进创业

金堂县始终坚持且不断完善针对农业转移人口的创业培育机制，遵循政策支持、创业培训和创业服务"三位一体"的帮扶鼓励原则，聚焦市场需求，进行大量相关配套设施的创新创业支持补助。同时，推动搭建农业转移人口回乡创业的业务平台，建成电子商务产业孵化中心，截至2021 年末先后吸引了 5000 多名农业转移人口从事"互联网+"行业。通过培育一批淘宝网店，建成 4 条电商创业街，帮助部分农村电商的"众创"农业转移人口，将物美价廉的当地农产品和"五个一"模式的网上销售服务销往全国市场。② 大批农业转移人口在创新创业浪潮下充分实现自我潜能的发挥，为市场注入新的活力，推动自我致富并带动其他农民群体实现共同富裕。

二　金堂县探索共同富裕的主要经验

金堂县通过农业转移人口就业创业助力共同富裕取得了实质性的进

---

① 因地制宜 因人施策 金堂县探索"六个一模式"推进乡村人才创业创新［EB/OL］.四川省农业农村厅网站，2022 - 02 - 10. https：//nynct. sc. cn/nynct/c100632/2022/2/10/aaded62f682b4d9cb297c30039034735. shtml.

② 因地制宜 因人施策 金堂县探索"六个一模式"推进乡村人才创业创新［EB/OL］.四川省农业农村厅网站，2022 - 02 - 10. https：//nynct. sc. cn/nynct/c100632/2022/2/10/aaded62f682b4d9cb297c30039034735. shtml.

展，在此过程中积累了一些历史经验。

（一）增加收入是促进农业转移人口共同富裕的重心

切实提高农业转移人口收入水平，对于缩小不同群体间的收入差距、促进全体劳动人民共同富裕具有必要性和实际性。农业转移人口的收入水平普遍偏低，不仅会严重影响其积极性、稳定性和创新性的发挥，还会影响经济的长期健康发展和社会的长远协调稳定。因此，金堂县不仅采取多种手段扩大就业范围，帮助全县返乡农业转移人口实现优质就地就业，而且在提高农业转移人口收入的同时，采取多项监管措施，确保农业转移人口能够顺利地拿到工资。金堂县全面督促指导企业加强自身组织运营管理，以外部市场的薪资标准来建立和完善工资增长制度，引导企业走出用工误区和规范生产行为。通过联席会议严密部署、日常巡检专项执法、线上线下动态监管等措施，确保农业转移人口的工资支付，稳妥地解决好部分用工单位存在的拖欠工资、恶性加班等问题，提高了农业转移人口的获得感。正是在合理运用这些手段的基础上，农业转移人口的收入水平不断提高，推动全社会共同富裕。

（二）确保稳定就业是促进农业转移人口共同富裕的基础

就业的稳定关系人民群众的切身利益，关乎消费平稳和社会持续安定。对于个体来说，稳定就业，能减弱对外依赖性，实现经济独立；形成自我的社交圈，打破思维闭塞；稳定家庭的发展，进而实现生活的意义。因此，只有保障农业转移人口稳定就业，才能促进劳动者的职业发展，保障家庭持续性地获得收入，进而促进共同富裕。近年来，金堂县政府积极落实多项稳定就业政策，一群一策，分类帮扶，有针对性地保障农业转移人口稳定就业。例如，针对部分能力、财力突出的返乡农业转移人口，通过完善大量相关配套设施，保障农村电商创新创业和产业转移的稳步运行；针对拥有额外土地等生产资料的农业转移人口，通过推动以生产要素形式的入股，加强他们与企业、村集体经济的利益联结，确保农业转移人口的持续增收；针对部分返回农村就业的农业转移人口，政府通过与科研机构的合作，发挥农业发展技术服务体系的作用，以科研成果提升农产品的产量和质量，稳定农产品销售，保障就业；等等。政府扎实开展农业转移人口服务，促进本县农业转移人口就业相对稳定，不断增强农业转移人口的满足感、喜悦感和安全感。总而言之，稳定农业转移人口的就业是维护社会稳定的基础，关系经济社会发展大局，是促进农业转移人口共同富裕的重要基础。

（三）提升文化素质是促进农业转移人口共同富裕的关键

农业转移人口素质是促进共同富裕中的一个重要影响因素。农业转移人口素质较低，会导致很多想工作的农业转移人口因不能满足企业的用工要求而被迫失业，致使农业转移人口就业市场供求失衡，进而严重制约我国农村现代化进程。所以，为了进一步提升农业转移人口素质，成都市金堂县人社局在农业转移人口技能提升方面做了大量工作。通过积极采取以市场为导向的技能培训、拓展培训方式、扩大培训范围、强化针对性就业培训服务等措施，推进农业转移人口在就业市场上供给与需求的有效匹配与衔接，形成政府主管、部门落实、社会参与的多途径、多样式、多层次的培训体系。例如，政府和多位专家长期合作，定期培训农业转移人口的农业发展技术；聚焦市场需求，开展农业转移人口帮扶鼓励式创业培训。专业培训显著提高了农业转移人口的人力资本水平，有助于增强其市场竞争力和就业稳定性。不仅如此，农业转移人口素质的提升还能帮助他们维护自身合法权益，有效地加快工业化和城镇化进程，进而提升整个社会的人力资本水平。所以，提升农业转移人口素质，是从根本上缩小贫富差距、促进共同富裕的关键所在。

（四）出台保护性政策是促进农业转移人口共同富裕的保障

出台保护农业转移人口就业创业的相关政策措施、建立完善的农业转移人口就业创业支持体系是促进农业转移人口共同富裕的重要保障。面对中国经济发展进入新阶段后与日俱增的严峻挑战和新发展格局背景下高质量发展的内在要求，针对农业转移人口这一相对脆弱的就业创业群体，出台相关的保护性政策具有重大的经济和社会意义。因此，金堂县出台了《促进返乡农民工再就业工作的实施意见》等一系列促进就业的政策，从以下三个方面扩大农业转移人口就业：一是针对劳动力技能培训，加强对培训过程的监督和管理，实现品牌培训工作的正规化和合法化；二是针对参与劳动培训的个人，给予技能提升培训补贴和职业技能鉴定补贴等，同时优化和完善这些补贴的认定和审批流程，强化培训补贴资金的监管，保证专款专用；三是对于部分优秀人才，实施人才激励政策，确保人才得到合理的知识技能回报，激励农业转移人口学习专业职业技能。在鼓励农业转移人口创业方面，金堂县制定了回乡创业示范区优惠政策等，明晰了土地使用、税收、审批、奖励、补贴、创优等一系列关键要点，不断鼓励农业转移人口创业，吸引更多人返乡参与创业。政府充分保证农业转移人口的基本就业创业需求得到满足，成为农业转移人口在实现高质量就业过程中的一个值得信赖的伙伴，为促进农业转移人口共同富裕提供了有力的保障。

第二节　崇州五星村走向共同富裕的成都乡村实践

五星村位于崇州市白头镇，属成都平原粮食主产区的核心区，面积3.6平方公里，其中耕地面积3486亩。过去因交通不便、产业结构单一，居住环境差、村民收入低，2013年前还是成都市第二轮第一批相对贫困村。五星村坚持"龙头企业+集体经济组织"共同发展模式，组建天府国际慢城农文旅（民宿）联盟，依托天府国际慢城数字乡村智慧旅游平台，按照景区带园区带社区的发展思路，创新旅游业态运营模式，实现品控管理和抱团发展。昔日的贫困村成为天府粮仓核心示范区，获得"中国最美休闲乡村""全国乡村旅游重点村""全国特色村""四川省乡村振兴示范村"等荣誉称号。

一　崇州五星村推进共同富裕的实践创新

五星村的发展大致经历了"起步—发展—壮大"的过程。

在起步阶段（2008～2013年），由于五星村紧邻桤木河湿地公园，为了将桤木河湿地公园打造成为生态休闲旅游 4A 级景区，白头镇政府主导将五星村纳入产村融合的新村建设中，并成立"五星土地股份合作社"，以"景农一体村庄、产村相融单元"的规划定位，通过统一规划来整合林盘和村落宅院等资源。受制于缺乏主导产业支撑，白头镇政府联系村干部积极引进"盘古"和"柏萃"两个农业项目，流转当地上千亩土地发展现代农业，搭建"农民就业超市"以解决当地农民本地就业问题。五星土地股份合作社采取农业职业经理人的管理模式，将土地入股和经营绩效联动起来，并建立粮食规模种植、种养循环、立体养殖、育秧中心、农机、粮食烘干加工中心数个经营小组。

在发展阶段（2014~2018 年），五星村在原有农业产业联结的基础上，注册"白头五星"农产品品牌，推行 O2O 模式，形成了完整的产业链，并逐步扩大土地股份合作社的范围，使得毗邻村庄农户也可以加入。通过新一轮的入股分红，新开发的项目包括特色餐饮、技能培训、党建基地建设、休闲度假、快乐体验，形成了完整丰富的有机产业链，逐渐走上了以三产为主导、带动一产的"逆向产业融合"发展之路。

在壮大阶段（2019 年至今），随着集体经济规模不断壮大，五星村联合周边毗邻村，以公司运营方式通过股份联合，形成村社集体经济共同体，并不断承接国家和地方政府项目，甚至让社会资本参与到村社集体经济运营中。公司化的运营使得五星村摆脱了乡村本身的地域限制，村民实际上成为公司运营的股东，在"三权分置"的基础上形成经营权和所有权的分离，村社集体的性质保证了村民剩余索取权的利益。崇州五星村通过做强支柱产业、发挥品牌效应、融合产业链条等促进共同富裕，其具体做法如下。

（一）做强支柱产业，不断增加村集体收入

为了破解传统粮油作物种植区集体资源散、资产少、经济弱的难题，崇州市五星村党支部在自筹资金 100 万元、财政补助资金 648 万元的基础上，规范引导农户以 958 亩承包土地经营权折资 190.47 万元成立土地股份合作社，通过引入农业职业经理人实现粮油作物种植的适度规模经营。适度规模经营为壮大村集体经济奠定了产业基础：土地集中经营使社会化服务成为可能，村集体可通过产前、产中、产后全程农业生产服务实现收入渠道的拓展；土地集中经营则为发展乡村旅游、民宿、会展等新型集体经济提供了条件。针对曾经农田种植收入有限、劳动力外流严重、大量农田被闲置的状况，在带头人的积极带领下，五星村以集体经济为抓手，通过发挥市场在资源配置中的决定性作用，不断提升村级集体经济的竞争力。

值得一提的是，在深化"农业共营制"即"土地股份合作社+农业职业经理人+农业综合服务"改革的过程中，五星村以对口帮扶、成都市开展农村集体资产股份化改革试点等为契机，按照产业发展始终要与村庄建设有效联动的"产村融合"理念和"农田变公园、农区变景区、农品变旅品"思路，大力推动农商文旅与村庄建设协同融合，实现了粮油产业提质增效，民宿经济、会务培训等第三产业蓬勃发展，走出了一条从"农业共营制"到"全域共营制"的兴旺之路。

五星村通过"农业共营"将职业经理人、村集体、农户三方的利益连在一起，让各方"心往一处想、劲往一处使"，共同促进集体经济的壮大。农户土地入股实行每亩 800 元的收益保底；红利按照 20% 提取公积金、风险金和工作经费，30% 用于社员分红，50% 作为职业经理人的佣金。利益绑定和均衡调动了三方共同壮大集体经济的主动性和创造性。2022 年，五星村接待游客 280 余万人次，年旅游综合收入超过 8000 万元，村集体年收入达 527 万元，村民人均年收入 42310 元，比 10 年前增长了近 10 倍。①

（二）多种粮、种好粮，树起"天府粮仓"的"五星招牌"

据了解，五星村每亩小麦产量以前只有 300 公斤不到，2023 年已经突破 500 公斤。不仅"多种粮"，还要"种好粮"。目前，五星村已经形成集育种、种植、烘储、加工和农业科普于一体的产业体系，粮油

---

① 四川崇州市白头镇五星村：乡村美产业兴百姓富（乡村行看振）[EB/OL].中国经济网，2024-01-05. http://tuopin. ce. cn/news/202401/05/t20240105_38854955. shtml.

加工和休闲农业产值占全村产业的 70%，农产品初加工率达到 100%，精深加工率达到 80%。在五星村的示范田里，集成了稻田有机培肥技术、机械化插秧育秧技术、无人机精准作业、数字化智慧农业以及全程社会化服务，实现了从育秧、播种、田间管理到收获的"全产业链"化绿色高质高效生产，还建成农产品数字化溯源系统，让消费者做到放心采购和消费。

为了将农产品变名产品，五星村还十分注重"五星品牌"这一特色农产品品牌的打造。近年来，五星村着力传承天府农耕底蕴，通过引进四川农业大学博士团队、蜀州水稻研究所等科研力量，先后培育野香优莉丝、稳糖米、宜香优 2115 等优质品种，以及主打虾稻米、生态米等特色品种，实现特色农产品增值 5 ~ 10 倍。目前拥有"天健君""稳糖米""蜀嘉禾"等注册商标，并入驻崇州市区域公用品牌——"崇耕"。

（三）融合发展产业链条，推进第三产业发展

利用春有油菜夏有水稻农业大田景观，五星村大力发展"粮油+"模式，开发田园火锅、稻田小火车、川西民宿等项目，实现农业与乡村旅游业的深度融合。而乡村旅游业的火爆又带动了村集体经济入股下的民宿、餐饮、娱乐项目效益的提升。另外，五星村将外地参观学习转化为培训经济、会务经济、民宿经济，组建崇州市农村党员教育学院和崇州市蓉荟城乡统筹发展研究院，不仅获得培训收入，还获得餐饮、住宿等提成收益。融合发展延伸了产业链条，带来了集体经济收益来源的多元化。

村集体经济以 80 万元现金入股和 13 栋公用房出租的方式，与五星春天酒店建立起融合发展机制，联合成立培训学院，打造全国各地基层干部培训共享平台。在发展培训学院的过程中，五星村鼓励村民将闲置房屋按五星春天酒店的标准统一进行装修与管理，打造高品质乡村民宿，并带动艺术文创、会展会务等第三产业发展，形成了集体经济、龙头企业和民宿业主有机联动的良好局面。

通过创新农村集体经济组织运行机制，五星村居民增收有了多种途径。截至 2022 年末，五星村共吸引民间投资 4000 余万元，聚集民宿、餐饮企业 139 家，年营业额达 7000 余万元。2022 年，五星村集体年收入达到 527 万元。①

集体经济的壮大，需要激发"人才引擎"，五星村坚持"让专业的人干专业的事"，先后引进、回引了两名在酒店、物业管理从业 20 多年的职业经理人，柔性引进四川大学、省委党校等的 16 名专家学者。截至 2022 年末，五星村集体经济已形成了由 20 名各类专业人才组成的运营管理核心团队，专业化推动以培训为主导，民宿、餐饮、物业、新农业四大集体经济产业板块的稳步发展。②

（四）建立"一社 N 部"的村社集体经济共同体，形成多维利益联结机制

五星村主要遵循村社代表大会、村社理事会、村社监事会以及村集体股份合作社"一社 N 部"的组织架构运行（见图 11-1）。村社代表大会为最高权力机构，由村两委成员和村民代表组成，对村集体股份合作社的运行具有集体表决权。村社理事会为执行机构，由村社代表大会推选具有经营头脑、有管理能力、有奉献精神、德才兼备的村民代表组成，对村集体股份合作社具有实际经营权，执行各项经营决策。村社监事会由村社代表大会选举产生，对村集体股份合作社经营情况以及运行的财务活动等进行监督，及时反馈村民的意见建议，坚决维护集体利益。此外，村集体股份合作社可因地制宜内设土地合作部、资金互助部、社会服务部等多个部门，拓展土地、资金、生产技术、保险、社会服务等合作领域，多环节联结分散的小农户共同组建村社集体经济共同体。

在运作流程方面，首先，建立健全村社集体经济共同体的内部框架。由村党支部牵头或者村社能人（企业）牵头成立股份合作社，并规范管理股份合作社，健全"村社代表大会、村社理事会、村社监事

---

① 十年收入翻十倍，探寻崇州五星村的"蝶变密码"［EB/OL］.凤凰网，2023-09-06. HTTP：//BABY.IFENG.COM/C/8SRYFYJ6TIT.
② 十年收入翻十倍，探寻崇州五星村的"蝶变密码"［EB/OL］.凤凰网，2023-09-06. HTTP：//BABY.IFENG.COM/C/8SRYFYJ6TIT.

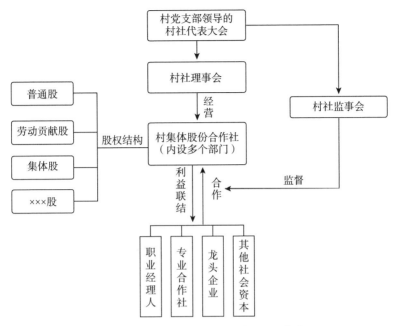

图 11-1　村社集体经济共同体的组织框架

会"的三会组织架构，成立内部工作例会、工作督办等配套制度，构建协同治理的共治共商机制，形成多元主体的共商共治平台。其次，完善股份合作社制度，一方面，在股权结构上设立普通股、劳动贡献股、集体股等多种类型股权，赋予村社成员对集体资产的收益、分配等多项权能，从而有效调动多元主体参与集体资产经营、管理、监督的积极性。其中，普通股突出公平原则，指村民以土地、劳动、资金等入股村集体股份合作社而量化形成的股份；劳动贡献股突出效率、共享原则，指依据劳动年限（劳龄）或农龄（村龄）以及对村社集体经济发展的贡献值而设立的股份；集体股突出公平原则，通常以壮大村集体经济、扩大集体福利为主要目的。另一方面，在股权管理上，与村社成员民主协商完善股份合作社股权管理制度，进一步明确股权增发、非本集体成员股权限制、股份转让以及有偿退出方式、集体新增收益股权量化、股权权能具体设置、股份抵押贷款等问题，确保集体成员与非集体成员的合法权益，发挥各方主体的积极作用。五星村设立"人口股""农龄股"，实施多元化股权管理模式，通过预备社员制度（户口报入本村持续一段时间后才能转为正式社员），解决新增人员成员资格认定问题。

二 崇州五星村推进共同富裕的经验借鉴

崇州五星村在助力共同富裕的过程中取得了实质性的进展，并积累了一些实践经验，包含以下五点。

（一）发展集体所有制经济，提升村级集体经济的竞争力

集体经济作为社会主义公有制经济的重要组成部分，在市场经济条件下以何种形式得到有效实现，是全面推进乡村振兴绕不开的重要议题。一是加快农村集体产权制度完善。发展壮大新型农村集体经济，前提是产权关系清晰明确，并且资产权益可以流转。进一步深化农村集体产权制度改革，需要明晰产权主体、产权范围，核心在于完善农村集体资产股份权能。其中，关键又在于加快探索农村集体资产权益流转模式。二是提升农村集体经济组织的市场主体能力。赋予农村集体经济组织特别法人资格，为新型农村集体经济组织成为市场主体奠定了法律基础。下一步，要加快推动赋予农村集体经济组织特别法人资格政策落地，加快配套政策调整，推进农村集体经济组织法人化改造，使之成为真正的现代市场竞争主体。三是着力培养农村集体经济组织的"领头雁"。从实践来看，集体经济强不强，"领头雁"至关重要。应结合乡村人才振兴工作，加强对农村集体经济组织带头人的引进和培养，切实提升带头人的能力素质，鼓励有条件的地区聘请职业经理人充实带头人队伍。四是有序发展农村混合所有制经济。农村混合所有制经济是农村集体经济的重要实现形式之一，目前还是一个新生事物。按照试点先行、观照全局的原则，结合农村集体产权制度改革，明确可以进行混合所有制改革的农村集体资产范围，选择有条件的地区开展试点，逐步破除体制机制障碍，完善配套支持政策，健全经营风险防范机制和监管机制，促进农村混合所有制经济健康有序发展。

（二）稳步推进产业发展，为推进共同富裕奠定更为雄厚的物质基础

乡村要振兴，产业必先行。发展壮大村集体经济是一篇大文章，要

下更大功夫、想更多办法。要注重科学谋划，推动集体经济循序渐进发展。要坚持"一村一策"，立足资源禀赋和产业基础等，因地制宜拓宽增收渠道；培育本土人才队伍，依托"抖音"等电商平台，对农产品进行集体化运营和品牌化打造。对于集体资源资产薄弱的村庄，考虑多村联合发展，汇聚强大合力，为乡村全面振兴保驾护航，实现抱团发展、规模经营、共同致富。

只有产业得到充分发展，才能提供有吸引力的就业机会，才能留住年轻人。要拓展乡村产业发展的边界，围绕城乡居民对高品质农产品的新需求，促进农业品种培优、品质提升、品牌打造和标准化生产，提升农业的价值创造能力；围绕城乡居民对高品质生活的新需求，促进休闲农业、民俗体验、乡村旅游、健康养老等新产业发展，释放乡村的多元价值；围绕农民工就地就近就业的新需求，促进城市产业向乡村梯度转移，大力发展利用本地资源、技术门槛不高、就业容量大的乡村富民产业。要拓展乡村产业发展的形态，大力发展农村电子商务，促进农村二三产业深度融合，将产业链增值收益更多地留给小农户。对于脱贫地区和脱贫群众而言，要着力加强区域性基础设施建设，提升产业的技术水平和市场竞争力，提高经营性收入占比，增强内生发展动力，在接续全面推进乡村振兴中巩固拓展脱贫攻坚成果。

（三）产业深度融合，创造多元化的收益来源

持续推进农村产业融合发展，必须适应当今我国城乡居民消费转型升级的需要，依靠技术和模式创新不断催生产业融合新业态。要鼓励各地大胆实践，积极探索符合本地实际的产业融合新业态，对于那些代表行业发展趋势且行之有效的做法，应加大宣传推广力度。需要注意的是，各地正在探索的一些产业融合新业态，如信任农业、农业众筹、社区支持农业、共享农庄等，由于是近年来兴起的新生事物，目前还缺乏相应的标准和规范，需要在实践探索中不断丰富完善。一方面，要立足于共同富裕目标，积极引导农民广泛参与，使农民能够更多地分享新业态的增值收益；另一方面，要在总结各地实践经验的基础上，制定完善

各种新业态的技术标准和管理规范，出台相关的支持政策措施，引导各种新业态规范健康发展。

（四）深化村社集体产权"共有制+分配制"改革，促进集体资产保值增值

开展多元化的集体资产股权设置探索，建立村社集体经济"共有"产权的制度顶层设计，通过基本股、土地股、贡献股、资金股、老龄股等形式，赋予农村集体成员对集体资产的收益分配权和剩余索取权，并强化村社集体资产管理的内部监督职能。抓好清资核产和股份合作制改革两个关键环节，探索村社集体资产的"分配制"改革，将村社集体经营性资产折股量化到人、确权到户，发展多种形式股份合作。实现经营管理上的"两权分离"（村社集体所有权与经营权分离）和利益联结上的"两权协同"（农民个体股份收益与集体剩余索取权的协同），部分集体经济发展较好的村社可以委托农业职业经理人来加强集体资产的规范化运营管理，构建集体经营性资产保值增值和集体成员财产权益联结机制，让集体成员共享经营性资产收益。健全和完善集体资产股份的价值评估机制，开展农村集体资产产权、股权的抵押、担保及有偿退出，最大限度地提升农村集体成员的财产权能。

此外，创新村社集体经营管理模式，增强村社集体资源整合与组织保障能力。村社集体经济共同体再造的核心在于对接农户需求、市场和国家资源，使得盘活农村各类资源，推动土地有序流转，创新村社集体经济合作模式，完善群众利益联结机制显得尤为关键。针对资源禀赋较差的村社，通过强化村社党支部的选优配强功能，再造村社集体经济共同体来增强土地股份合作和土地流转管理，采取投资、入股龙头企业等方式，通过撂荒地整治和土地流转方式，按照土地类型和区域招引业主，并与集体经济组织签订流转协议，集体经济组织向业主收取适量管理费，打造村社集体产业和发展入股分红型集体经济，将村社集体所有的山地、山林等资源优势转化为经济优势。针对资源禀赋较好、产业基础雄厚的村社，通过乡镇政府统筹规划，走产业主导型村社集体经济之路，在耕地较多、适合规模化生产经营的地方，引导农民成立以集体经济组织为龙头的合作服务实体。对于闲置村办公用房、学校、加工房等不动产，山坪塘、水库等资源，采取出租、入股分红、联合经营等方式，依托本地山岭、河流、滩涂等独特自然资源优势，与龙头企业等进行合作经营，增加集体收入。以村社集体盈余资金作为启动资金，在项目支持下加大与企业的合作力度，采取"村社集体+村社股份合作社+公司+农户"形式强化农户与村社集体经济的利益联结。对村社集体所有的经营性资产，采取村社集体直营、承包、租赁、外租、参股、税收分成、资产置换和BOT模式等，提高村社集体资源变现能力。

（五）强化村社集体"共建共治"人才培育及利益联结机制

以培育和吸引村社集体经济"领头雁"为抓手，强化职业农民技能培训，增强村社集体经济共同体的引领能力。通过培育一批"一懂两爱"并愿意扎根乡村建设的村社集体经济工作队伍，探索村社集体管理人才与村干部的适度结合与分离机制，打造一批高素质的村社集体经济经营管理人才。比如，建立乡贤能人聘请机制和科学合理的村社集体经营管理人员年薪制，储备乡贤人才库，吸引更多有经营头脑、有管理能力、有奉献精神的年轻职业农民充实到村社集体经济工作队伍中，并在教育、医疗、社会保障等多维度提供配套人才扎根乡村振兴的土壤。建立以"政府主导+企业参与+院校与专合社协同"的新型职业农民培育模式，利用"工学一体化""职业培训包""互联网+"等先进培训方式，积极搭建网络和移动学习培训平台，开展农民工专业技能培训、返乡创业培训的过程监管，提升培训质效。

此外，优化村社集体资产的经营管理与利益共享机制。充分发挥村社党组织的领导作用，加快研究出台村社集体经济组织法，健全集体经济组织的特殊法人治理结构，加快提升集体经济运营的合作化水平。创新混合所有制形式，采用抱团发展模式，将村民利益、集体利益和其他社会参与主体利益捆绑在一起，形成村社集体经济利益共同体。健全公务公开和民主管理制度，村社集体经济组织运用互联网技术和信息化手段推进政务公开、事务公开以及财务公开，将涉及村社集体经济发展相关的政策文件、法律法规、经营情况以及财务状况及时、准确地向全体成员公开。健全村社集体经济共同体内部的问责机制，确定集体经济组织的问责对象、内容和程序，明确各方责任的依据和大小。对于集体经济组织工作人员不履行职责，利用职务之便谋取私利，损害农户权益的行为，严格落实责任追究制度。在财富分配共享机制方面，探索分配方式更加灵活的集体收益分配机制，在公平和效率兼顾的条件下协调村民的股权收益和剩余索取权的分配，不断改善农村生产生活条件和环境，让农民在更好的公共服务、更有品质生活的共享中激发内生活力。

第三节　以城乡融合发展促进共同富裕的温江实践

在全面推进共同富裕的过程中，温江区深刻把握习近平总书记关于共同富裕重要论述的深刻意蕴和理论内涵，以城乡融合发展促进城乡共同富裕，形成了以乡村产业转型升级夯实农民增收基础、以集体经济发展壮大构筑农户增收载体、以联农带农机制持续完善稳定农民增收来源、以乡村文化全面振兴促进村庄精神生活富裕的共同富裕四大推进路径，创新性地构建了依托城乡融合发展促进共同富裕的内在逻辑。

一　温江区探索共同富裕推进路径的实践创新

温江区通过城乡融合发展促进共同富裕，在此过程中其实践创新主要包含以下四点。

（一）以乡村产业转型升级夯实农民增收基础

农业现代化是乡村产业振兴的基础，也是农民收入增长的重要保障。为了加快建设现代农业，提高农民经营净收入，温江区持续强化花木等特色农业竞争优势，通过科技注入、主体培育、产业载体建设和产业链延伸等政策支持，打造全国知名的花木产业基地。同时，强化农业的科技支撑，打造环四川农业大学知识经济圈，组建都市现代农业产业技术研究院，建成运营农高创新中心，引进培育农业高新技术企业、农业科技企业，获批建设国家农业科技园区，全区农业科技进步率和劳动生产率显著提升，农民经营净收入持续增加。

（二）以集体经济发展壮大构筑农民增收载体

在完成集体产权制度前期改革后，温江区继续探索如何通过有效的经营活动实现集体资产保值增值、为集体成员提供持续稳定的收入来源。在明确经营基本原则和底线的前提下，温江区引导各村组探索多种集体经济经营形式，全区主要形成三类模式。一是合作经营模式。集体经济组织以优先股方式参与项目建设，获得"保底+二次返利"的分红收入。二是租赁经营模式。集体经济组织采取"先租后股"的方式参与农创、农旅、农养项目建设，在项目具有稳定良好的经济效益后再入股，获得"固定+浮动"的投资收益。三是阶段性让渡经营模式。集体经济组织依托土地资源参与项目建设，项目经营收益权阶段性让渡给投资主体，集体经济组织获得分红收入和到期固定资产。

（三）以联农带农机制持续完善稳定农民增收来源

社会资本进入乡村是补齐资金短板、推动产业振兴的重要途径，但也存在对小农户的"挤出效应"。为了在发挥社会资本助力乡村振兴作用的同时，有效避免社会资本对农户利益的损害，温江区创新资本与农民全链条利益联结机制，通过"土地释放、项目投建、管理运营"三环，贯通"社会资本+农村集体经济组织+农户"的全链条利益联结，实现资本有利益、集体有效益、农民有收益。如依田村（又名新桃源康养村落）项目由成都明信集团投资建设，农户将农用地和多余安置住房经营权入股村集体，再由村集体以股权的方式与公司合作，并约定村集体的"保底分红+净收益分红"比例。项目的实施让村民获得了入股资产的保底收入、入股土地的保底收入、工资性收入、集体收益分配收入、房屋物业等固定资产保值增值收入。

（四）以乡村文化全面振兴促进村庄精神生活富足

温江区具有深厚的乡村文化底蕴。为了将传统优秀文化与现代乡村发展有机融合，使文化成为乡村善治的重要手段，温江区以乡村治理体系建设为传统优秀文化传承和现代乡村文化营造提供保障，以乡村文化植入引领乡村自治德治建设，形成乡村治理与乡村文化协同振兴的良好态势。推进"基层治理体系中的邻里关系重塑"行动，将乡村敦亲睦邻的传统文化引入社区治理。

同时，为了解决农民间矛盾较多导致社区治理中群众参与的积极性较差、治理效率不高问题，万春镇黄石社区利用当地的乡村体育文化传统优势，由村党员干部带头成立耕者俱乐部，利用俱乐部的日常营收常态化开展活动，在参与文体生活中群众的集体荣誉感不断增强，邻里关系日益和谐，黄石社区由治理困难村转变为党群关系、居民关系和谐的治理先进村。

二 温江区探索共同富裕推进路径的重要经验

在探索共同富裕道路的过程中，温江区充分发挥改革起步早、农业基础强的优势，积极运用前期改革成果推进乡村全面振兴，以城乡融合发展促进城乡共同富裕，为西部地区实现共同富裕提供了可供借鉴的路径和经验。

（一）实现乡村产业现代化是共同富裕的物质基础

共同富裕的实现要以社会生产力进步为基础，需要以经济社会持续高质量发展为支撑，而生产力进步首先体现在产业发展上。产业发展是社会物质产品丰富的源泉，也是劳动等生产要素报酬提高的根本保证。温江区深刻认识到乡村产业的基础性作用，将推进乡村产业现代化作为探索共同富裕道路的首要任务，充分运用前期农村产权制度改革成果，以村庄资源与外部要素的有机结合推动乡村产业现代化，通过建设产业园区、引导产业链延伸等方式强化花木产业优势；通过打造环四川农业大学知识经济圈、组建都市现代农业产业技术研究院等方式融入科技要素，提高农村产业技术水平；通过政策支持加快"农旅""农养"等乡村新产业发展，积极探索生态产业化的可行方式；等等。随着乡村产业现代化进程的加快，温江区农村经济社会持续发展、农民增收空间不断拓展。温江经验充分证明，乡村产业持续发展是农民增收的基础性来源，通过农业转型升级和产业融合发展实现乡村产业现代化，不仅可以通过劳动生产率的提高增加农户经营净收入，而且可以为农民提供更多就地就近就业创业的机会，还能带动乡村土地、生态等资源价值增值，为农民财产价值实现创造条件。因此，乡村产业的现代化是乡村全面振兴、农户收入增加、农民生计来源结构改善的根本路径，是实现共同富裕的物质基础。

（二）提高农民要素收入是共同富裕的关键突破

实现农民收入持续较快增长和乡村中等收入群体不断扩大，必须建立合理的分配制度以提高农民收入在初次分配中的比重。我国农户收入结构以经营净收入和工资性收入为主，财产净收入占比虽然较低但具有较大的增长潜力。这就意味着，劳动、土地等要素报酬收入是在现有基础上进一步增加农民收入的关键来源。农民所能够获得的要素报酬取决于要素市场体系的完善程度和劳动生产率及农村土地等要素的价值。在要素市场建设方面，温江区在完成农村产权制度改革前期工作的基础上，积极消除城乡要素流动的各类制度壁垒，城乡一体的劳动力、土地、资本市场初步形成，为农民获得合理的要素报酬提供了保障。在要素价值提升方面，温江区在积极培育高素质农民、支持农民创新创业的同时，瞄准了小农户劳动生产率偏低的现实问题，通过社会资本融合的创利增利机制、农民主体参与的共建共享机制、集体行动强化的合作互助机制等利益联结机制有效确保了小农户也能够分享乡村发展红利。为了增加农民的财产净收入，温江区在大力推进城市人口、资本入乡的同时，积极探索集体建设用地盘活利用的可行方式，以多种方式提升农民土地、房屋的财产价值，实现农民财产净收入的大幅增长。

温江经验证明，初次分配是实现农民增收、缩小收入差距的关键，对于农民而言，在增加劳动报酬的同时提高土地、房屋等财产的净收入是稳定增收的核心，这也是农村居民与城镇居民共同富裕的根本路径。

构建公平有效的初次收入分配体系，要破除城乡要素市场阻滞，建立城乡统一的市场体系，在此基础上，应当客观认识小农户的先天弱势性，充分发挥现代产业组织模式和利益联结机制带动小农户增收的重要作用。

（三）强化合作互助机制是共同富裕的基本支撑

以小农户为主的乡村经营状态和社会结构是我国的基本国情，小农户的富裕是共同富裕目标实现的根本和基础。但是在生产规模小、生产效率低的现实约束下，小农户很难作为分散的个体真正融入乡村现代化进程中，因此需要构建起能够代表小农户利益的组织载体和利益联结机制，通过小农户之间的联合以及小农户与各类新型农业经营主体的利益联结，实现小农户生产与现代农业发展的有机衔接，推动小农户分享乡村振兴红利。温江区高度重视小农户的持续稳定增收问题，瞄准地区小农户的自身特点和发展诉求，以集体产权制度改革为契机，深入推进集体经济组织重构和发展壮大，为小农户增收提供了重要的组织载体。引导农业企业等新型农业经营主体与农户建立稳定的利益联结机制，确保小农户在产业收益分配中能够获得合理且稳定的要素报酬。鼓励小农户间建立合作机制，支持小农户抱团发展、合作经营、共同获利。温江实践证明，小农户的共同富裕不仅需要持续发展的乡村产业基础，还需要通过公平有效的分配机制确保处于弱势地位的小农户利益不被挤出。通过农民合作互助机制的强化能够有效提高小农户地位，为小农户持续稳定增收提供组织载体和制度支撑。

（四）推动物质精神共富是共同富裕的双重动力

共同富裕要满足人民群众多层次多方面的美好生活需要，是从物质富裕逐步向多元富裕拓展的过程，最终达到物质生活丰裕和精神生活富足的状态。因此，推进共同富裕就要在提高全体人民物质生活水平的同时，推进精神文明建设和文化资源普惠，满足人民群众对高质量精神生活的需求。温江区所探寻的正是以乡村物质精神共富为目标的共同富裕道路。在大力推进乡村生产力发展和分配制度完善的同时，温江区将促进文明乡风建设、丰富农村居民精神文化生活纳入推进共同富裕的工作内容，深度挖掘乡村历史文化、农耕文化、生态文化等传统文化资源，以乡村文化品牌化建设为抓手打造了一系列文化产品和文化产业，不仅丰富了乡村精神生活，而且形成了以开发利用实现文化保护传承的机制模式。同时，温江区还将乡村文化作为推动社区治理的重要手段，通过"基层治理体系中的邻里关系重塑""耕者俱乐部"等方式将敦亲睦邻传统与社会主义核心价值观有机融合，在提升乡村治理效能的同时促进了居民的精神追求。

温江通过实践探索证明，精神富裕是人民的精神状态不断向上的过程，不仅能够直接满足农村居民对精神生活富足的需求，而且能够转化为乡村发展的内生动力和治理效能，能够推动乡村物质富裕，从而形成物质与精神相互促进的良性循环。推动乡村精神富裕，必须在党的领导和社会主义核心价值观引领下，深度挖掘乡村优秀传统文化，并以农村居民喜闻乐见的方式加以开发利用，使乡村优秀传统文化贯穿于居民生活和乡村建设过程中，发挥精神文化凝聚农村居民力量、激发乡村内生动能的重要作用。

第四节　郫都区战旗村推进共同富裕的先行探索

战旗村地处成都平原西部，区位条件优越，西邻都江堰市，东面与彭州市接壤，为都江堰首灌之地。得天独厚的地理环境和气候条件，孕育出具有代表性的天府之国农耕文化。依托柏木河生态湿地、都江堰精华灌区，利用良好的自然环境重现"岷江水润、茂林修竹、美田弥望、蜀风雅韵"的天府沃野。打造了特色林盘、乡村绿道、大美川西田园景观、柏条河生态湿地、唐昌国家农业大公园等一系列生态项目。

2020年6月，战旗村与金星村合并，2022年末全村面积5.36平方公里，耕地面积5441.5亩，人口4493人，下设6个党支部，党员165人。在集体经济不断壮大的同时，战旗村先后荣获了"中国美丽乡村百佳范例""四川集体经济十强村""中国美丽休闲乡村"等称号。

一 战旗村推进共同富裕的实践路径与成效

战旗村在助力共同富裕的过程中取得了实质性的成果，在此过程中其主要做法包含以下五点。

（一）资源整合，集约之路

在农业和副业的发展中，战旗村的集体理性战胜个体理性，将两者的利益最大化，完成了村社内部的原始资本积累，并始终秉持共同富裕的原则，科学谋划发展地方企业，实现产业振兴。

2004年以来，随着"城乡统筹发展""新农村建设"等政策机遇的到来，战旗村开始采取合作经营模式，依托早前成立的成都市集凤实业总公司将农村土地集中管理，通过合作社充分解放农村生产力，在全额担保土地出让租约的基础上，保证村民每亩每年至少获得800元。这一举措不仅提高了土地的综合利用效率，也扩大了农民的多元化收入来源。随后，战旗村进行土地综合整治，建成"战旗第5季妈妈农庄"，以花田新村、生态田园、休闲养身、绿色食品为主题，以薰衣草花田为核心景观，集健康养生、观光农业、休闲旅游于一体，开办极具特色的规模化薰衣草种植基地，培育经营主体的特色品牌文化和内涵，精准定位符合资源禀赋的发展路径，让游客感受淳朴自然的田园风光和诗意生活。将旅游发展和当地农业发展、乡村文化有机结合，协调统筹整合周边地区物产资源，带动区域连片发展，提升整体产业链绩效，对缩小城乡收入差距、拓宽乡村居民多元化增收渠道有重要作用。

2011年，为了推进村集体经济股份制量化改革，制定了村集体经济组织成员身份界定办法，并以2011年4月20日为截止点对集体经济组织成员进行了身份界定，同时对全村土地进行了权属调整并确权到户。产业方面，企业重组不仅节省了几代人奋斗的积蓄，也为重启经济发展筹集了资金，战旗村利用集体建设用地发展农业服务业，成功打造田园综合体和创意农业第一村；农业方面，村干部在代缴农业税的条件下集中了 100 多亩土地，经过集中实践，规模经营逐渐形成规模经济，敲响了四川省集体经营性建设用地入市"第一槌"。

（二）党建引领，树立新风

战旗村在发展过程中始终以共同富裕为目标，坚持村党支部的"核心带领"作用，引导村民发展农村特色产业。战旗村党支部始终把党的建设放在首位，将经济发展、政治发展、文化发展和环境保护等规划融为一体。以党员带头为契机，打造支部带头兵，先后获得"四川省五个好村党支部""红旗支部""全国先进基层党组织"等荣誉称号。为了提高精神文化水平，设计打造丰富多彩的乡村文化活动，开展丰富多彩的文化艺术活动，组织各年龄段文化团队参加艺术文化展览，组织开展篮球、乒乓球等各类体育活动。加强农村社会主义道德建设，建立村规民约，采取建设文明家庭、文化大门等措施，提高文化建设水平，以及优化整个村子的居住生活环境。人人建设人人监督，共同打造优美的乡村宜居环境，赢得了国家、省、市、区的广泛尊重，战旗村的精神文化内涵也在不断深化。

（三）构建体系，强化服务

坚持以共同富裕为目标，战旗村构建了全民共建、共管、共享的农村社会治理体系。以土地资源高效利用为主线，探索形成了"党建引领、民主保障、利益共享"的基层治理模式。在农村治理中，村两委广泛听取村民意见，建立强有力的监督管理体系，提高村民对公共事务的参与度。同时，加强基层治安管理和公共法律服务，完善基层监督制度，完善农村立法基本规则，实现农村行政公开化，联合成立党员宣传法治建设工作室，通过这些举措大幅增强了村民的安全感。

同时，为了增强村民居住环境的舒适感，战旗村致力于改善农村基本服务，提升公共服务水平。一是完善基础设施，保障基本服务。完善供水系统，改造水厂水源，实现全村干净水源供给；优化电站配置，满足村民日常生活和生产需求，实现主干道路灯全覆盖；完善网络基础设施，实现全村 4G、5G、无线网络全面覆盖；进一步完善配套社区公交服务系统，安排最优公交路线，满足村民的出行需求。二是提高公共服务水平，保证公共服务供给。提供真正的家庭医生服务，推动养老院、日托中心升级改造，推进智能化服务；引入从幼儿园到高中阶段的名校，提升基础教育水平，引入社会组织参与综合服务组织建设，逐步构建多方提供的综合公共服务体系；建立便民加油站，使村民在家门口享受高效舒适的一站式加油服务，提高基础服务的效率。

（四）善用时机，紧跟政策

在 1980~1990 年的产业化竞争中，战旗村积极开展城乡互动实验，吸引了一大批高校优秀学生，也由此抓住了农村发展机遇，成为郫都区的名片，成为打破城乡壁垒的中坚力量。2011~2015 年，战旗村完成了村集体成员的界定、集体资产清产核资和量化作股，注册成立郫县唐昌镇战旗资产管理有限公司。积极推进产业生态转型和生态产业化，为了改变全村生活环境面貌、美化人居环境，战旗村坚持生态先行，打造水景小品和亲水设施，建成锦江绿道战旗段，强化垃圾分类，实施"厕所革命"，推进农村人居环境整治工作，引导村民养成绿色出行好习惯，聚力建设宜居乡村。为村内主要路口建设景观，积极实施便道美化，为房子的正面和背面增添美感，包括合理的家居摆设，如防晒防雨、休息放松等，打造美丽的公寓楼、美丽的后院、美丽的家庭等。通过打造乡村更新的区域特色、建造生态景观、增强商业多样性、培育地方文化等，树立和展示乡村形象。如今，战旗村成立的战旗乡村振兴培训学院，是与时俱进、提高资源利用效率的典范。

（五）文化重塑，经济转型

在文化振兴方面，只有坚持乡村文化结构调整、促进村民精神文明建设、改善村级文明面貌，才能开创农村文化振兴视野，构建社会和谐画面，实现优秀传统文化复兴和建设新的精神家园。因此，在郫都区委、区政府的领导下，战旗村发展成为全区最发达的文明村，将乡村文化的精髓带入新时代，提升乡村文化结构整合水平，制定"战旗快板"，促进共建、共治、共享的融合互动，坚持不懈地开展文化下乡工程，积极追求适合自身发展的相关进步文化成果。在经济发展方面，战旗村以改革创新作为产业发展的动力和支撑，探索出集体建设用地入市的新途径，拓展了集体经济收入来源，走出了一条适应经济繁荣发展的新路子。在后续的发展中，战旗村继续以共同富裕为目标，提升村级社区管理水平，明确党建理念引领社区发展，在原有集体企业的基础上成立了资产管理有限公司，充分利用公司资金开展业务活动，规划固定公益份额资金用于开展各类公益活动，打造社区开放公共空间，优化提升社区服务的空间功能，创建村内社区公益组织，通过微公益等具体活动，推动社区组织向公益化方向发展，着力将"自主活动"社会组织转变为公益事业服务群众。同时，多样化服务增强了村民对村集体的归属感，调动了村民参与的积极性，而这些举动也促进了战旗村集体经济的持续发展。

二　战旗村推进共同富裕的经验借鉴

战旗村在探索共同富裕的过程中积累了一些实践经验，包含以下五点。

（一）党建引领是推进共同富裕的重要路径

乡村治理不仅是社会治理的基石，而且是国家治理的重要部分。战旗村以党的领导为核心，力求实现集体经济发展与村庄管理的有效衔接，将德治与法治结合，充分发挥党支部的战斗堡垒作用和党员的先锋模范作用。为了防止集体经济跑偏，战旗村把发展壮大村集体经济、提高村民收入作为首要任务，优化农村基层组织结构，加强基层管控。同时，为了进一步完善党组织领导的自治、法治、德治相结合的乡村治理体系，战旗村采用"体制内精英+体制外精英+村民"的治理方式，形成了以体制内精英为主体的自上而下治理模式，创新村级议事协商机制，整合治理资源和手段，根据本村的实际情况，提出落实农村民主治理，规范整体问题管理标准，确保人人参与社区管理、民主决策和共享社会保障。因此，党建引领创新治理是实现村民增收致富，真正实现

"战旗飘飘，名副其实"的根本动力，也是实现共同富裕的重要路径。

（二）优化产业结构是推进共同富裕的重要支撑

共同富裕的经济发展条件体现在产业繁荣上。产业兴旺则是让农村农业发展由单一的农产品产量提升向农产品生产质量的升级转变。战旗村坚持以村庄共享繁荣为发展目标，谋划实现共享繁荣；以推进农业供给侧结构性改革为动力，依靠互联网技术延长农业产业链，进一步整合农村产业板块，完善农村产业增值体系，弥补发展方式和发展动力方面的不足，促进产业结构优化升级，整合现有资源和结合各种积极因素营造良好的环境。

（三）发展壮大集体经济是推进共同富裕的重要保障

共同富裕要求根据经济发展条件扩大农村整体经济规模，增加村民收入。战旗村则认清自身发展的根本，决定走"集体经济"的发展道路，并成功探索出一条具有本村特色的集体经济发展道路。战旗村积极把握政策机遇，快速发展农村集体经济，实施集体产权制度改革、集体资产股份制度改革等，让村民都成为村集体资产的股东，合理统筹规划分享改革红利，提高资源的配置效率，从而实现共同富裕。其中，战旗村集体经营性建设用地入市改革成效显著。通过土地入市后的资金结余缓解了旅游设施欠缺和延长乡村旅游产业链之间的矛盾，成功构建了田园综合体休闲观光配套的旅游设施，并带动农业、制造业、服务业等相关产业发展，壮大村集体经济、增加村民就业、促进村民增收。

（四）提升公共服务是推进共同富裕的重要着力点

为了推进全民共建共享社会发展，战旗村秉持共同富裕的发展理念，按照"无策划不规划、无规划不建设"的原则，形成了城乡一体的"总体规划—专项规划—村庄规划"的综合规划体系，制定了从总体规划到战略规划再到协调发展的路线图，为乡村振兴提供了科学指导。坚持组织发展的带动和振兴是通向共同繁荣的必由之路。从巩固基层党建、构建善治格局、壮大集体经济等方面加强党的号召力、向心力和对群众增收致富的带动力。

公共服务不仅具有收入分配功能，也具有经济增长功能，既是"做大蛋糕"和"分好蛋糕"的机制，也是保障美好生活的重要机制。人民美好生活不仅包含物质富裕，也要有精神富足，这对教育、文化等提出了更高要求。只有教育、文化等公共服务的高质量供给才能更好地满足人民日益增长的精神文化需求。在高质量发展中促进共同富裕要有高质量公共服务供给。战旗村不断提升公共服务水平，开展"三治"实践研究，满足群众生产生活的多元化需求。参与综合规划，充分整合当地旅游资源，聘请专业人士通过服务外包方式制定治理规划，实现乡村社会振兴规划"领跑"。改善村内居住环境，完善村内基础配套设施，修建宽敞明亮的独栋别墅；同时，在基本医疗保险等方面实现了全额补贴，经济发展实现全面繁荣，有效保障了村民的日常生活，改善了生活环境，也保障了生产生活。

（五）振兴乡村文化是推进共同富裕的基础变量

共同富裕不仅包括经济层面的共同富裕，还包括全体人民文化素质的集体提高，也是乡村振兴、乡村文明的保证。随着共同富裕的深入推进，战旗村秉持"精神共同富裕与经济共同富裕同等重要"的理念，在党支部的领导下大胆改革更新。为了落实村民精神教育，增强精神文化的柔和动力，战旗村开始培育新风貌，挖掘新乡贤，建设新文化，宣传红色文化并打造农旅综合体"乡村十八坊"，使优秀文化贯穿于村民生活之中；为了提高整体的文化水平，战旗村联合多方开办了农民夜校，实现实践与教学的文化发展融合，并且要求党员以身作则，制定一系列适合本村的村规民约，开展"种好一朵花"活动，评选优秀示范户，极大地增强和提升了社会意识和文化水平。

第十二章 革命老区推进共同富裕的典型案例

革命老区为新中国的诞生及社会主义建设作出了巨大贡献，是党和人民军队的根，是中国人民选择中国共产党的历史见证。四川省共有83个县（市、区）属于革命老区范畴，其中有40个原来是国家级贫困县，17个原来是省级贫困县，它们是四川扎实推进共同富裕的短板和难点所在。本章拟从解决相对贫困、土地改革、科技创新和劳务协作四个方面，剖析革命老区在推进共同富裕过程中典型案例的主要做法和经验，以期为四川省其他革命老区推进共同富裕提供有效参考。

第一节 屏山县探索解决相对贫困扎实推进共同富裕

一 屏山县探索解决相对贫困推进共同富裕的主要做法

（一）建立专项基金，分类制定帮扶措施

一是建立解决相对贫困专项基金。拟设立300万元的防返贫专项资金，通过就业培训、支持产业发展等形式，提升相对贫困人口的发展能力。二是建立分类帮扶机制。根据致贫原因将相对贫困人口划分为收入型相对贫困群体、支出型相对贫困群体、混合型相对贫困群体，分类制定帮扶措施。

1. 收入型相对贫困群体

一是建立保障收入多元化的增收机制。综合统筹乡村振兴项目资

金，加大产业扶持力度，在现有产业的基础上做优做强，改良新品种，优化产业结构；继续实施扶贫小额信贷政策和农业保险扶贫政策，加大金融支持力度，强化对产品加工、运输、冷藏以及市场营销、品牌营造等方面的补助，提升竞争力；建立完善市场主体与贫困户之间的利益联结机制，合理选择龙头企业、专业合作社、致富带头人等市场主体，让贫困人口在全产业链不同环节中增加收益；运用好现有就业扶贫政策，加大对相对贫困人口就业的帮扶力度，推动劳动力就业转移，通过东西协作、园区就业、招聘会等多种形式，引导帮助贫困人口实现稳定就业。精准落实农村公益性岗位，引导相对贫困户就地就近务工。

二是建立激发自我发展能力的提升机制。加强农村教育和技能培训投入，全面提升贫困人口素质，开展有针对性、实用性的种植养殖技术培训，鼓励和引导农民自主创业、发展产业；开展规范性、前瞻性的农村劳动力技能培训，特别是加强电商、信息化等适应新型产业形式的培训，提升劳动技能，培养新型农民，增强贫困人口自我发展的能力和动力。

2. 支出型相对贫困群体

重点通过转移就业、产业发展、技能培训等方式，增加收入；针对支出类型，规范和完善教育、医疗、住房等方面的支持政策，减轻支出压力；增加此类贫困人口参与村级集体经济的收益分配比例；给予适当补贴，支持购买商业医疗保险，缓解医疗费用支出压力。

3. 混合型相对贫困群体

对于混合型相对贫困群体，除增加收入、加大政策支持力度外，重点通过兜底保障、临时救助等方式，进行基本生活兜底，保障他们的生活质量。

（二）打破贫困身份终身制，建立低收入人口动态调整工作体系

一是探索建立"1+4+N"试点标准。即以2019年农村居民人均可支配收入5000元为标准，综合考虑疾病、求学、残疾、缺劳动力以及其他特殊困难等致贫原因的多维度识别标准，选取大乘镇双峰、岩门、大池三个村开展试点，并召开县乡村三级工作推进会，实质性启动试点工作。

二是探索建立"4+4"评定程序。对于符合条件的农户，基于可支配收入、收入稳定性、固定资产、家庭支出（医疗、教育、赡养、经营性支出）四大类，按照百分制原则进行量化打分，通过召开组内户长会、村民代表大会进行民主评议，选出低收入人口，并报乡镇审核、县级审定。

三是建立可进可出、随进随出的动态调整机制。打破贫困身份终身制，对低收入人口实行动态调整。首先是年度动态调整，每年度开展低收入人口动态调整工作，对高于相对贫困标准的人口进行综合评议、公告公示，动态调出；对新符合条件的进行民主评议、评定，并公告公示，动态调进。其次是大数据信息对比，坚持与不动产登记中心、民政、车管所、工商等部门进行数据比对，对问题户进行动态调整。

（三）推动全产业链转型，拓宽低收入人口的致富增收渠道

一是坚持"七统一"标准化生产，提升"品质链"。从生产端发力，从习惯"增产增收"转变为"控产、提质、增效"，把"田间"当作"车间"，标准化、精细化、商品化地进行生产。精细管理赋能。编制《屏山县茵红李标准化栽培模式图》，实行统一品种布局、统一栽培管理、统一植保防治、统一配方施肥、统一农资配送、统一分级包装、统一品牌销售"七统一"标准化生产管理，把农事操作精细到每个物候期，并由专合社建立田间生产档案，让产品品质与质量安全可追溯。

二是突出"三统筹"多元化营销，拓展"市场链"。从销售端发力，建立电商公共服务中心等"一中心五体系"，推动电商联基地、市场联农户，实现山区农产品与发达地区市场无缝对接。统筹东部西部两个市场。通过注册"屏山茵红李"县域商标，举办经销商大会、推介会、品鉴会，利用央视推广、媒体报道等多种途径，提升屏山茵红李的知名度和美誉度。与绥江县、叙州区共同成立李产业合作联盟，通过区域联动、资源共享、优势互补，实现合作共赢。在上海成立"东西部协作李产业联盟上海销售办事处",深入对接华东(嘉兴)水果市场,推动屏山茵红李优质果在东部市场的销售。

三是注重"三转变"融合化发展,延伸"产业链"。为了有效解决果农收入来源单一难题,着力推动农旅融合发展,以茵红李为主导产业推动库区百里水果长廊建设,多渠道助力果农增产增收。果园变景区。依托规模化茵红李农业资源,以锦屏山茵红李基地为依托,联合县内国有公司,多方式、多途径、多形式推动百里特色水果带一三产业融合发展。锦屏山已成功创建省级农业主题公园和3A级景区,实现了果园变景区。深入挖掘锦屏山地方文化,通过招商引资方式引入市场主体,成功举办锦屏山李花节、李子采摘节等精品旅游节庆活动,培育一批以经营精品李园、特色农家宴为主的经营户。

四是创新"三联结"股权化分配,完善"利益链"。实施资金股权量化模式,以"股份"联结脱贫户和专合社,构建了专合社与果农相融互推的良性局面。将协作项目与专合社帮带挂钩,对有帮带的种养殖业专合社流转用于基础设施建设的土地实行财政奖补,奖补金额与帮带年限、执行合同情况挂钩,做到专合社帮扶覆盖到哪里,路、水、电等基础设施就跟进到哪里。专合社将树苗、肥料赊销给脱贫户,在茵红李成熟后保底回收,当市场价格高于保底价时,专合社按每公斤高于市场价0.1元的价格收购,专合社在结算价款中扣除树苗和肥料款。对带动脱贫户从事茵红李等主导种养殖业的专合社,政府注入50万~200万元不等的资金到专合社,形成混合制经济体。资金分配给脱贫户、专合社、村集体三方,其中优先股权中的50%收益量化到脱贫户,无论企业经营盈亏,脱贫户都最低可获得保底分红;企业享有的40%优先股权保底收益可纳入发展基金予以扣除,不再作为年度利润分红的基数计算;村集体享有的10%优先股权收益主要用于村公共设施修护、公益事业。

二　屏山县探索解决相对贫困推进共同富裕的经验

一是推进农业全产业链标准化。从习惯"增产增收"转变为"控产、提质、增效",标准化、精细化、商品化地进行生产。以产品为主线、以全程质量控制为核心,构建现代农业全产业链标准体系。加强农产品质量安全全过程监管,确保农产品生产和质量安全信息全流程可追溯。同时,农业产业转型要加强品牌化建设。支持合作社的农产品申请绿色食品和有机食品标志认证,鼓励注册具有地方特色的品牌,强化品牌营销,提高农民专业合作社在市场上的竞争力。

二是健全完善农业纵向产业链条。开展农产品初加工和精深加工,做强做优做细食品产业,围绕满足多样化需求的特色农产品,推行规模化生产,加快形成各具特色、品类齐全的主导产业和支柱产业。着力发展农产品流通业,加强农产品产后分级、包装、营销,建设现代化农产品冷链仓储物流体系,打造销售服务平台,建立电商公共服务中心等"一中心五体系",实现山区农产品与发达地区市场无缝对接,促进产销有效衔接。

三是创新利益共享机制。建立紧密型利益联结机制,通过"资源变资产、资金变股金、农民变股东",让小农户有机融入农业全产业链,形成新型农业经营主体和农户在产业链上优势互补、分工合作的良好格局,为农业增效赋能、为农民增收加力,不能"富了老板、丢了老乡"。通过就业带动、保底分红、股份合作等多种形式,让农民"收租金""分红金""挣薪金""得财金",不断健全联农带农有效机制,使之更多分享农业全产业链增值收益。依托农业主导产业链条,组建龙头企业带动、合作社和家庭农场跟进、广大小农户参与的农业产业化联合体,通过签订"多级订单"、农户要素入股和双向入股等方式密切合作,让农户充分享受产业链延伸、多业态融合带来的好处,实现多环节获利增收。

四是优化配套政策体系。加大扶持力度,进一步缓解融资难、人才引育难和用地保障少等普遍突出问题;鼓励出台符合本地情况的用人政策,支持返乡入乡创新创业"引人""育人""留人",探索组建专业化、规模化、制度化的导师队伍,发挥"师带徒"效应;加大对农业产业道路、生产便道等基础设施建设的政策扶持力度，减轻生产经营的投入压力；加大推进土地综合整治利用的政策力度，实现土地的高产高效。开展示范，引领有保障。一系列政策措施"组合拳"，营造出良好的发展氛围，有效激发了市场活力和社会创造力，为实现高质量发展提供了强力支撑。

第二节　泸县推动土地改革促进共同富裕

泸县是川南革命老区的重要组成部分。党的十八大以来，泸县坚守"三条底线"，坚持问题导向，稳慎积极推进全国农村宅基地制度改革试点，以宅基地"三权分置"为基础，有破有立，大力探索宅基地依法取得、分类处置、有偿退出、适度放活、规范监管路径，为促进共同富裕提供了要素支撑。

一　泸县促进共同富裕的土地改革实践创新

泸县创新了"统筹法""平均法""节地法"等新方式，促使农村土地流转，切实促进资产变资源。首先，"统筹法"分配，促成"节地和优居"。统筹宅基地分配标准和区域差异性需求，建立起宅基地法定无偿、跨区有偿和县内统筹制度，明确村民附属设施用地，防止小房大院现象；支持村民跨区选位，促进节约集约用地。坚持面积法定，坚持以户为单位，以宅基地资格权人为有效人数，每人配置 30 平方米的住宅用地、20 平方米的附属设施用地。3 人以上按实有人数计算，5 人以上按 5 人计算。坚持跨区有偿。农户可跨组、跨村、跨镇到村民聚居点有偿取得宅基地。需接纳地村民小组户代会同意，并经审批程序，在缴清有偿使用费后获得新宅基地。农户的集体经济组织成员身份和收益保留在原籍地。玉蟾村拆旧复垦 186 户 164 亩宅基地，统规统建山河社区，占地仅 26.4 亩，102 户实现跨区适度聚居。

其次，"平均法"处置，促成"消遗和筹资"。测算村民平均占有的宅基地面积，并以此作为行政处置和有偿使用的分类界线标准，探索违占超占宅基地分类处置机制，化解遗留问题，筹集发展资金，促进用地公平。一是按照抽样调查方式，测算出全县集体经济组织成员住宅和附属设施人均占地面积。二是行政分类处置。针对尚未确权登记的宅基地，视情形给予分类处置。对于在 1987 年 11 月 2 日之前形成的，可形成调查证明材料，予以确权登记。三是分类有偿使用。坚持以村集体经济组织为实施主体、以村民小组为独立核算单位，推行宅基地分类有偿使用。

最后，"节地法"补偿，促成"挪地和流转"。针对闲置宅基地有偿退出节余指标，给予退出者补偿。对于收回的宅基地，除就地利用外，就其复垦复耕指标可易地布局使用，调整为集体经营性建设用地，用于县内调剂，交由政府收储。一是明确退出范围。根据自愿原则，允许住有所居且属城镇落户的、一户多宅的、跨区建房且通过继承农房等合法方式占用宅基地的非集体经济组织成员，退出宅基地。二是创新退出补偿。探索以宅基地退出节余指标为基准的补偿机制，区分住宅和附属设施用地，给予农户资金补偿。对新办农转非再整户有偿退出的，给予农户放弃宅基地资格权补偿。

二 泸县以土地改革为抓手促进共同富裕的经验

首先，使用权流转要秉承农民自愿的原则。产权理论认为，作为宅基地使用权拥有者，农民在宅基地制度改革过程中享有一定的处置权。但是，现行的农村宅基地不能卖给非集体经济组织的人员这一规定，导致农村宅基地使用权的流转不能在市场经济条件下实现，农户也不能因此增加收益。同时，目前我国农村宅基地的各个权利主体还没有清晰界定，导致农村宅基地产权模糊，由此产生的以非法方式进行宅基地使用权流转的情况，对我国农村经济发展、社会和谐产生了一定的影响。因此，我们必须坚持宅基地的使用权始终归属于农户。在宅基地未纳入国家征地计划范围的情况下，允许农民自行实施宅基地使用权流转行为。

其次，使用权的适度流转能够促进农村社会的和谐稳定。泸县的改革试点中，使用权流转途径接受度最高、普及率最高的便是宅基地使用权的退出。与其他农村宅基地使用权的流转形式相比，农村宅基地使用权有偿退出更为安全且易于控制。农村集体土地流转工作的重点是引导农民有序进城，完成居住地从"小"到"大"、从"分散"到"集中"的改变。这促进了农户生活质量"高"起来、生活环境"好"起来、钱袋子"鼓"起来。因此，宅基地使用权有偿退出不仅可以提高农村宅基地的使用效率，还可以为农民带来利益，并且可以促进当地的经济发展，从而间接地使农民获益。

最后，坚持农民主体地位和盘活利用底线。经济社会迅猛发展，人们对土地这一重要资源的需求与日俱增。改革中，要保持农民主体地位和土地利用底线不被突破，并平衡好宅基地的合理优化利用和社保功能底线二者之间的关系。应以户籍人口为标准计算宅基地规定使用面积，在保证农户住有所居的前提下，发展村级建设用地。以"共建共享"等方式将宅基地使用范围扩大到商业用途，拓展宅基地和房屋住宅的共享利用途径。这一做法除了活化宅基地的财产功能、实现宅基地的客观实际用途以外，还激发了宅基地的市场活力，从而达到增加农户经济收益的目的。

第三节　旺苍县加快科技创新推进共同富裕的实践探索

旺苍县地处四川盆地北缘，红色文化底蕴深厚，自然人文资源禀赋优越，县域经济发展潜力巨大，却长期饱受贫困问题困扰，曾为国家级贫困县。党的十八大以来，旺苍县以科技扶贫为突破口，主动适应县域经济高质量发展新要求，立足县情实际和发展基础，统筹利用国内外、县内外先进科学技术和市场资源，坚持实施创新驱动发展战略，经过不懈努力，顺利退出贫困县序列，实现脱贫摘帽，并率先建成全省"科技扶贫服务体系建设示范县"和"科技支撑产业扶贫示范县"，区域科技创新体系不断完善，为扎实推进共同富裕奠定了坚实基础。

一 旺苍县加快科技创新推进共同富裕的典型举措

（一）紧跟国家重大决策以科技创新驱动发展

一是"十三五"时期，紧跟精准扶贫重大决策，抢抓省科技厅定点帮扶机遇，创新探索"1+3"科技扶贫模式，率先建成全省"科技支撑产业扶贫示范县"。"一中心"，即成立"科技创新服务中心"，牵头全县科技扶贫工作。"三示范"，即重点打造国家级星创天地、省级科技企业孵化器等科技服务示范平台，完善四级科技服务示范体系，着力打造北部果药套种、南部生猪养殖、西部食用菌、东部茶叶四大科技产业扶贫示范带。二是"十四五"时期，以"四个面向"为目标方向，创新"1+2+6"高质量发展模式，加快实现县域经济由资源要素驱动向创新驱动的转化。"一示范"，即在建成全省"科技扶贫服务体系建设示范县"的基础上，持续完善科技服务示范体系。"二完善"，找准机制堵点，不断完善利益联结体制机制。"六结合"，结合科技创新加快推进大工业、大农业、大文旅、大城镇、大开放、大振兴六个方面的重点工作，把绿色特色高效创新作为指导全县科技创新助力县域经济高质量发展、引导市场主体科技创新创业的重要目标。

（二）借助科技园区集聚创新资源以产业巩固拓展脱贫攻坚成果

旺苍县紧抓农业科技园区建设机遇，以"一心四园四基地"为基础，以"优质黄茶+茶产业深度开发"为技术路线，以塑造"广元黄茶"品牌为目标，不断集聚创新资源，探索实施科技园区建设带动经济腾飞"三带动"模式。一是带动园区信息资源协同共享。重点解决核心产业和科技成果方面信息技术不对称带来的区域发展落后和不协调问题，提高融入成渝地区的发展速度和交换能力。二是带动经营管理体制完善创新。充分发挥政府引导作用，深入调动企业的经营主体作用和骨干龙头企业的带动作用，形成以市场为导向、以企业为主体、社会参与的多元化经营管理体系。三是带动周边农业科技和农村经济的共同发展。完善土地流转机制和农户利益协调机制，通过展示、示范、参观学习和技术培训等手段，带动周边谋求共同发展。

（三）积极培育创新主体以着力提升技术水平

为了推动经济高质量发展，充分发挥不同创新主体在科技创新顶层设计和宏观决策中的作用，党的十八大以来，旺苍县从强化企业创新主体地位、健全完善科技中介服务体系着手，深入实施"1+4+3"模式，充分激发主体活力。"一聚焦"，旺苍县聚焦特色主导产业，按照优势优先、突出特色、壮大规模、提升品质的原则，分梯度扶持创新企业，大力培育本土科技企业。"四优化"，不断优化完善要素供给、服务供给、政策供给、人才供给体制机制，持续优化政策环境，推动科技型企业成为创新创造主力军。"三平台"，以创新创业服务中心为抓手，打造"县双创孵化服务平台+县人力资源服务产业园+离岸孵化器"协同发展体系，持续加大全链条服务支持力度。

（四）壮大延伸产业链条以推动经济集群发展

旺苍县围绕经济高质量发展的迫切需求，创新实施科技点亮产业升级、融合发展"双推动"模式，着力提高县域经济质量效益和核心竞争力。一是推动特色产业发展升级，提升产业链现代化水平。制定推动产业链、价值链、供应链联动发展的路线图，通过优化供给结构，做大做强优势产业，做细做深特色产业，发展壮大新兴产业，不断推动产业价值链向中高端跃升。二是推动文农旅融合发展，拓展产业增值增效空间。利用农业的食品保障功能、生态涵养功能、休闲体验功能等多种功能，延长产业链，提升价值链，打造供应链，激发文农旅产业融合新动能，造就文农旅产业融合新载体，推进旅游与科技、康养与科技的融合发展。

（五）把握数字化新机遇以拓展经济发展空间

以数字经济转向深化应用、规范发展、普惠共存为前进方向，创新实施科技赋能智慧旺苍建设"四转型"模式，为县域智慧设施、智慧应用、智慧产业发展提供有力支撑。一是加快产业数字化转型。强化新型信息基础设施对各行业数字化升级的支撑作用，促进本土企业数字化转型，实现资源优势向效益优势转变，建设新型工业强县。二是加快县域治理方式智能化转型。以科技赋能公共服务与行业监管，完善产业运行监测与应急指挥系统，实现全域旅游目的地的智慧化监管。三是促进消费服务方式数字化转型。依托数字技术，创新经营机制，打造更多元的消费场景，全力推进消费数字生态体系建设。四是促进文旅产业互动式转型。推动计算机视觉、虚拟服务系统等人工智能技术在智慧导览、数字文博、沉浸互动式体验等方面形成应用示范，提高智慧文旅的服务能力。

（六）加快绿色技术升级以构建低碳循环经济

旺苍县立足国家重点生态功能区的总体定位，以创建国家生态文明建设示范县为目标引领，深入实施科技护航绿色低碳"1+2+3"发展模式，统筹推进高质量发展和高水平保护。"一底线"，坚守生态底线，科学设立绿色门槛，真正践行"绿水青山就是金山银山"。"二协同"，一是充分发挥产学研协同创新优势，激发高校、科研院所和企业的绿色技术创新活力；二是强化科技创新与绿色发展协同，打造科技创新与"两化"协同发展的现代化产业体系。"三优化"，一是优化环保技术的研发和重大研究成果的转化应用，带动生态环境产业革新；二是优化产业结构，发展循环经济；三是优化能源结构，推动清洁能源的开发和示范应用，构建覆盖全县的资源循环利用体系。

（七）完善科技创新机制以激发高质量发展活力

一是深化协同合作体制机制，促进产学研一体化。以省、市科技计划项目实施为纽带，推进产学研战略联盟发展，重点调动有实力的企业、大学、研究机构等项目合作单位的积极性，推动现代高科技产业集群的形成。二是优化创新主体激励体制机制，增强自主创新意识。持续加大财政对研发的支持和奖励力度，努力打造全社会尊重科学、尊重知识、尊重人才、鼓励创新的体制机制，增强本土企业"比学赶超"的自主创新意识。三是完善畅通合作交流体制机制，借助外力加快发展。

抓住国内外产业转移和结构调整的历史机遇，畅通本土企业与国内外知名企业、高校和科研院所的合作渠道，加强与浙江等东部沿海发达地区的科技合作交流机制，借助外力加快发展。

二　旺苍县加快科技创新推进共同富裕的经验

一是以人才为抓手，完善创新人才培养体系。发掘和培育一批创新创业创造优秀项目和优秀人才，形成"省市科研单位+县乡村技术人员"五级联动的良好局面。

二是以平台为载体，打造特色技术创新平台。旺苍县贯彻执行《广元市科技成果转化行动方案（2018~2020年）》《广元市促进成果产出转移转化十条措施》等政策法案，保障科技成果按需制定、按需转移、按需转化。

三是以机制为根基，创新利益共享联结机制。引导县内单位、企业与国内外高校院所建立了联系，实施合作项目，共同开发重点新产品、战略性新兴产品。率先建成全省"科技扶贫服务体系建设示范县"，"科技扶贫试点县+示范乡镇+示范村+示范户"的四级科技服务示范体系运行有效，切实巩固拓展原脱贫村脱贫成果。

第四节　南江县畅通东西部劳务协作渠道促进共同富裕的实践探索

根据党中央新一轮东西部协作工作部署，浙江省东阳市与四川省南江县再续山海深情，携手共进、精诚协作，通过建立三张清单、搭建三个平台、落实"三+"举措等服务机制，为脱贫劳动力、返乡农民工、失业人员、就业困难人员、长江禁捕退捕渔民、高校毕业生、退役军人、易地搬迁户等重点群体提供就业平台，全面推进东西部劳务协作，多渠道帮助南江县农村劳动力实现就业增收。

一 南江县畅通东西部劳务协作渠道促进共同富裕的主要做法

（一）建立三张清单稳就业

一是建立了劳动者就业状态清单。结合 V3.0 农村劳动力实名制信息录入，建立了劳动者的就业情况、创业情况、培训情况、转移就业情况、公益性岗位情况清单，对全县农村劳动力进行精准画像，全方位地掌握全县劳动力就业创业状态，为研判全县就业形势提供数据支撑。二是建立了企业用工需求清单。会同东阳市就业部门，常态化收集东阳市企业用工信息，协同县投资、工商、农民工服务等部门，结合重点企业用工保障工作，动态归集县内企业用工信息，为求职者提供县内外企业岗位信息。三是建立群众求职清单。通过码上就业、现场登记等方式收集群众求职信息，建立群众求职需求清单，并实施分类帮扶，推行"确定诊断问题、提出诊断思路、提供精细指导、后续跟踪服务"四步工作法，加强求职意向引导、职业规划辅导、提供政策帮扶，大大增加求职成功率。

（二）搭建三个平台促就业

一是搭建线下对接平台，帮助企业和求职者实现"零距离"的对接。为了深入贯彻中央和省、市、县关于稳就业保就业的系列决策部署，扎实推进"浙江东阳·四川南江"东西部劳务协作，促进脱贫劳动力、返乡农民工、失业人员、就业困难人员、长江禁捕退捕渔民、高校毕业生、退役军人等重点群体充分就业，南江县人社就业部门与东阳市人社就业部门常态化联合举办线下专场招聘会，上联政府，下联企业、求职人员，为企业和求职者搭建了一个"零距离"交流平台，为企业解决用工需求以及高质量专业技术人才招聘等问题；组织广大人民群众，积极参加招聘会，使他们能够在现场直观高效地了解企业基本情况、企业文化、岗位要求、工资待遇、职级晋升、吃住条件等。

二是搭建线上交流对接平台，帮助企业和求职者无缝对接。通过"直播带岗"、新媒体小视频、线上面试等渠道推荐岗位信息，将企业的招工信息制作成老百姓一眼看得懂的图片、视频等，在各村社政务公开群、微信视频号、抖音号等大家耳熟能详的平台进行政策、岗位推送。

三是建立零工市场，拓展日常对接平台。聚焦背二哥、外卖小哥、滴滴司机等新形态就业人员，着力解决工作不稳定、生活幸福感少、权益获得感差、职业技能低等问题，建立县级零工市场、镇级零工市场、村（居）零工驿站，设立企业招聘区、休息等候区等功能区域，免费为零工提供技能培训登记、职业介绍、劳动维权、休息等候场所、简易劳动工具等服务或物品，并建立首个东西部劳务协作站（南江县集州东西部劳务协作站），为东阳来南企业招聘设立专门窗口，为劳务协作搭建沟通的桥梁，引进人力资源公司，为劳务协作提供全方位的服务。

（三）落实"三+"举措提就业

一是"招聘+就业"。针对招聘会中有意向到东阳务工以及在东阳务工人员，组织安全到岗公益性行动，两地人社就业部门及时对接搭乘人员信息，每年年初开通"就业直通车"，同时委派专人接送，通过"送岗上门""送工进企"，为老百姓提供从"家门口"到"厂门口"的"一条龙"就业服务；"就业直通车"实现了南江和东阳两地的"点对点"用工服务无缝对接，切实保障了务工人员的安全返岗。

二是"培训+就业"。围绕东西部协作转移就业工作，以东西部协作技能培训为枢纽，为人民群众提供技能学习机会，为企业输送技能人才，建立一个"人才培育+输送人才"的中转站；立足培训，制定了一套成熟有效的核查机制，即"云上看、现场听、线下核、相互审"，全程管控培训过程，切实提高培训质效。

三是"政策+就业"。东阳与南江密切配合，出台了鼓励南江籍脱贫劳动力到东阳就业一次性交通生活补贴、求职创业补贴、稳岗补贴等政策，鼓励和帮助南江籍脱贫劳动力在东阳就业。

二　南江县畅通东西部劳务协作渠道促进共同富裕的经验

一是摸清需求，找准就业"发力点"。对于南江县这一劳务输出大县，准确掌握农村劳动力转移就业的基本情况，是所有工作的基础。东西部劳务协作工作开展以来，南江县聚焦农村劳动力转移就业，着力解决转移就业人员流动性大、统计难度大的问题，在全县开展基层公共就业服务就业创业试点工作，首批设立了32个就业创业服务点、45个就业创业服务点，落实专人负责日常收集农村劳动力转移就业信息。

二是搭建平台，打造就业"孵化器"。首先，线下依托基层公共就业创业服务站点、零工市场、人力资源服务机构，不断夯实公共就业服务基层平台建设，充分发挥基层平台在职业指导、职业介绍、劳动维权、岗位推送方面的职能职责，打造线下就业"孵化器"。其次，深入推进数字化人力资源服务，全面拓展新媒体等线上服务渠道，不断适应时代形势，匹配群众需求，打造线上就业"孵化器"。

三是立足群众，建立就业"新模式"。"三+"举措立足群众，从群众的切实需求出发，不断拓展就业帮扶方式，建立就业"新模式"，努力实现"1+1>2"的效果，有效激发就业动力。东西部劳务协作通过机制创新、服务创优、政策创效，成为群众增加收入的"幸福路""发展路"。

后　记

　　《扎实推进共同富裕——迈向中国式现代化的四川探索》一书，是国家社会科学基金项目"基于共同富裕的大中型水工程移民后期扶持政策创新研究"（项目批准号：22BSH042）、四川省哲学社会科学"十四五"规划重大项目"巩固拓展四川革命老区脱贫攻坚成果同乡村振兴有效衔接的实现机制研究"（项目批准号：SC21ZDTX005）、"研究阐释党的二十大精神"四川省哲学社会科学规划重大项目"四川完善推动共同富裕的体制机制和政策体系研究"（项目批准号：SC22ZDYC42）和国家社会科学基金项目"川西北牧区农牧民相对贫困识别与长效治理研究"（项目批准号：21CMZ007）的重要成果。作为项目负责人和参与人，我首先要衷心感谢国家社科规划办和四川省社科规划办的鼎力支持，正是他们的信任与帮助，才让这项研究得以顺利开展。

　　在党的二十大报告中，习近平总书记指出，共同富裕是中国特色社会主义的本质要求，是中国式现代化的重要特征。2023年，习近平总书记在四川考察时进一步强调，要牢牢把握中国式现代化的科学内涵和本质要求，把促进共同富裕贯穿经济社会发展各方面全过程，推动新时代治蜀兴川再上新台阶。习近平总书记关于共同富裕的重要论述和在川考察时的重要讲话为四川在新时代的发展指明了方向。作为西部地区人口最多、经济体量较大、农业特色鲜明的省份，四川在推进共同富裕工作中肩负着特殊使命。这里的实践探索不仅直接影响着西部地区的共富进程，还有助于形成可资借鉴的实践样本，对整体推进共同富裕同样具有巨大的价值。

　　书中研究的顺利开展，离不开众多人士和机构的悉心指导、无私帮助和倾力支持。特别要感谢浙江大学中国农村发展研究院黄祖辉院长，中国乡村振兴发展中心黄承伟主任，中国人民大学汪三贵教授，北京师范大学张琦教授，四川大学杨继瑞、蒋永穆教授，西南财经大学赵德武、盖凯程教授，四川省社会科学院杜受祜、郭晓鸣、张克俊研究员等学界前辈的指导帮助。在调研过程中，我们得到了四川省多个市州区县，包括成都市温江区、郫都区、金堂县，攀枝花市仁和区、米易县，南充市嘉陵区、南部县、仪陇县，雅安市名山区、荥经县、石棉县，广安市武胜县、岳池县，遂宁市安居区、蓬溪县，乐山市峨边县、沙湾区，泸州市泸县，广元市旺苍县，巴中市南江县，以及阿坝藏族羌族自治州汶川县、茂县，甘孜藏族自治州康定市、泸定县、雅江县，凉山彝族自治州美姑县、金阳县等地领导和工作人员的大力支持，他们为课题研究提供了翔实的第一手资料和丰富的实践案例。借此机会，还要感谢我所在的团队——西部乡村振兴研究中心师生在课题入户调研、资料收集、数据处理和报告撰写等过程中付出的汗水。

　　在本书撰写过程中，我们坚持学术规范，力求将每项参考的文献资料详尽标注于页下，以此向各位学界前辈的研究成果致以敬意和感谢。然因卷帙浩繁，难免有所疏漏，若有未及之处，恳请各位专家同仁予以谅解。我们始终以严谨治学的态度对待这部作品，但由于学识和水平有限，书中仍可能存在不足之处，敬请读者批评指正。

　　从项目批准立项、完成研究报告到成书出版，项目组全体人员参与了多次研讨会，对研究思路、技术路线、研究难点、调研提纲、问卷设计、理论框架、章节大纲等进行了深入讨论。它是一项集体劳动、协作攻关的成果。本书各章主要写作分工及其修订完善情况如下：何思好负责绪论和第一章；曾维忠负责第二章和第三章；黄岑玥负责第九章和第十二章；杨帆负责第十一章；易恩文负责第四章；廖祖君负责第五章；虞洪负责第六章；贺立龙负责第八章；郑勇负责第十章；戴小文负责第七章。除此之外，参与本书研究和写作的人员还有：申云、刘思麟、蓝红星、王克冬、杨浩、张海霞、臧敦刚、李后建、胡原、黄婉婷、刘金凤、谢娜、何梦晨、叶松艺、吕蕾、李沁娟、纵金肖、马侬、李欣玥、顾青青、武晶、谈倩、谢仪、唐芯雨等。在各章节写作基础上，由我和曾维忠对最终成果转化的专著全稿进行了补充、修订和润色。

在研究过程中，我们面临诸多困难和挑战。四川地域广阔，我们的足迹从成都平原延伸至川西高原，从川南丘陵跨越到川东北山地，调研工作面临交通不便、语言沟通障碍等问题。同时，共同富裕研究涵盖经济社会、精神文化等多个维度，要求我们既要精通定量分析，又要善于质性研究，这对团队的研究能力和专业素养提出了较高要求。纵然困难重重，在各位专家学者、各级政府和广大民众的支持下，我们的研究仍旧顺利推进，取得了些许初步成果，这是最令我感到欣喜的。

通向共同富裕的道路，从来不是书斋里的推演，我们期待与更多志同道合者携手，持续不断地探索扎实推进共同富裕的实践路径，为实现这一宏伟目标贡献绵力。

何思妤

2025 年 3 月于成都

图书在版编目（CIP）数据

扎实推进共同富裕：迈向中国式现代化的四川探索 /
何思妤等著 . --北京：社会科学文献出版社，2025.5.
ISBN 978-7-5228-5566-0

Ⅰ.F127.71；D677.1

中国国家版本馆 CIP 数据核字第 2025165VB3 号

扎实推进共同富裕
　　——迈向中国式现代化的四川探索

著　　者 / 何思妤　曾维忠　黄岑玥　申　云　刘思麟

出 版 人 / 冀祥德
责任编辑 / 田　康
责任印制 / 岳　阳

出　　版 / 社会科学文献出版社·经济与管理分社（010）59367226
　　　　　地址：北京市北三环中路甲 29 号院华龙大厦　邮编：100029
　　　　　网址：www.ssap.com.cn
发　　行 / 社会科学文献出版社（010）59367028
印　　装 / 三河市龙林印务有限公司

规　　格 / 开　本：787mm×1092mm　1/16
　　　　　印　张：19.5　字　数：278 千字
版　　次 / 2025 年 5 月第 1 版　2025 年 5 月第 1 次印刷
书　　号 / ISBN 978-7-5228-5566-0
定　　价 / 128.00 元

读者服务电话：4008918866